| 개정판 |

예술
치료

| 개정판 |

예술
치료

정광조
이근매
최애나
원상화

지음

Σ 시그마프레스

예술치료, 개정판

발행일 | 2009년 9월 15일 초판 1쇄 발행
2019년 3월 5일 개정판 1쇄 발행

저　자 | 정광조, 이근매, 최애나, 원상화
발행인 | 강학경
발행처 | ㈜ 시그마프레스
디자인 | 강경희
편　집 | 김은실, 민은영

등록번호 | 제10-2642호
주소 | 서울시 영등포구 양평로 22길 21 선유도코오롱디지털타워 A401~402호
전자우편 | sigma@spress.co.kr
홈페이지 | http://www.sigmapress.co.kr
전화 | (02)323-4845, (02)2062-5184~8
팩스 | (02)323-4197

ISBN | 979-11-6226-151-4

* 책값은 책 뒤표지에 있습니다.
* 이 도서의 국립중앙도서관 출판예정도서목록(CIP)은 서지정보유통지원시스템 홈페이지(http://seoji.nl.go.kr)와 국가자료공동목록시스템(http://www.nl.go.kr/kolisnet)에서 이용하실 수 있습니다. (CIP제어번호 : CIP2019005147)

미술치료, 음악치료, 무용동작치료 등 예술치료가 한국사회에 소개되고 연구되기 시작한 지 겨우 수십 년이 지났다. 그럼에도 불구하고 매년 발간되는 예술치료 분야의 저서들과 연구물들은 양과 질 모두에서 괄목할 만한 수준을 보이고 있다. 관련 학회들의 활동상도 연륜에 비해 가히 역동적이어서 연구발표회, 전문가 세미나들이 앞다투어 열리고 있고 참석자들의 열기도 타 분야 학회들에 비해 손색이 없다. 무엇이 이러한 일들을 가능하게 한 것일까? 필요는 발명의 어머니라고 했다. 그것은 다름 아니라 예술치료에 대한 사회적 수요가 많아지고 있기 때문이다. 잘 알려진 대로 예술치료는 고대사회에서부터 유래하는 중요한 치료도구였다. 당시의 예술치료는 몸을 직접 치료하는 것이라기보다는 몸의 주인인 마음을 대상으로 하는 치료였다. 인체의 비가시적 측면인 마음상태가 육체에 외형적 병을 만들어 낸다는 심신상관적(psychosomatic) 관점에서 주로 주술사가 치료의 주역을 담당하는 형태가 당시의 예술치료였다. 그 후 과학적 사고가 팽배해짐에 따라 예술치료는 주 관심대상에서 멀어지게 되었다. 예술치료 연구의 시조라고 불러도 될 프로이트조차도 과학적 사고로 무장한 사람답게 마음작동의 메커니즘을 과학적 인과관계의 틀 내에서 설명하려 애썼던 것이다.

현대에 들어 스트레스 이론이 마음이 병을 만들어 낸다는 사실이 과학적으로 증명되고 고대인들의 질병관이 옳았음이 밝혀지면서 예술치료가 다시 관심의 대상으로 등장하였다. 과학적 사고의 한계는 특히 마음작동의 메커니즘을 설명하려 할 때 두드러지게 나타난다. 마음은 꼭 신체적 이유가 있어야 발현되는 인과론적 존재가 아니다. 물론 무의식층에 마음의 씨앗이 잠재되어 있기 때문에 마음에 대한 인과론적인 설명이 가능하다고 주장할 수는 있다. 하지만 어차피 무의식이라는 것은 짐작만 할 수 있는 존재이기에 마음은 사실관계를 밝히는 것을 주목적으로 하는 과학적 연구의 대상이 되기에는 태생적 한계를 갖고 있는 존재이다. 과학은 보이는 것만을 연구하기 때문이다. 그 한계를 예술치료가 보완해 준다. 예술작품은 창작자의 내면의 세계를 담고 있다. 언어에 의한 내면 설명은 의식의 개입이 필수적이어서 무의식에 담겨져 있는 마음이 씨앗들의 본질을 왜곡시키기 십상이다. 방어기제가 작용하기 때문이다. 예술창작과정에서의 인위적 개입이 없다면 예술작품은 인간의 내면을 엿볼 수 있는 거의 유일한 수단으로 간주될 수 있다. 동일한 예술작품에 대한 해석이 엇갈리는 해석의 오용(abuse of interpretation) 문제를 해결하는 것이 중요과제로 남아 있지만 예술매체를 활용한 인간 내면 세계의 탐구와 치료는 그 가능성이 매우 크다.

가능성과 잠재력은 크나 구체적인 치료전략과 치료철학이 충분한 수준으로 정립되어 있는 것은 아닌 상태가 현재 예술치료의 상황이다. 현재는 예술치료에 대한 백가쟁명식의 논의가 이루어지고 있는데 이는 예술치료의 한계상황이 아니라 미래의 발전을 위한 굳건한 토대가 만들어지기 위해 필요한 과정이다.

이 책은 예술치료의 학문적인 실천적 발전을 위한 자그마한 노력의 결실이다. 저자들은 수년 전 한국예술심리치료학회를 발족시켜 한국형 통합예술심리치료의 발전을 위해 노력해 오고 있는 예술심리치료 분야의 도반들이다. 전공분야는 각각 다르지만 마음이 육체에 대해 미치는 심대한 영향에 대해 잘 이해하고 마음치료의 방법으로서 예술치료가 갖는 장점에 대해 모두가 공감하면서 이 분야에 미력이나마 기여하고자 하는 마음에서 이 책을 집필하게 되었다. 이 책은 전문가들보다는 대학 학부생들을 대상으로 16주 강의에 적합한 분량과 내용을 담고 있다. 총론 부분은 주로 '예술활동이 어떠한 이유로 치료가 되는가?'라는 병리학적 관점에서 쓰였다. 각론 부분은 통례에 따라 미술치료, 음악치료, 무용동작치료 등으로 구성하였다. 이번 집필과정에서 제외된 문학치료, 놀이치료 등 다른 분야의 예술치료들은 후일 보강하기로 의견을 모았다. 개강에 맞춰 서둘러 출판하다 보니 부족한 부분이 많다. 계속 보완해가기를 약속하면서 독자 여러분들에게 작은 도움이라도 되기를 바라는 마음으로 이 책을 선보인다. 끝으로 전문가적인 안목으로 편집과정을 도와준 (주)시그마프레스의 민은영 대리에게 감사의 마음을 전한다.

2009년 8월
저자 일동

차례

chapter 01

예술치료의 이해

1. 예술치료의 개념

예술치료(art therapy)의 개념[1]은 다양하다. 예술과 치료를 어떻게 정의하느냐에 따라 예술치료의 목적과 범위 및 방법이 달라진다. 예술의 장르도 다양하고 치료의 개념 역시 치유와 구별해야 한다는 주목할 만한 견해가 있어서 다양한 유형의 개념 정의가 가능하다. 예술치료의 개념은 고정적인 것이 아니라 시대와 상황의 변화에 따라 계속적으로 변모해 간다. 그래서 어떤 특정한 내용과 방법만이 예술치료의 범주에 속하는 것으로 규정지을 수 없다. 예술치료의 개념 정의를 위하여 미국을 중심으로 분야별 개념 정의를 살펴보면 다음과 같다.

미국 미술치료협회가 열띤 토론을 거쳐 규정한 미술치료의 개념과 목적은 아래와 같다.

"미술치료(art therapy)란 전문적 관계 내에서 병, 트라우마 또는 삶에서의 도전들에 직면한 사람들이나 개인적 성장을 추구하는 사람들에 의해 예술작업이 치료적으로 사

---

1 영어표현으로 art therapy는 대개 미술치료를 말한다. 우리가 말하는 예술치료에 해당하는 영어표현은 expressive art therapy, 즉 표현예술치료이다.

용되는 것을 말한다. 예술작품을 만들면서 그리고 예술작품을 만드는 과정을 성찰하면서 사람들은 자아와 타인에 대한 자각을 높이고 각종 증상들, 스트레스, 트라우마적 경험들에 대한 대처능력을 키워간다. 즉 인지능력을 키워가고 예술작업이 가져다주는 긍정적 인생의 기쁨을 누리게 된다."

이 정의는 치료의 목적으로서 정신질환, 지체장애인 등 구체적으로 질병을 갖고 있는 사람들 외에도 일반인 각자의 인격 성장과 발전, 자아통찰력의 증진, 인지능력의 증진 등 웰빙을 향한 자아성찰에 큰 비중을 두고 있다.

미국 음악치료협회의 음악치료에 대한 정의는 다음과 같다.

"음악치료는 치료적인 목적, 즉 정신과 신체 건강의 복원, 유지, 향상을 위해 음악을 사용하는 것이다. 이것은 치료적인 환경 속에서 치료대상자의 행동을 바람직한 방향으로 변화시키기 위한 목적으로 음악치료사가 음악을 단계적으로 사용하는 것이다."

이 정의는 심신건강의 회복, 유지, 향상이 치료의 근본 목표이되 구체적인 치료대상은 이상행동이라는 점을 강조하고 있다.

미국 무용동작치료협회(ADTA) 역시 미술치료와 유사하게 무용동작치료를 개인의 정서적, 사회적, 인지적, 육체적 통합을 촉진하는 과정으로서 동작(movement)을 심리치료적으로 사용하는 것으로 정의하고 있다. 무용동작치료의 매체로서 무용이라는 용어보다 동작이라는 포괄적인 용어를 사용함으로써 동작의 예술성이나 미적 완성도보다는 내적 감정의 표현매체로서의 일상적인 동작의 중요성을 강조하고 있다. 놀이치료, 드라마치료, 문학치료 등 기타 치료 역시 이와 유사하게 정의되고 있다.

Sally Atkins 등은 심상, 스토리텔링(story telling), 무용, 음악, 연극, 시, 동작, 꿈 작업과 시각예술을 통합적으로 사용하여 인간의 성장, 발달, 치유를 촉진하는 시술을 예술치료로 정의한다. 이 정의는 예술치료의 목적이 개인의 성장 발달과 치유 촉진이며 예술치료 대상이 특별한 사람만이 아닌 모든 개인들임을 강조하고 있다. 예술치료의 핵심 분야인 미술활동을 구체적으로 열거하지 않고 있지만 관련 분야들을 비교적 폭넓게 예시하고 있다.

J. S. Weller는 예술과 심리치료의 통합적 성격을 강조하여 "개인의 신체, 정서, 인지를 통합하기 위해 복합모형의 예술과정들을 사용함으로써 표현예술과 심리치료를 통합한 것"이라고 예술치료를 정의한다. 이 정의는 인간은 전인론적 존재(hoistic being)여야 한다는 관점으로 인간의 치유와 발달, 성장을 위해서는 전인적 인간이 되기 위한 세 측면, 즉 신체적 측면, 정서적 측면, 인지적 측면의 삼위일체적 조화가 요구된다고 본다. 또한 심리치료와 예술치료가 이러한 목적을 위해 매우 효과적이라는 것을 강조하고 있다. 예술의 종류가 무엇인지는 제시하지 않고 다만 복합모형이라고 표현한다.

미국 표현치료협회는 표현치료(expressive therapy)를 "내담자의 내적인 것, 흔히 신체 내에 갇혀 있는 것들을 표현치료과정에서 형태를 이루어서 그리고 그것을 변형시켜 밖으로 꺼내도록 돕는 일"이라 정의한다. 표현치료와 표현예술치료는 후자가 다소 개인내적인(intrapersonal) 방법을 사용하는 데 비해, 전자는 좀 더 인간관계론적(interpersonal) 방법을 사용하는 차이가 있다고 구별한다. 이 정의는 표현예술치료의 목적과 유형을 구체적으로 제시하고 있지는 않지만, 예술치료가 표현치료의 일종으로 개인의 심리치료를 목적으로 하는 활동이라는 점을 강조하고 있다.

현재 합의된 개념은 존재하지 않지만 이러한 기존 정의들을 토대로 예술치료의 중요한 개념들을 아래와 같이 요약 정리할 수 있겠다.

① 예술치료는 예술매체를 활용하는 치료이다. 예술매체의 범위에는 다양한 분야가 있다. 오늘날 가장 보편적으로 활용되고 있는 예술 분야는 미술과 색채, 음악과 소리, 동작과 춤, 놀이, 드라마, 연극, 문학과 시 등이 있다. 그리고 그 외에 이야기하기, 인형극, 원예치료, 보석치료, 아로마 치료, SPA등 목욕요법, 롤핑요법 등 리듬마사지, 요가, 태극권 등 전통 치료동작, 명상요법 등이 있다.

② 예술치료는 주로 심리적 질환을 치료하는 데 기여한다고 본다. 심리치료를 통한 행동수정도 주요 목표이다. 그러나 음악치료를 제외하고는 예술치료가 직접 몸을 치료하는 효과에 대해서는 구체적으로 언급하고 있지 않다. 예술매체를 이용한 치료현장에서는 몸 치료효과가 직접 확인될 수도 있다는 점에서 다소 소극적인 개념규정이다. 최근 에너지 의학의 실체가 과학적으로 규명되기 시작하면서 각종 심리치료현장 및 접촉치료현장에서의 치료효과를 적극적으로 인정할 수 있는 의학적, 물리학적 근거가 마련되었다. 뒤에서 보듯이 에너지 의학이란 인간을 포함한 삼라만상의 관계를 에너지 교환관계로 보고 에너지 교환 여부에 의해서 심신 치료효과가 나타난다는 점을 규명한 양자의학이다. 그러므로 기존 개념 정의들은 예술치료와 예술매체들의 에너지 의학적 치료효과를 고려하면 상당히 협소하다.

파동효과, 진동효과는 마음의 매개작용 없이도 세포 차원에 그리고 시상에 작용하여 직접 몸을 치료할 수 있기 때문이다. 따라서 신체적 질환까지도 치료한다고 확대 정의할 필요가 있다. 물론 이때의 치료의 개념은 의료적 치료를 대체한다는 말이 아니라 어디까지나 기존 제도권 치료를 보완한다는 개념이다.

③ 구체적으로 심리적, 신체적 문제나 질환을 갖고 있는 사람들 외에도 자아성장을 목표로 하는 모든 사람들에게 예술치료가 유용하다. 자기완성 및 자아실현 욕구, 관계욕구는 인간의 정상적 욕구이다. 예술치료는 종교 등 다른 기존 방법들과 함께 이러한 목적에 크게 기여한다.

④ 미국의 경우 예술치료의 목적을 개인의 변화와 성장 외에 사회와 공동체의 발전, 성장까지도 목표로 하고 있다. 시스템적 관점에서 볼 때 개인의 문제는 곧 공동체와 사회의 문제이므로 환경이라는 거시적 변수의 개선 없이는 개인의 치료가 충분히 이루어지기 어렵다고 보기 때문이다.

이상의 내용을 토대로 예술치료는 '각종 예술매체를 활용한 심신치료활동이면서 심신의 성장과 발달을 목표로 하는 치료예술활동'으로 정의될 수 있겠다.

2. 예술치료의 특징

주요 예술치료분야들에 공통적으로 존재하는 특징들을 대체로 아래와 같이 정리할 수 있다.

1) 고대원시사회에서 비롯된 예술치료

현재 존재하는 모든 예술치료의 원형은 고대사회의 제례의식에서 찾아볼 수 있다. 드라마, 영화 등 최신 문명을 이용한 예술치료를 제외한 거의 모든 형태의 예술치료는 과거에 기원을 두고 있다. 이러한 사실은 거의 모든 문명권에 해당된다. 당시의 제례의식이란 단순한 종교행사가 아니라 근원과의 합일과 영혼치료를 목표로 하는 엄숙한 종교의식이었다. 행사에는 음악, 춤, 색상이 분명한 의상, 주술사의 주문 등 오늘날 예술치료의 주요 장르들이 동원되었다. 통합예술치료의 원형이라 할 만하다.

예술치료는 어느 제도권 치료보다도 앞선 치료형태였고 문자 사용 이전부터 존재하던 고대의 치료방법이었다. 예술은 고대사회에서 신과 소통하고 주위 사람들과 소통하는 방법으로 종교의식에서 사용되어 왔다.

예술치료 중에서 질병치료와의 역사적 관계가 가장 깊은 것은 무용동작치료와 음악치료이다. 고대사회에서 질병은 부족신, 자연신, 기타 신들이 분노한 결과 발생하는 것으로 간주되었다. 치료는 이들 악령의 그림자를 환자로부터 떼어내는 것을 목표로 하였다. 음악은 퇴마사 등 치료사들의 치료작업에서 중요한 역할을 수행하였다. 악령에 접근하거나 신의 세계에 들어가기 위해서는 춤과 음악의 도움이 절대적이었다.

음악을 치료도구로 사용하기 시작한 역사는 샤머니즘적 전통이 존재하던 2만 년 전까지로 소급될 수 있다. 당시는 북을 쳐서 치료하였다. 리드미컬한 북소리는 샤먼의 의식을 변성된 상태로 만들어 영의 세계로 들어갈 수 있게 하였다. 보츠와나 원주민인 산(San)족, 기원전 20000~15000년까지 남아프리카 북서부지역에 거주하던 나미비아족의 벽화에는 치료의식에 사용되었던 다양한 음악도구들이 그려져 있다. 기타 아프리카의 여러 지역, 이집트, 바빌론 등 많은 지역에서 음악은 치료도구로 사용되었다.

사실 현재까지도 이런 전통은 아프리카 여러 지역에 남아 있다. 오늘날도 마다가스카라에서는 장례절차를 마친 후 후손들과 조문객들이 춤을 추며 고인의 넋을 기리고 사후세계와 현세, 죽음과 생을 불가분적이며 일원론적 관계를 몸으로 동작으로 춤으로 표현하는 사람들이 있다. 이는 동시에 슬픔이 초래할 육체적 스트레스를 해소하는 치료행사이기도 하다.

무용·문화인류학자 Judith Hanna는 비서구사회의 춤에 등장하는 샤먼이나 치료사들이 무용치료의 화신이라고 주장한다. 무용치료는 고대사회에서의 축하행사와 환란기의 제례의식, 장례의식, 퇴마의식에 등장하였던 춤, 개인과 집단의 정체성을 공고히 하는 집단무용 등에서 그 문화인류학적 뿌리를 찾을 수 있다고 주장한다. 무용은 다양한 목적이 있으나 본질적으로는 사회 다른 구성원들이나 자신의 신 등 주변 사물들에게 대한 커뮤니케이션의 수단으로 존재하였다.

2) 각 국가적 특성을 살린 예술치료에 대한 기대

애당초 예술치료는 유럽 정신병원에서 정신질환자들의 그림, 조각 등 예술품들을 보고 매혹된 의사들에 의해 첫 토대가 만들어졌다. 작품의 수준은 다양하였으나 작품을 이용한 진단을 시도한 의사들이 있었다. 그들은 작품들에 대해 많은 의문을 가졌다. 정신이상이 창의성을 자극하는가? 환자가 정상을 회복하면서 예술창작활동이 줄어들었는가? 환자들의 작품은 정상인의 것과 구별되는 어떤 특징을 갖고 있는가? 전문적인 예술가들의 작품과는 어떻게 다른가? 작품으로 진단이 가능한가? 왜 그들은 창작을 하는가? 당시 걸출한 정신분석학자들이었던 Freud와 Carl Jung의 견해에 따라 이러한 의문들을 풀기 위한 임상적 연구들이 시도되었다. 그러나 그러한 연구들이 예술치료의 본격적인 등장으로까지는 이어지지 않았다. 예술치료의 이론적 배경이 되는 정신분석학을 위시한 여러 심리학의 발달도 Freud, Jung 등이 활약한 유럽에서 이루어졌다. 사실 당시에 신대륙으로서의 미국은 철학이나 심리학을 발달시킬 여건을 갖지 못했다. 그러나 이후 이를 활용한 응용분야는 미국이 주도하고 있다.

현재 미국은 전 세계적으로 거의 모든 학문의 중심지이다. 적어도 뉴욕에 가서는 파리가 예술의 본고장이란 말을 하기 어렵다. 예술치료의 흔적은 세계 모든 지역에서 찾을 수 있지만 전문적인 수준에서의 예술치료는 미국에서 생겨났고 미국을 중심으로 세계로 보급되고 있다. 왜 미국에서 거의 모든 학문이 발전하는가? 미국은 다양한 인종전시장이다. 그만큼 이질적 요소들이 많고 사회통합이 어려울 수 있다. 위기는 기회이고 필요는 발명의 어머니라고 했다. 미국은 통합에 필요한 제도적 정비에 박차를 가하는 한편 사회구성원들에 대한 사회조사작업과 학문발전에도 빈틈이 없었다. 치료 수요가 발생하면 이를 해결할 연구들이 속속 등장하였다. 이러한 근본적인 사회적 특수성과 함께 제2차 세계대전은 미국의 심리치료학 분야의 발전에 분수령이 되었다. 제2차 세계대전을 거치면서 미국에서는 정신질환자, 사회부적응자들이 속출하였다. 인종갈등도 심하고 가정해체 등 사회의 안정성이 크게 위협받았다. 각종 심리치료기법, 세밀한 사회조사기법, 계량적 과학적 조사기법 등이 대대적으로 이러한 필요에 대응하였다. 현대적 의미에서의 예술치료 역시 이러한 미국적 상황에 부응하기 위해 그리고 다른 수단들의 부족함을 보완하고 대치하기 위해 등장하였다. 프랑스를 위시한 유럽 몇 국가들은 예외이지만 오늘날 한국 등 세계 여러 나라에서 활용되고 있는 예술치료기법과 철학은 미국적 문화를 배경으로 하고 있다.

미술치료라는 용어도 진보주의 교육학자 John Dewey의 컬럼비아대학 석사과정 지도학생이었던 Magaret Naumburg가 처음으로 만든 것으로 인정받는다. 이 용어가 사람들에 의해 직접적으로 사용된 것은 그 후 Edith Cramer가 정서장애아들을 치료하면서부터인데 그녀 역시 미국에서 활동하였다. 1969년 미국 최초로 미국 미술치료협회(AATA)가 발족하였고 그 후 20여 년에 걸쳐 심리학의 발전에 힘입어 미술치료 분야는 눈부신 성장세를 보이며 오늘에 이르고 있다. 정신과 직업들과 구별되는 별도의 전문 직종을 만들기 위해 전문적인 교육기관 설립, 자격과정 및 교육과정을 만들어 전문 인력을 양성해 오고 있다. 초기 미술치료사들은 주로 정신병원의 장기 환자들을 취급하였으나 현재는 다양한 분야의 환자들을 단기간에 치료하는 경향으로도 발전하고 있다.

음악치료 역시 사정은 마찬가지이다. 원래 예방의학으로서의 음악의 가치에 대해서는 르네상스 시기에서부터였다. 고대 그리스에서 중시되었던 조화와 질서에 대한 사고가 다시 부활하여 의료현장을 지배하였다. 네 가지 체액설을 음악과 연결하였다. 베이스, 테너, 알토, 소프라노는 당시 만물의 근원적 요소로 간주되었던 땅, 물, 공기, 불 등과 각기 짝지어졌다. 이 네 요소들이 화음을 만들어 내고 천상의 조화와 어울림을 만들어 낸다고 보았다. 이 시기의 음악이론가인 Gioseffo Zarlino는 의사는 음악지식을 갖춰 처방에 활용해야 한다고 주장하기까지 하였다. 음악이 정서에 미치는 효과를 감안하여 치료용도에서 질병 예방용도까지 다양한 용도로 음악이 사용되었다. 유럽에 심각한 전염병이 돌던 시기에는 더욱 더 그러하였다. 바로크 시대와 고전기였던 16~18세기에 Richard Browne은 그의 저서 『음악의학(Medicina Musica)』(1729) 또는 『노래 부르기 음악 그리고 춤이 인체에 미치는 영향에 관한 유물론적 에세이(Mechanical Essay on the Effects of Singing, Music, and Dancing on Human Bodies)』라는 저서에서 예방의학적 조치의 하나로서 노래 부르기를 권장할 정도였다. 여기에서 유물론적이라는 말을 사용함으로써 자기의 주장이 직관적이거나 주관적인 것이 아니라 실제 경험적 사실에 근거한 것임을 말하고자 하였다. 더불어 그는 악기마다 치료효과가 다르다고 주장하였다. 그의 저서는 음악치료의 근본원리에 관한 최초의 영어 저서로 알려져 있다. 이러한 전통에도 불구하고 그 후 음악치료를 실제로 교육현장이나 치료현장에서 활용하는 정도는 미국에 비해 활발한 것 같지 같다.

미국의 음악치료는 제2차 세계대전으로 인한 병원에서의 육체적 재활, 각종 사회적응 교육현장, 신경정신과적 치료 등의 분야에 대한 수요가 늘어나고 음악치료에 관심이 사회적으로 고조되면서부터 활성화의 길을 걸었다. 1946년에는 122개 퇴역군인병원 대부분에서 부상자들을 위한 음악치료가 시행되었고, 44개 병원은 음악치료사를 정규직으로 고용할 정도였다. 이외 여러 기관들이 부상자들을 위한 음악치료를 시작하였다. 점차 음악의 임상치료적 가치가 인정받게 되면서 1950년에 연방 음악치료협회가 창립되었다. 1971년에는 미국 음악치료와 관련된 두 번째 조직인 미국 음악치료협회(American Association for Music Therapy : AAMT)가 창설되었고 이후 음악치료 전문가들을 양성하기 위한 여러 교육 프로그램과 인증 프그로램들이 만들어져 운영되고 있다.

무용동작치료 분야의 경우도 상황은 유사하게 전개되었다. 원래 인간의 비언어적 표현에 대해 비중 있는 언급을 한 최초의 인물은 Charles Darwin이다. 그는 『인간과 동물의 정서표현』(1872)이라는 저서에서 "동작은 결코 거짓말을 하지 않는다(movement never lies)."라고 적고 있었다. 1952년 『동작학 입문(Introduction to Kinesics)』이라는 저서를 발표한 Raymond Birdwhistell은 두 번째 기여자로 꼽힌다. 그는 동작학이라는 용어의 창시자로 알려져 있다. 당시 동작학이라 함은 커뮤니케이션적인 모든 신체적 움직임(bodily motion)의 연구를 의미하였다. 그는 이 연구에서 동작의 상호작용적 성격에 대해 다루면서 동작을 세부동작으로 분석하기도 하였다.

1930년대에는 현대무용이 급속히 발달하였다. 유럽에서는 Rudolf Laban Wignam이 영향력을 발휘했지만 미국에서는 Freud와 Jung의 영향을 많이 받았던 Martha Graham, Doris Humphrey, Merce Cunningham, Jose Lincon이 치료사로서 이름을 날렸다. 미국의 경우 MARIAN Chase가 무용동작치료를 창시하였다. 1942년 그녀는 워싱턴의 성 엘리자베스 병원의 정신병동에서 미국 최초로 무용치료를 시작하였다. 무용을 예술가처럼 출 수 있도록 가르치는 것이 아니라 기술적 능력을 다소 개선시키고 자발성과 창의성을 발휘하도록 하는 것이다. 그래서 현실적 차원에서 자신들에 대한 자각을 높여 주는 것을 목표로 하였다.

Blanche Evan은 직립자세가 인간 고유의 것이라 보고 척추가 육체의 움직임과 표현 능력을 나타내는 척도라고 보았다. 이러한 관점에서 척추정렬을 중시하는 신체재활 프로그램, 즉 근본기법(fundamental thecnique)이라는 것을 만들어 냈다. 1950년대 말에 여러 관련 단체들이 있었으나 공식적으로는 1966년에 MARIAN Chase를 회장으로 하는 미국 무용치료협회가 발족하였다. 현재는 46개 주에 1천여 개 넘는 단체들이 활동하고 있으며 30여 개국에 지회를 두고 있다. 1993년 미연방 건강청보완대체의학센터(National Center for Complementary and Alternative Medicine of National Institute of Healh)가 무용동작치료의 의료적 치료효과를 인정하여 무용동작치료협회에 감사를 표하였다.

전문화와 직업화의 정도에서도 미국은 단연 발군이다. 서양의 경우 독일의 여의사인 Margarethe Hauschka(1896~1980) 박사가 1962년에 바트 볼에 예술치료학교를 창설하면서 인지학의 의학적 관점과 예술적 관점을 연결한 예술치료사 직업을 최초로 탄생시켰으므로[2] 미국에 비해 상당히 뒤늦은 출발인 셈이다. 거의 모든 철학과 심리학의 발생지는 유럽이지만 이를 실제로 활용하고 전문적 직업군으로 발달시키고 있는 곳은 미국이다.

이상의 사실은 무엇을 의미하는가? 인류의 집단무의식이라는 개념에서 본다면 모든 인류는 인종에 관계없이 모두 공통적 속성이 있는 존재이므로 예술치료의 적용에 민족감정을 논할 이유가 없을지 모른다. 그러나 각 민족들의 고유의 유전자적 추억은 각자에 맞는 변화된 예술치료의 개발을 요구하고 있다. 한국적 예술치료 철학과 구체적 기법, 그리고 한국의 민족적, 인종적 가치관에 부합되는 한국형 예술치료기법의 개발이 현재의 과제이다. 한국화 미술치료, 국악 음악치료, 전통무용치료, 전통놀이치료 등 한국적 원형을 살린 예술치료의 등장을 기대해 본다.

3) 학제적 접근

예술치료는 심리학, 의학, 예술학 등 여러 분야의 이론들을 바탕으로 수립된 종합학문적 접근이다. 오늘날 모든 학문은 개별화와 전문화의 과정을 거쳐 적분과 통합의 시대로 접어들고 있다. 예술치료는 학제적 접근의 한 유형이다. 새로 등장하는 이론들을 수용하고 변용시켜 임상이나 연구에 활용하는 실천지향적 분야이다.

먼저 심리학의 발전은 앞으로도 큰 영향을 미칠 것이다. 원래 예술치료는 Freud와

---

[2] 그 이후로 이 학교에서 많은 치료사들이 배출되었다. 이에 자극 받아 독일, 네델란드, 스위스와 영국에서도 예술치료학교가 뒤따라 설립되었다.

Jung의 심리학에 근거하여 그 토대가 일구어졌다. Freud의 자유연상법, Jung의 원형이론, 집단무의식이론 등은 모든 예술치료의 심리학적 모체이다. 오늘날 정신분석학, 정신역동이론은 여전히 유용하게 사용되고 있고, 대상관계이론이나 인본주의 심리학, 행동주의 심리학, 인지행동이론, 체제론적 접근, 절충적 통합적 접근법 등 여러 심리학이 등장함에 따라 다양한 예술치료방법들이 개발되어 사용되고 있다. 교육학이나 사회복지학, 과학적 조사방법론, 의학이론 등의 발전도 예술치료의 내용을 더욱 풍요롭게 할 것이다. 뇌과학을 비롯한 에너지 의학 등 새로운 인체해부생리학적 이론들과 지식도 예술치료의 이론적 외연을 확대하는 데 기여할 것이다. 범위가 확대되는 만큼 정체성의 위기를 해결해야 하는 부담도 가중된다. 그러나 통합은 메가트렌드이다. 이러한 흐름 속에서 예술치료의 통합적 성격은 더욱 두드러질 것이다.

4) 치료효과의 과학적 입증

미국의 경우 거의 모든 예술치료 분야가 치료효과를 객관적으로 입증할 것을 요구받고 있다. 외형이 커진 만큼 정밀성에 대한 요구가 커지고 있다. 질적 연구의 장점도 크지만 계량적 입증절차를 따른 연구결과 제시를 요구받고 있다. 예술치료의 전문직업화와도 밀접한 관계가 있는 일이다. 미국의 경우 현재의 추세는 대부분의 치료사들이 이에 익숙하지 못한 실정이어서 예술치료의 학문적 위상을 높이지 못하고 있다.

3. 예술치료의 주요 효용성

앞에서 보았듯이 동서양에는 고대부터 오늘날의 예술치료와 형태는 다르지만 예술치료가 존재하였다. 각 지역마다 문화적 특수성을 반영한 예술치료가 시행되었고 현대의학이 등장하기 전까지는 예술치료가 주술적 방법과 함께 치료분야에서 중요한 몫을 담당하였다. 현대 의학의 발전에도 불구하고 인간의 질병이 약물과 의료기계적 처리만으로는 완전한 회복이 어렵다는 인식이 팽배해지면서 소위 통합의학의 관점에서 각종 전통 보조요법이 다시 각광받기 시작하였으며 예술치료 역시 종래와는 다른 새로운 차원에서 주목받기에 이르렀다. 새롭게 조명 받고 있는 예술치료가 인간의 심신질환을 예방하거나 치료하는데 있어서 어떤 측면에 도움이 될 수 있는가를 살펴본다.

1) 완전한 통합적 건강의 구현에 기여

건강은 육체적 측면, 정신적 측면, 영적 측면, 사회적 측면에서 정의할 수 있다. 건강, 즉 Health라는 단어는 어원이 전체성을 의미하는 Wholeness에서 유래하였다. 그때의 전체성은 네 가지 측면의 건강이 조화와 균형을 이루고 있는 상태, 즉 통합적 건강을 말한 것이었다. 오늘날 세계보건기구도 이와 동일하게 건강을 정의하고 있다.

인간은 마음과 육체가 분리된 존재가 아니고 통합된 존재이다. 마음은 다시 영적 측면과 정신적 측면으로 분류된다. 영적 건강과 정신적 건강은 다음과 같이 구별된다. 영적 측면이란 각 개체의 존재론적 본질, 즉 불교식 용어로는 불성, 진아(true-self), 기독교식 표현으로는 영성, Maslow가 '자아실현'이라 했을 때의 '자아'와 관련이 깊다. 전통의학이나 현대의학 모두 영성상실, 진아상실, 자아상실이 정신건강 약화와 육체적 질병의 선행요인이 된다는 것을 강조한다.

영적 건강은 존재의 가장 핵심적인 측면이며, 정신적 건강 이상의 차원을 의미한다. 이를테면 자신이 이 세상에 온 이유, 태어난 이유를 알고 이를 실천하는 것, 즉 하늘의 소명을 알고 행하는 것이 영적 건강에 해당한다. 공자가 나이 50에야 지천명하게 되었다는 말은 영적 건강의 한 측면을 말한 것이다. 열심히 죄 안 짓고 역할 다하고 사는 것도 중요하지만 그 이상의 존재론적 가치관, 우주관, 종교관 등을 갖고 있어야 영적 건강이 이루어져 있다고 말하는 것이다. 이에 비하여 정신적 건강은 정신이 올바른 상태, 즉 사리분별이 분명하고 제 몫을 다할 줄 아는 마음가짐이 갖춰져 있는 상태를 뜻한다.

인도 요가의 차크라 이론은 사람의 여러 차원의 건강에 대하여 잘 설명하고 있는데, 각 건강층은 인체 주변에 에너지 층인 오라장을 만들어 낸다고 본다. 킬리안 사진기에 의해 촬영되는 인체의 오라장은 여러 겹으로 나타난다. 육체적 건강, 사회적 건강, 정신적 건강, 영적 건강 순으로 오라층이 촬영되는데 그 명칭은 건강체, 아스트랄체, 정신체, 인과체 등이다. 킬리안 사진기는 육체적 차원의 건강이 약화되기 전에 이미 인과체, 정신체, 아스트랄체에서의 에너지 손상이 차례로 나타나는 것을 보여 준다.

영적 건강이 이루어진 상태를 확인하는 것이 쉽지는 않으나 영적으로 건강한 사람의 주변에서는 빛이 나며 그 사람을 보는 것만으로도 주변 사람들이 긍정적인 변화를 경험한다. Viktor E. Frankl의 의미치료는 삶의 근원적 목표정립과 관계되는 것으로 영적 건강을 목표로 하는 자료로 이해할 수 있다.

사회적 건강이란 자신이 속해 있는 집단, 조직 구성원들과 교류하고 사랑하는 것을 말한다. 육체적 건강은 해부생리학적 측면에서 원활한 기능을 유지하고 있는 상태를 뜻하는 바 우리가 가장 신경 쓰고 있는 영역이다.

이와 유사한 개념체계를 Maslow는 욕구 5단계 이론으로 압축한 바 있다. 기본적 욕구, 안전의 욕구, 사회적 욕구, 자아존중의 욕구, 자아실현의 욕구 등이다.

이러한 여러 차원의 건강들은 서로 별개의 것들이 아니라 상호 밀접하게 연결된 홀리스틱한 존재이다. 영적 건강, 정신적 건강이 쇠약해지면 조만간 육체적 건강도 무너지며 사람들과 등지고 사는 상태, 즉 사회적 건강상태가 좋지 않을 경우 종래는 육체적 건강도 무너진다.

반대로 육체적 건강의 파괴 역시 영적 건강과 정신적 건강을 무너뜨린다. 인간은 빵만으로는 살 수 없으나 또 빵 없이 살 수도 없는 것이다.

건강의 여러 차원에 있어서 육체적 건강은 의사 등 법적 의료 인력이 첨단의료장비와 약물을 이용하여 증상을 제거하고 돌보는 것이 가장 효과적이다. 반면 영적, 정신적, 사회적 건강 측면은 상담능력과 인품, 종교관 등을 갖춘 전문가들, 예술치료전문가들이 돌보는 것이 더 효과적이다. 이러한 측면에서의 병적 증상은 첨단의료장비를 통해서도 검색이 잘되지 않는 부분이 있기 때문이다. 물론 의사의 경우 능력과 관심 여하에 따라 두 영역 모두를 담당할 수 있는 법적 자격이 있다.

2) 몸 치료의 핵심인 심리치료

원래 서양에서도 몸과 마음의 불가분성은 당연한 것으로 전제되었었다. 그러다가 과학의 시대 이후 데카르트류의 심신분리론적 사고가 주류를 이루게 되면서 추상적인 마음의 존재는 질병치료에서 밀려나게 되었다. 그러나 몸과 마음의 이분법적 사고에 근거한 기존 의학이 한계를 드러내면서 서양의학계는 뒤늦게 마음과 몸의 상호관계 특히 마음이 몸에 미치는 영향에 대해 과학적 연구를 주목하기 시작하였다. Hans Selye의 스트레스 이론이 그 기폭제가 되었다.

차크라 이론, 기, 생체 에너지, 경락이론, 체질이론 등을 중심으로 하는 동양의학은 마음이 몸에 미치는 영향력이 비가시적인 단순한 심리적 존재가 아니라 구체적인 물질적 존재라는 것을 전제로 성립된 의학체계이다. 더하여 간, 위, 심장 등 체내 주요 장기들이 상호 독립적인 별개의 것이 아니라 상호 밀접한 연계를 갖는 시스템적 존재라는 것을 전제한 치료체계이다. 동양에서 마음 수련과 자기 수양이 강조된 것은 인품, 인격수양 등 추상적인 덕목을 함양하기 위한 목적도 있지만 무병장수를 누리려는 보건양생적인 목적도 있었던 것이다.

서양의학은 이러한 동양적 치료체계를 심신상관의학(mind-body medicine), 또는 대체의학(alterative medicine)이라 부르면서 기존 주류의학과의 통합을 시도하고 있다. 이름하여 통합의학이 등장하고 있는 것이다. 오늘날 세계 유수의 암 전문 병원에서는 시각화 치료를 위시한 명상치료 및 기도가 유행하고 있다. 이는 마음과 육체의 치료적 상호관계를 인정한 심신치료법이다. 치료과정에 있어서 마음이 몸에 끼치는 영향은 너무나 커서 미국 하버드의과대학 등 오늘날 세계유수의 첨단병원의사들은 암치료를 위하여 환자들에게 기도, 명상 등 심리요법을 적극 권장하고 있다. David Spiegel 박사가 1980년대 스탠퍼드대학에서 학술연구를 통해 질병치료에 있어서 마음과 몸의 결합이 갖는 중요성을 입증해 보인 바 있듯이(임용자, 2002: 22) 오늘날 마음이 몸에 미치는 물질적인 영향력을 무시하는 의료진은 없다. 마음이 몸에 미치는 호르몬적 효과의 기전은 다음과 같다. 뇌 속에는 프로오피오메라노코르틴(POMC)이라는 특수한 단백질이 들어 있는데 그 성질이 매우 신기하여 사물을 플러스로 받아들일 때 부신피질 호르몬과 뇌내 모르핀이 분비된다. 뇌에서 분비되는 뇌내 모르핀은 마음의 완화제로 쓰이고 부신피질 호르몬은 몸의 완화제로 사용된다. 이로 인하여 질병 치료 속도가 빨라지거나 질병이 예방되는 것이다. 이에 반하여 마이너스 사고의 경우 이러한 물질이 분비되지 않아서 혈액의 흐름이 순간 순간 중단되는 혈관 재관류 현상, 활성산소 발생으로 인한 유전자 변형, 혈관 파괴현상들이 발생하는 것이다. 마음의 평온이 뇌내엔돌핀을 분비시키고 이는 암파괴세포인 B세포를 활성화시켜 암의 치료를 돕는다.

예술치료 과정 중에 일어나는 체내 호르몬 변화는 가히 극적이다. 우리의 내분비계는 심리상태를 정확하게 반영한다. 심리상태에 따라 몸 안에는 수많은 파노라마가 연출된다. 일순간이라도 호르몬의 분비상태가 동일했던 적은 없다. 특히 몰입상태에서 이루어지는 예술작업은 세포의 진동을 조화롭게 하고 면역력을 증강시킨다.

3) 악성 유전자의 발현 억제

모든 육체적 질병은 유전자 차원의 결함에서 비롯된다. 가족력을 생각해 보라! 암 발병 유전자를 갖고 있는 가족의 경우 다른 사람에 비해 발병할 가능성이 50% 이상 된다. 그러나 반드시 발병하는 것은 아니다. 적어도 상당수는 그러한 유전자적 결함에도 불구하고 건강한 채로 살다가 삶을 마칠 수 있다. 결함유전자의 발현을 막는 좋은 방법의 하나가 예술치료이다. 자아에 대한 인식이 분명해지고 삶의 방향이 분명해지면 악성 유전자의 발현이 저지되거나 억제된다. 일란성 쌍둥이의 경우 동일한 유전자의 결함에도 불구하고 생활환경이 달라지면 건강상태가 전혀 다르다는 연구보고가 잇따르고 있다.

인간생명의 본질 : 정보와 지능으로서의 인간 육체의 최소단위는 세포이다. 세포는 산소, 수소, 질소, 탄소 등 원소가 엮어져 생겨났고 원소는 아원소 입자들이 만든 것이다. 아원소 입자는 정보를 가진 에너지로 텅 빈 허공이다. 이 속의 정보는 유전자의 핵산 DNA 속에 들어 있다. 이 유전자 정보는 생명의 운행에 직접 관여하는 중요 핵심 정보이며 설계도이다. 인간은 여기에 저장된 정보대로 성장하고 소멸해 간다. 인체의 생명의 시작은 비록 물질적인 것처럼 보이지만, 수정란 속에 담겨 있는 유전자의 본질은 물질이 아니라 정보, 지능이다. 생명은 곧 지능에서부터 시작되고 성장, 소멸해 간다. 수정란에 담겨 있는 유전자 정보는 나중에 생겨날 65~70조 개의 인체세포 하나하나마다 동일하게 담겨 있다. 세포 하나하나가 고유의 생명체인 셈이다.

 과학은 19세기에 들어 처음으로 인간의 구조가 유전자라는 물질 속에 입력되어 있는 것을 밝혀냈다. 삶은 그 유전자에 입력된 내용, 암호가 지시하는 대로 운행되는 것이다. 이 유전자는 부모가 만들어서 자식에게 주는 것이 아니며 인류의 시작부터 오늘에 이르기까지 계속 유전하여 내려온 것이다. 첨단 현대과학도 유전자 자체를 만들어 낼 수는 없고 조작하거나 복제하는 정도가 고작이다.

 이 유전자는 세상 물질에 의해서는 변화되지 않고 단지 의미에만 반응한다. 영성은 유전자 정보와 관계가 깊다. 뇌 내 혁명의 저자인 하루야마 시게오는 유전자에는 인류의 오랜 삶의 지혜, 소명의식, 봉사와 헌신 등의 선한 기질이 내재되어 있다고 말한다.

병의 원인과 자생력 유전자 양자물리학은 물질을 이루는 근본원소가 진동체라는 사실을 확인하였다. 인체의 원자단위인 세포 내부 역시 움직이는 진동체이다. 진동은 변화를 의미하는데 이 변화는 인체에 긍정적인 것도 있고 부정적인 것도 있다. 부정적인 변화를 병이라 하는데 인간의 경우 부정적 변화에 대응할 수 있는 안전장치가 내장되어 있으며 이를 자생력 유전자라 한다.

자생력 유전자를 회복시키는 통합치료 유전자에 변이가 생기면 생리활동을 이끄는 정상적인 생명단백질이 만들어지지 않고 발병단백질이 생산된다. 이와 함께 정상유전자에 변이가 생기면 이것을 자동적으로 수리하는 자생력 유전자(human DNA repair genes)가 작동한다. 자생력 유전자가 힘을 잃으면 유전자의 변이를 막을 길이 없어지고 연달은 세포 파괴와 함께 발병하고 잘 낫지 않게 된다.

통합치료의 보조수단으로서의 예술치료 통합치료란 병을 낫게 하는 최초의 기전인 유전자의 고장을 원상으로 회복시키는 질병의 원인치료이다. 자생력 유전자가 병을 앓게 되는 주요 이유는 무의미, 무력감, 불가에서 말하는 각종 苦에 과도하게 시달리는 것이다. 하버드대학교 등 최신 암치료센터에서 종교인과 의료진이 합심하여 암환자를 치료하는 것은 의미치료와 의료적 치료가 결합할 때 완전한 회복을 기대할 수 있다는 임상적 증거에 근거한 것이다. 긍정적 사고, 편안한 휴식, 안전한 식사, 자연적 생활, 적절한 운동 등도 중요하지만 예술활동을 통한 영성회복 노력은 종교에 버금가는 통합치료수단이다.

고대 대부분의 예술작품들은 종교적 주제를 담고 있었다. Michelangelo의 작품에 나타나 있는 신성함, Rembrandt의 노인의 초상화에 나타난 위대함, Beethoven 현악 4중주곡의 종교적 정열과 대부분의 클래식 음악에 담겨 있는 장엄함과 신성함, 희랍 사원의 완벽함, Dante 신곡에 등장한 글귀들의 강렬하고도 신선한 느낌 등은 접하는 이로 하여금 영성 치유효과를 맛보게 한다.

예술활동은 육체적 이완과 영적 정신적 에너지를 회복하기 위한 도구로서 사용될 때 통합치료의 중요한 보조도구가 된다.

4) 심층의식에서의 병적 소인 제거

서양심리학적 용어로, 특히 Jung의 용어로 표현하면 의식은 표면의식, 개인무의식, 집단무의식(collective unconsciousness) 등 여러 구조로 구성되어 있으며, 이들 구조 층에서의 상호 역학 작용이 인간의 심리적 행·불행과 육체적 질병을 만들어 낸다. Stanislav Gross는 태내 상황에서의 경험과 기억이 성인을 앓게 되는 주요 질병을 결정한다는 사실을 지적한다. 사람의 개인무의식과 집단무의식 속에는 각자가 그리고 인류가 경험한 모든 사항들이 저장, 녹화되어 있고 이 기억들에는 많은 질병의 원인이 자리 잡고 있다. 불교의 유식설도 이와 유사한 내용을 담고 있다. 예술치료는 각 의식 층에 자리 잡고 있는 병적 소인을 스스로 확인하고 흔들어 깨워 배출시킴으로써 병의 원인을 제거하거나 예방하는 데 탁월한 효능을 발휘한다. 만다라 미술치료, 즉흥 연주 및 즉흥과 동작, 다이내믹 명상 프로그램 등이 그 예가 될 수 있다. 예술치료는 자기 안의 진정한 자기를 바라보고 키워 가는데도 도움을 준다. 그림, 음악, 동작 춤을 통해 드러나는 자기 안의 자기를 지켜봄으로써 치료와 병 예방, 의식혁명, 인격 성장의 길이 열릴 수 있다.

예술치료는 종교가 제 역할을 다하지 못하고 있는 현대 과학사회에서 영성회복과 자아발견, 자기개발, 자아실현의 중요도구로 자리 잡을 전망이다.

5) 만물 상호불가분성에 대한 인식을 통한 분리불안 극복

한자어로 사람을 인간이라 부른다. 사람과 사람 사이라는 의미가 있고, 글자 모양은 서로 의지하며 기대고 살아가는 형상을 나타내고 있다. 주변 환경들과도 인간은 서로 의지하는 관계를 맺고 있다. 몸속에 들어 있는 각종 원소들은 새 것이라기보다는 대부분 타인을 포함한 주변 대상물 속을 떠돌던 것들이 잠시 머물고 있는 것에 불과하다.[3]

이러한 점에 근거하여 인간의 병은 분리와 소외에서 비롯되었다고 보는 것이 현대 정신의학의 주장이다. 격리 불안(anxiety of separation)은 인간의 사회적 욕구가 차단

될 때 나타나는 심적 질환이다. 타인, 자연, 우주 등 각 요소로부터의 분리는 질병의 원인이 된다.

우주, 자연과 그리고 타인과 공명하는 자신을 심상화하는 것은 인간의 영적, 정신적 건강과 의식진화에 큰 도움을 주며 예술치료는 종교와 더불어 이러한 기능을 훌륭하게 수행해 낸다.

6) 자율치료 능력의 활성화

인체에는 자기치료(self-healing) 능력이 존재한다. 모든 치료의 기본 목표는 인간의 심층에 내재하는 자기치료 메커니즘을 활성화하는 데 있다. 대체요법의 경우가 그러하듯이 의사도 자신이 직접 병을 치료한다기보다는 환자 스스로의 자기치료 능력을 보조한다는 입장을 취한다. 명상상태, 즉 의식변형 상태에서 행하는 각종 예술활동은 인체의 자기치료 능력을 활성화시켜 면역력을 증진시키고 치료효과를 높인다.

7) 주체성 회복과 자신감 증대

예술치료는 환자 또는 클라이언트의 주체적 활동을 전제로 한다. "어떤 것을 실제로 이해하기 위해서는 스스로 해 봐야 한다."는 주체적 참여정신을 중시한다. 이 점이 단순한 예술감상과 다른 것이다. 작업치료나 심리치료의 경우처럼 감정표현은 그 자체로 이미 환자에게 심적 이완과 해방감을 주는 효과가 있다. 건강한 사람들도 감정을 표출하여 긴장을 이완하기 위해 과거에 비해 보다 더 많은 사람들이 창의적 예술활동에 참여하는 경향이 늘고 있다. 예술치료는 환자 스스로가 혼자서는 발견하지 못한 현

---

3 우주와 자연 그리고 인간 사이에는 구조적, 기능적 동질성이 존재한다. 대략 150억 년 전 빅뱅의 상황은 다음과 같았다. 대폭발과 함께 1의 전하를 가진 입자의 탄생하였다. 즉 전자가 출현한 것이다. 점차로 쿼크입자가 생성되고 양성자가 만들어졌으며 양성자와 전자의 합성으로 수소원자가 탄생하였다. 헬륨, 산소 탄소, 질소가 만들어지고 각 수준별 생명체의 출현과 인간의 진화가 뒤따랐다. 중요한 것은 인체의 구성원소를 살펴볼 때 그것은 우주 내의 여러 물질들의 원소로 이루어져 있기 때문에 동작원리 및 구성원리가 동일하다는 것이다. 소위 소우주로서 인간이란 이런 구조적 기능적 동질성을 말한 것이다. 우주 내 모든 물질은 산소, 수소, 질소, 탄소 등 원소로 이루어져 있으며 사람의 구성단위인 인체 역시 이와 동일하다. 인체에는 10의 23승 정도의 원자가 들어 있다. 우주 내의 모든 물질들이 산산이 흩어지지 않고 존재를 유지하는 것은 원자들이 전자를 공유하면서 서로 화학적 결합관계를 유지하고 있기 때문이며 이러한 화학적 결합원리는 인체 내에서도 동일하게 작동되고 있다. 화학적 결합원리는 우주 창조부터 지금까지 변함이 없다. 즉 원소가 원자를 만들고 원자들은 화학결합의 원리에 따라 세상 물질을 만들어 내는데 인체 역시 동일한 이치에 따라 만들어진다.

상과 경험들을 경험하도록 하는 데 그 목적이 있다. 환자의 예술표현은 의사가 환자의 현재 상태를 진단하기 위한 도구로서뿐만이 아니라 미래에 대한 가능성을 열어 주는 도구여야 한다. 환자로 하여금 전인적 존재로 성장해 가는데 도움이 되는 것이어야 한다. 예술활동의 목표는 예술작품을 만드는 것만이 아니라 활동과정 그 자체에서 경험하는 자아인식이다. 수동적인 환자를 예술활동을 통하여 적극적인 사람으로 전환시키고 실수를 수정하며 자연의 질서를 따르는 것을 배우게 한다. 환자는 자신에게 도움이 될 수 있는 형태, 색, 음악, 동작에 대한 즐거움을 배우게 된다.

8) 이완과 정서표출

우리의 육신은 근육과 피, 그리고 뼈로 이루어진 단순한 해부생리학적 존재가 아니라 감정과 의식의 기록매체이다. 척추 한 마디 한 마디가 그리고 근육 하나하나가 하나의 독립적인 의식체이다. 이 속에 담겨 있는 정보의 내용 여하에 따라 신체적 질병이 나타난다. 감정과 육체 사이의 상관관계는 무용동작치료의 기본전제가 된다. 비록 지나친 단순화의 오류를 범했지만 신체적 동작과 감정 정신 상태와의 밀접한 연관성은 Darwin에 의해 일찍 지적된 바 있다. 그에 따르면 풍부한 신체적 동작은 그것에 대응하는 정신적 상태의 풍부함을 반영한다(Rudolph Arnheim: 65). 그에 따르면 표현이 풍부한 몸짓은 봉사하는 습성의 흔적이거나 아니면 신경계의 직접적인 활동에서 기인하는 것이다. 물론 근육 움직임은 이러한 습성의 자동적이고 무조건 반사적인 형태이기도 하지만 근육 상태의 특수한 양식과 거기에 대응하는 마음 상태 사이에는 그보다 훨씬 정교한 내적 연합 상태가 존재하는 것이다.

동작은 감정과 정서의 표현이지만 동시에 동작이 정서를 변화시키기도 한다. 영어 표현인 감정(emotion)에는 동작(motion)이 들어 있다. 동작은 감정으로부터 유래되는 것을 나타낸다.

무용에 의해 표현되는 정신적 내용에 대해서는 John Martin이 지적한 바 있다. 머리나 사지에서 나오는 동작과 몸통에서 나오는 동작을 비교한다면 전자는 주로 의식적인 행동을 전하고 후자는 주로 무의식적 정서적인 행동을 암시한다. 일례로 Martin은 Isadora Duncan의 무용에 대해서 다음과 같이 말한 바 있다. "그녀는 명치가 영혼의 육체상의 거주지여서 내적인 추진력이 운동으로 번역되는 중심지임을 발견하고 거기에 만족하고 있다."

Lawrence 역시 그의 시적 생리학적 관점에 입각하여 무의식과 정서의 중심은 배꼽 위쪽의 명치에 있다고 지적한 바 있다.

인지학 예술치료의 선구자인 Rudolph Steiner가 인간의 육신을 머리, 가슴, 하복부와 사지로 나누고 각각 사고, 감정, 의지 등 세 가지 정신 영역과 연결시킨 것도 전체론적인 인간관의 유형에 속한다. Steiner는 인간의 정신을 깨어 있는 상태(머리), 꿈꾸는 상태(심장), 수면상태(잠재의식, 내적 기관)로 구분하였다. 그에 의하면 미술의 경우 소묘는 선과 명암에 관계함으로써, 특히 인간의 머리 부분, 사고형 인간에게 영향을 미치고, 회화는 색을 통하여 신체의 중앙, 가슴형 인간에게 작용한다. 조소는 주로 점토를 사용하는데, 특히 신체의 아래 부분을 자극한다.

이러한 부위에 잠재되어 있는 정신 병리학적 소인을 각종 예술활동을 통하여 제거하거나 감소시키는 것이 예술치료의 목표가 될 수 있다. 고요와 긴장, 경쾌함과 중후함이 절묘하게 배합되어 있는 추상미술작품이나 음악작품들은 감상자의 심신을 이완시켜 예술활동을 치료적 수단으로 변화시킨다.

9) 에너지 의학적 관점

삼라만상은 에너지 교환관계이다. 인간 역시 물리학적 용어로 말하면 전자기적 존재여서 인간관계란 기본적으로 에너지 교환관계이며, 모든 만남은 전자기의 끌고 당김이 일어나는 역동적 교환의 현장이다. 에너지 의학의 관점에서 인체는 전자기가 흐르는, 즉 에너지가 흐르는 생체 매트릭스이다. 그러한 전자기적 흐름은 인체주변에 진동 에너지장을 만들어 낸다. 심파, 뇌파, 근전도 등이 그 증거이다. 동양에서는 이를 기라 불렀고 서양은 생체 에너지 또는 오르곤 에너지 등 여러 명칭으로 불렀다. 에너지 의학이 예술치료 분야에 시사하는 바는 무엇일까? 치료사와 클라이언트가 마주 앉아 상대방의 심장박동을 느끼도록 노력하면 동조화를 거쳐 두 심장박동은 조만간 진동을 같이 한다. 이때 치료사의 뇌파는 일명 치료파라 불리는 알파파가 된다. 이 진동수는 슈만진동이라 불리는 지구의 진동수인 약 7.5헤르츠와 같은 것이다. 지구와 진동수가 같아지므로 지구와의 에너지 교환이 시작된다. 성숙된 인격을 가진 숙련된 수기요법사들은 두개천골요법, 마사지 등 접촉치료를 하고 나면 몸이 개운해지는 것을 느낀다.

힘을 낭비한 것이 아니라 우주와 지구로부터 무한한 에너지를 공급받았고 이 중 일부를 상대방에게 제공했을 뿐이기 때문이다. 물론 상대방과의 사이에도 에너지 교환이 이루어졌다. 집단치료 중에는 에너지 교환이 집단적으로 이루어진다. 에너지가 약한 사람의 경우 집단공명에 강제 공명된다. 이에 따라 평소 성격상 전혀 불가능한 자기 개방이 가능해지면서 숨겨진 자아를 개방하고 자기 인식력을 높이는 계기를 얻게 된다. 집단상담의 효과를 높이는 데 기여하는 것은 긍정적 에너지 교환의지이다. 공감이란 심리적인 의미 외에 물리적 의미가 있다는 것이 에너지 의학의 관점이다.

에너지 의학에 따르면 우리의 의식도 비가시적인 추상적 존재가 아니라 물리적인 힘으로서 타인이나 사물에 영향을 미친다. 의식은 미묘한 물질이며 물질은 거친 의식이다. 그런데 에너지 전달방향은 일방적인 것이라기보다는 상호 공명하는 속성을 갖고 있다. 모든 존재의 본질은 파동이자 입자이다. 모든 물질은 고유의 진동수를 갖고 진동하는 존재이며 우리의 의식 역시 고유의 진동수를 갖고 주변 사물들과 공명한다. 공명의 내용에 따라 우리는 상호 간의 병적 요인에 감염되기도 하고 치유되기도 한다. 여러 유형의 집단예술치료는 의식 에너지의 활성화, 질병 치료 및 예방에 기여한다.

인체는 주변 동·식물, 우주 내의 모든 사물과 진동, 파동을 통해 긍정적이거나 부정적인 공명관계를 유지하고 있으면서 병을 얻기도 하고 낫기도 한다. 파동요법이 이에 근거하여 출현하였다. 예술품을 감상할 때도 이러한 이치가 작용한다. 송나라 시대 중국에서는 이러한 이치에 근거하여 미술 運氣(덧말 : 운기)論(덧말 : 론)이 정립되었다. 음악치료, 소리치료, 만트라 치료 등도 운기론에 의해 치료효과가 설명될 수 있다.

10) 신경 되살리기

신경은 우리 몸의 정보전달 통로이다. 그 통로로 신경전달물질이 흐른다. 근육이나 기관이 있어도 정보전달 수단이 없거나 쇠퇴하면 무용지물이다. 뇌의 특정 부분의 뇌세포에 혈액이나 신경전달물질이 공급되지 않거나 부족하면 기능장애가 온다. 그 부분에 혈액을 공급해 주고 신경을 되살려주면 세포는 재생되고 질병증상이나 원인은 사라진다. 즉, 치료가 되는 것이다. 의학적인 방법인 약물치료, 수술요법 등은 우리의 영역이 아니다. 신경을 되살려주는 데 가장 좋은 방법 중의 하나로 비침습적(non-invasive)이면서 의료분쟁에 휘말리지 않을 방법이 각종 예술치료 분야이다. 미술치료의 경우 색상이나 형태 감촉, 음악치료의 경우 소리진동, 리듬, 화음, 무용동작치료의 경우 근육 움직임, 여러 예술요소들이 녹아 있는 놀이치료, 드라마치료 등의 신경자극 효과는 매우 탁월하다.

4. 예술치료사의 정신자세와 직무윤리

예술치료사는 주로 인간의 영적, 정신적, 사회적 건강을 책임지는 사람들이니 만큼 이를 감당할 수 있는 여러 자질들을 구비해야 한다.

1) 현행 의료법적 차원에서 본 예술치료

예술치료라는 용어가 의미하는 바를 정확하게 정의하는 것이 향후 예술치료사들의 활동분야를 정립하는 데 도움이 된다. 심신개선효과를 내는 것을 목표로 하는 활동을 묘사하는 용어 중에는 치료와 치유가 있다. 두 단어 사이에는 중요한 의미 차이가 있다. 그 차이를 살펴보는 것이 현재 한국에서의 예술치료사의 활동 방향을 설정하는 데 도움이 된다. 이중 한국에서 치료는 법적 자격을 갖춘 의료분야에서 활동하는 사람들이 사용하는 용어이며, 치유는 치료행위를 보조하는 일로서 의료자격과 무관하게 이와 관련된 전문가들의 활동을 지칭하는 용어로 사용되는 경향이 있다. 아로마 테라피, 보석 테라피, 허브 테라피 등이 그에 해당한다. 이러한 관행에 비추어 본다면 현재 예술치료라는 용어가 대중화되어 있으나 법적 다툼을 피한다는 의미에서 예술치유로 부르는 것이 바람직하다.

　서양의 경우 이에 해당하는 용어로 cure와 heal이 있다. cure는 주로 증상을 제거하는 행위를 말한다. 병의 원인 제거가 아니라 겉으로 들어난 증상들을 제거하는 것을 강조하는 개념이다. 대부분의 현대 의료 시스템이 지향하는 것이다. 이에 비해 heal 또는 healing은 어원상 인간의 전체성을 의미하는 wholeness에서 유래하였다. 그리고 건강, 즉 health도 마찬가지로 healing이 이루어진 상태인 전체성(wholeness)이 유지되는 상태를 말한다.

치유는 인간 존재의 종합적이고 전체적인 측면에서의 완전성 회복을 돕는 활동을 말한다. 치료가 겉으로 드러난 증상 제거에 치중한다면, 치유는 그 증상을 야기시킨 근본원인을 찾아 이를 복원시키는 것을 말한다.

이러한 관점에서 볼 때 예술활동을 통한 심신개선활동은 예술치유로 불러야 더 적합하다. 현재 일반적으로 통용되고 있는 예술치료 또는 예술치료사라는 용어는 정신과 의사 등 법적 의료인들의 활동을 말하는 것으로 한정하는 것이 법적 분쟁을 피하는 길이다.

현재 예술치료사 등 임상상담전문가들의 예술활동을 통한 심신개선활동들은 예술치유로 규정하는 것이 바람직하다. 물론 정신과 의사를 포함한 법적 유자격자들은 예술치료든 예술치유든 능력과 관심에 따라 얼마든지 활동범위를 확장해 갈 수 있겠다.

2) 통합예술치료사로서의 예술치료사

NLP이론, 동양의 기질론, 체질론 등 주요 생리학적, 심리학적 이론들은 인간이 상호 다른 다양한 속성을 갖고 있다는 점을 말해 준다. 음악선호형, 미술선호형, 무용동작선호형 등 다양한 유형이 존재하므로 이들 각각의 경우에 맞는 예술치료 처방을 할 수 있도록 예술치료에 대한 통합적 이해와 지식을 축적해 갈 필요가 있다.

치료사는 병의 유형에 따라 그리고 환자의 유형에 따라 각각 다른 예술적 과제를 부과하고 또 치료가 진전되면서 다양한 예술 치료 형태를 도입해야 한다.

3) 전인적 인격체로서의 예술치료사

첫째, 자신의 영적, 정신적, 사회적 건강을 점검하고 보완하는 능력을 가져야 한다. 이견이 있지만 누군가를 상담한다는 것은 대개는 그를 특정한 방향으로 인도한다는 것을 의미한다. 이때 바람직한 방향이란 무엇일까? 대개의 경우 삶의 보편적 지혜를 말해 주고 긍정적인 가치관에 대해 이야기 나누는 것이 될 것이다. 이때 상당히 객관적이면서도 클라이언트의 주관적 견해도 고려하는 삶의 기준들을 말해 주고 제시한다는 것은 많은 어려움이 뒤따르는 일이 된다. 이렇게 볼 때 예술치료사는 영적, 정신적, 사회적 건강도가 아주 높은 사람들이어야 할 것이다. 또한 명상하는 자세로 항상 스스로에게 자문하는 시간을 가져야 한다. 나의 가치관은 어떤 것인가? 내 가치관은 내담자들을 돕는 데 기여할 수 있겠는가? 이러한 과정을 거쳐 능력 있는 임상상담전 문가로 성장해 나가야 한다.

인간의 성장은 지식과 기교의 획득을 통해 이루어지는 것만은 아니다. 우리가 만나는 많은 종교인, 그리고 예술치료종사자들 중에는 인간적으로 성숙한 사람들이 드물다. 많은 학문적 업적에도 불구하고 인간적으로 성장하는 데 실패한 것이다. 전문적인 지식과 능력을 키워가려는 노력 외에 인격의 성장을 위해 노력해야 할 것이다.

둘째, 예술치료는 상담과 심리치료의 새로운 기법으로 급격히 확산되고 있다. 이 과정에서 여러 문제가 생겨나고 있다. 우선 전문가로서 임상경험이나 자질 향상에 심혈을 기울이기보다는 단기적인 일에 대한 관심에서 예술치유에 대해 관심을 갖는 사람들이 많다. 의학, 종교학, 심리학 분야 등에 대한 깊은 이해를 바탕으로 인간의 몸과 마음이 왜 아프게 되는지 깊이 성찰해야 한다.

예술은 성숙되고 완전하게 행복한 사람들을 만들어 내는 방법의 하나로 간주되고 있다. 그것은 특수한 기술 이상의 것을 요구한다. 정신적 작용과 발달에 관한 과학적 이해 등을 필요로 한다. 그래서 예술치료사는 건강한 심리학자가 되어야 한다. 심리학에 대한 정신병리학적 접근은 불가피하게 결점을 갖고 있다는 점을 간과해서는 안 된다. 주로 비정상적인 사람들에게서 얻은 지식, 즉 바람직하지 않은 것들에 대한 지식을 갖고 사람들을 분석하는 경향을 피하기 어렵다. 대부분의 지식들은 주로 환자들을 관찰하면서 얻어진 개념들인 것이다. 그 결과로 얻어진 편파적인 지식에 근거하여 사람들을 분석하고 처방해서는 안 된다.

셋째, 보다 과학적인 진단과 처방을 위해 노력해야 한다. 남의 작품을 보고 점치듯이 진단하고 대충 처방하여 몇 회기 정도 시행한 다음 치유효과가 있었다고 보고하는 것이 일반적이다. 다분히 비전문적인 수준의 치유활동인 것이다. 무엇보다도 한국적인 치료 데이터베이스를 구축하는 것이 예술치료활동의 현실 적합도를 높이는 것이 될 것이다. 문화마다, 사람마다 예술표현의 차이가 있다는 점을 고려해야 한다.

넷째, 한국심리상담학회가 2003년 제정, 공포하여 현재 시행 중에 있는 윤리강령은 심리학자가 전문적이고 과학적인 활동을 하는 데 필요한 일반적인 가치체계를 제시하고 있다. 이 강령을 위반하면 학회로부터 경고 또는 제명 등의 처분을 받는데 그 내용은 예술치료사들의 행동지침으로서도 유용하다. 그 주요 내용은 다음과 같다. ① 비밀유지와 한계에 대해 숙지할 의무, ② 내담자와의 전문적인 관계유지 의무, ③ 성희롱과 성적관계 형성 금지, ④ 수련감독자와 수련자와의 인격적 전문적 관계유지 의무 등이 있다. 이러한 내용은 예술치료사들의 직무윤리를 정립하는 데 하나의 기준이 될 수 있다.

5. 맺음말

한국에서 예술치료사는 국민소득 2만 달러 시대가 도래하면 한층 유망한 직종으로 부각될 것이다. 정신과 의사들이 채 헤아리지 못하거나 감당하지 못하는 각종 심리적 문제들이 예술치료사들의 전문적인 도움을 요청할 것이다.

현재로서는 예술을 매체로 한 예술치료들의 치료적 성과에 대한 논란이 분분하다. 주류 서양의학을 중시하는 입장에서는 치료효과를 부인하면서 예술치료라는 말을 사용하여서는 안 된다는 입장을 취하고 있다. 이러한 논란은 인간이 왜 병이 드는지 진정한 치료가 무엇을 말하는지에 대한 이해가 부족한 데서 유래하는 것이다. 예술치료는 현대의학의 효용을 부인하지도 않으려니와 대체하려는 것이 아니지만 육체적 질병의 주요 근본원인인 영성 상실, 정신적 혼란, 사회적 유대관계 상실, 자연과 우주와 인간과의 소외 등 질병의 근본문제를 해결하는 데 진력함으로써 대중적 질병치료에 탁월한 능력을 입증해 온 현대의학의 한계를 보정해 주려는 대체의학의 한 품목이다. 향후 예술치료의 치료적 성격을 강조하려는 입장에서는 예술치료의 의학적 근거와 과학적 임상적 근거를 확보하는 데 진력해야 할 것이다.

참고문헌

강길전, 양자의학, 미내사클럽, 2002.

김영준, 전인치유, 예영커뮤니케이션, 2003

김재희 편역, 신과학산책, 김영사, 2002.

루돌프 아론하임, 김정오 역, 시각적 사고, 이화여자대학교 출판부, 2000.

마이클 탤보트, 이균형 역, 홀로그램 우주, 정신세계사, 2000.

미내사 모임, 대체의료와 현대의학의 통합, 정신세계사, 2002.

박희준, 동양의학의 기원, 하남출판사, 2002.

박희준, 파동으로 난치병을 극복한다, 양문, 2003.

이챠크 벤토프, 유시화 역, 우주심과 정신물리학, 정신세계사, 2002.

전성수 외 2인 공동 역, 게놈, 김영사, 2002.

정신세계사 편집부, 예술치유, 정신세계사, 2003.

정정순·정여주 역, 루돌프 슈타이너의 인지학 예술치료, 학지사, 2004.

존 카밧진, 장현갑·김교진 역, 명상과 자기치유, 학지사, 2002.

최애나 역, 통합적 표현예술치료, 푸른 솔, 2008.

하루야마 시게오, 뇌내혁명, 2000.

Stephanie L. Brooke, Creative Arts Therapies Manual, Charles C Thomas & Publisher. LTD.
  2006 South First street Springfield, Illinois 62704.

chapter 02

미술치료

02

1. 미술치료 이론

1) 미술치료의 이해

(1) 미술치료의 정의와 장점

미술치료는 궁극적으로 심신의 어려움을 겪고 있는 사람을 대상으로 하여 미술작업, 다시 말하면 그림이나 조소, 디자인기법 등을 통해서 그들의 심리를 진단하고 치료하는 데 목적이 있다. 그리고 회화요법, 묘화요법, 그림요법 등으로 음악이나 놀이, 무용, 레크리에이션, 심리극, 시 등을 이용한 예술치료의 한 영역이라고 말할 수 있다. 따라서 미술치료는 심리치료 이론을 바탕으로 미술활동이 첨가된 새로운 심리치료의 한 분야이다(이근매, 2008).

미술치료라는 용어는 1961년 「Bulletin of Art therapy」의 창간호 편집자인 Ulman의 논문에서 처음으로 사용되었다. 미술치료는 교육, 재활, 정신치료 등 다양한 분야에서 널리 사용될 수 있으며, 어떤 영역에서 활용되고 있든 간에 공통된 의미는 시각예술이라는 수단을 이용하여 인격의 통합 혹은 재통합을 위한 시도라는 것이다.

그동안 미술치료를 연구해 온 사람들은 미술치료의 이론에 대해 자신이 지지하는 견해를 가지고 있다. 이 견해는 크게 세 가지로 나눌 수 있으며, 각 견해의 대표적인 사람으로 Naumburg, Kramer, Ulman을 들 수 있다. 이를테면 Naumburg는 미술치료란 심리치료과정에서 미술을 매개체로서 이용하는 방법이라고 주장하고 있다. 그러나 Kramer 등과 같은 학자는 치료사의 역할을 내담자가 만든 작품을 해석하는 것이 아니라 승화와 통합과정을 도와주는 것이라고 주장하고 있다. 즉, 치료로서의 미술로 생각하고 있다. 그러나 Ulman은 미술심리치료와 치료로서의 미술이라는 두 가지 입장을 통합하는 견해를 취하고 있다.

위의 세 가지 입장 중에서 어떤 입장을 취하든 간에 미술치료는 심리치료의 이론을 바탕으로 하여 인간의 조형활동을 통해서 개인의 갈등을 조정하고, 동시에 자기 표현과 승화작용을 통해서 자아성장을 촉진시킬 수 있다. 또한 자발적 미술활동을 통해서 개인의 내적 세계와 외적 세계 간의 조화를 잘 이룰 수 있도록 도와주기도 한다. 즉, 학자에 따라서 여러 가지 의견이 있을 수 있고, 접근방법이나 적용대상에 따라 심리치료적 미술치료, 재활 미술치료, 레크리에이션 미술치료 등으로 나누기도 한다.

또한 미술치료는 결국 이미지 표출과정에 있어서 비언어적 커뮤니케이션 기법으로서 타치료기법과 비교했을 때 우위를 차지하고 있다. 미술치료를 반복적으로 시행함에 따라 지금까지 상실, 왜곡, 방어적, 억제되어 있던 언어성과 시각적 이미지로부터 보다 명확한 자기상, 자기 자신의 세계관을 재발견하여 자기 동일화, 자기 실현을 꾀하게 된다.

현대는 개인의 정신을 탐험하고 성장을 돕는 목적으로 미술작품을 활용하려는 노력을 하고 있으며 개인과 대중예술 간의 전통적 경계선을 재평가하는 추세다. 따라서 병원 장면도 미술치료의 발전에 중요한 역할을 하였다. 정신과 의사들은 재활을 시켜야 하는 환자, 약물의존 환자, 그리고 암, 화상 및 AIDS 환자들을 치료하는 데 미술치료사들의 도움을 많이 받아 왔다(Malchiodi, 1999). 이들이 사용하는 미술치료기법을 조사한 연구를 보면, 미국에서 활약하는 미술치료사의 21%는 치료사 스스로 '절충적(electic)' 치료방향을 갖고 있다고 한다. 이것은 선호기법을 조사한 것 가운데 가장 높은 비율이었다(Elkins & Stovall, 2000). 그 뒤를 이어서 선호하는 기법 다섯 가지를 보면, 정신역동적 모델(10.1%), 융 모델(5.4%), 대상관계 모델(4.6%), 치료로서 미술을 적용한 모델(4.5%), 그리고 정신분석 모델(3.0%)로 나타났다. 이상의 모델의 공통성은 개인 내부의 심리적 역동성을 탐색한다는 데 있다.

이상에서 현재 미국에서 행해지고 있는 미술치료의 추세와 치료사들이 견지하는 입장을 살펴보았다. 미술치료사는 자신이 습득한 학문적 체계, 성장배경 그리고 종교관에 따라서 선호하는 치료기법이 자라나기 시작한다. 그리고 이런 기법의 배경에는 심리학적 이론체계를 갖추는 소양이 필요하다. 미술치료사는 인간이 표출하는 본능적 미술표현과 그 과정 속에 있는 심리학 해석을 찾아내서 내담자가 감정적으로 또는 합리적으로 이해할 수 있도록 중재한다.

내담자의 자유로운 감정표현 및 합리적 이해는 모든 심리치료사가 공유하는 것이지만, 미술치료사는 내담자가 스스로 활동한 작품이 있고 그 작품이 시간대별로 어떻게 변화되어 왔는지에 대해서 직면할 수 있기 때문에 자신의 감정변화를 보다 잘 이해하게 된다. 또한 장기간 입원하고 있는 환자인 경우에는 미술작품을 만들면서 전문치료사에게 미술기법을 배우는 의미가 상당히 클 수도 있다. 기법에 대한 습득이 그림에 반영되고, 그림의 수준이 발전되는 것을 체감한 내담자는 개인 의지의 발현이 더욱 용이해지기 때문에 치료효과를 증진시킬 수 있다.

미술과 심리학의 접목인 미술치료가 확실한 자리매김을 하기 위해서는 미술 영역과 심리학 영역의 전문가들이 의식 및 무의식적 정신현상을 잘 반영시킬 수 있는 미술활동을 체계적으로 규명해야 할 것이다. 또한 어떠한 미술매체가 내담자의 방어기제를 낮추고 표현을 훨씬 자유롭게 할 수 있을지에 대해서도 더 깊은 연구가 있어야 할 것이다. 이런 노력을 계속할 때 내담자의 유형에 따라서 치료기법이나 미술매체의 활용이 좀 더 객관화되고 정형화될 수 있을 것이다.

미술치료를 '왜' 하며 무엇을 제공해야 할 것인가에 대한 많은 논의가 있고 또 제한점도 있으나 심리치료의 한 방법으로서 독특한 이점도 가지고 있다. 이근매(2009)는 Wadeson(1980)이 언급한 미술치료의 장점을 참고하여 타 기법과 비교한 미술치료의 장점을 다음과 같이 일곱 가지로 제시하고 있다. 첫째, 미술은 심상의 표현이다. 둘째, 비언어적 수단이므로 통제를 적게 받아 내담자의 방어를 감소시킬 수 있는 이점이 있다. 셋째, 구체적 유형의 자료를 즉시 얻을 수 있다. 넷째, 자료의 영속성을 통하여 재통찰에 도움을 줄 수 있다. 다섯째, 미술은 본질적으로 공간적이며 시간적인 요소가 없다. 여섯째, 미술은 창조성과 신체적 에너지를 유발시킨다. 일곱째, 미술활동은 즐거움과 흥미를 느끼게 한다.

(2) 미술교육과 미술치료의 관련성

인간의 발달과정에서 유·아동 시기에는 가위로 자르고, 풀로 붙이고 무엇을 만들고, 주무르고, 그리는 등의 미술활동을 통하여 작은 근육의 발달뿐만 아니라 사고력, 추리력, 문제해결력, 창의력 등이 발달된다. 나아가서 사회성이 발달됨은 물론 비록 보잘 것 없더라도 자기 힘으로 만든 것이기 때문에 만족감, 성취감, 자신감을 갖게 된다. 그래서 많은 연구자들은 유·아동의 미술활동의 중요성을 제시하여 미술교육에 역점을 두어 강조하고 있다.

특히 김재은(1991)은 어린이의 미술활동의 중요성을 언급하면서, 어린이의 그림 속의 표현 양식과 심리적인 특징이 나타난다고 하였다. 구체적으로 첫째, 그림은 언어의 표징이다. 아동의 그림과 언어 사이에는 공통된 요소가 많다. 그러므로 아동의 그림은 아동의 언어 대용이라 할 수 있다. 둘째, 그림은 아동이 획득한 개념과 생활경험을 표현한 것이다. 아동화도 아동의 생활경험의 깊이와 그 폭, 그리고 그 내용을 암시하는 것이라고도 볼 수 있다. 셋째, 그림은 자아상의 표현이다. 아동의 그림은 아동이 갖는 심상과 관계가 깊다. 어떤 대상이나 모델을 보았다고 하더라도 어린이들은 그것을 단순히 그대로 묘사하는 것이 아니고 일단 자기 머릿속에 이를 동화해서 가시적인 심상으로 만들어 내는 것이다. 넷째, 그림은 창조적 사고의 표현이다. 어린이의 성격에 영향을 주고 있던 장애가 어린이의 창조적 작업 속에서 해소되기도 하는 것이다. 그래서 그림 그리기는 어린아이들의 창조적 문제해결의 방법이 될 수 있다. 다섯째, 그림 특히 아동화는 아동의 욕구의 표현이다. 아동의 그림 속에는 여러 가지 욕구불만의 모습이 표현되는 경우가 많다. 여섯째, 그림은 환경에 대한 인간의 태도의 표현이다. 그림이 아동의 창조적인 사고나 욕구의 표현인 것처럼, 아동의 그림 속에는 어린이가 환경으로부터 받는 심리적 압력과 같은 여러 가지 억압 상태로 표현된다.

또한 김정(1988)은 아동미술의 가치는 자기 표현의 수단으로 미술활동을 통한 치료적 가치로서 자신들의 지적 표현의 근본이며 이를 통해 그들은 다음과 같은 성숙을 가져온다고 했다. 그 내용을 구체적으로 살펴보면 다음과 같다. 첫째, 창의적인 자기 표현으로 조화로운 인성을 계발한다. 주변을 탐색하고 경험의 기회를 가지며 자신과 주변 환경과의 관계 속에서 생각과 느낌을 표현하려고 한다. 이런 표현활동은 즐거움과 자신감을 주며 문제상황에 적절한 대처를 하도록 한다. 둘째, 시지각을 예민하게 하고 새로운 것을 발견하는 습관을 키울 수 있다. 셋째, 탐구력 및 조작을 통해 지적 성

표 2-1	미술교육과 미술치료의 차이점

미술교육	미술치료
• 기술을 가르친다.	• 지시하지 않는다.
• 사물의 고유 색상을 사용하도록 한다.	• 사물의 심리적인 색상을 허용한다.
• 창조성에 있어 결과를 중시한다.	• 창조성에 있어 과정을 중시한다.
• 지적인 표현을 중시한다.	• 내면의 솔직한 표현을 중시한다.
• 타 아동과 작품이 비교되기 쉽다.	• 타 아동과 작품을 비교할 수 없다.
• 융통성과 상상력이 결여될 수 있다.	• 융통성과 상상력이 촉진되거나 개발된다.
• 미술로 표현하는 것에 흥미를 떨어뜨리는 경우가 있다.	• 미술로 표현하려는 욕구를 불러일으킨다.

장을 돕는다. 넷째, 조형놀이를 통한 다양한 경험은 다른 교과의 학습효과도 증진시킨다.

이근매·김혜영(2002)은 미술활동이 아동의 발달적인 측면뿐만 아니라 부적응 행동 통제, 즉 정서발달에 상당한 도움을 준다는 실천적인 연구를 보고하였다.

위와 같이 미술은 아동의 성장을 돕고, 전 인격적인 성장을 촉진하므로, 오늘날에는 아동의 미술활동이 단지 교육으로서의 입장에서 벗어나 치료적인 입장과 양립된 상태로 그 중요성이 인식되고 있다. 그래서 미술교육과 미술치료를 혼동하는 경우가 많이 있으나 미술치료에서는 활동 자체가 치료적인 효과를 가져오는 것으로 보는 점에서 차이가 있다.

미술교육과 미술치료의 차이점을 나타내면 〈표 2-1〉과 같다.

(3) 미술작품의 상징성과 심리이해

미술치료는 특별한 이론이 있는 것이 아니라 심리치료이론을 바탕으로 다양한 미술매체를 활용하여 개인의 성장 및 심신에 어려움이 있는 사람들의 심리를 치료하는 데 도움을 주는 것이다. 이러한 이론들을 바탕으로 한 이론적 접근에는 ① 정신역동적 접근, ② 인간중심적 접근, ③ 현상학적 접근, ④ 인지적 접근, ⑤ 행동주의적 접근 등이 있다.

내담자의 미술작품이나 그림 속에는 의식성과 무의식성이 동시에 내포되어 있다.

여기에서 관련되는 것이 작품이나 그림의 상징성이다. 이와 같은 상징성은 인간의 마음 깊은 곳에 숨겨진 사실을 투사해 준다. 이것이 바로 그림을 통한 심리검사의 원천이 된다. 자유화나 집, 나무, 사람 그림, 가족화 등에서 무의식 과정에 억압되어 있던 것이 한층 확실하게 나타난다.

심상이나 상징은 내담자가 언어로 표현할 수 없는 것, 표현하지 않은 것, 잘 표현되지 않는 성격의 단면을 포착하는 것이 가능하다. 반면에 정신분석학에서의 상징은 무의식 내에 존재하는 욕구가 자아에 받아들여지기 어렵거나 그대로 표현하는 것이 자아의 존재를 위협하는 경우 위장된 표상으로 자아에게 의식되는데 이 위장된 표상을 상징이라 한다. 이러한 상징은 꿈에 잘 나타나고 전신주나 굴뚝은 남성의 생식기를 상징하는데 조형작품에서도 이러한 상징이 표현된다. 상징은 언어로 표현하기 어려운 내용의 도식과 자아방어에 의한 위장이라는 두 가지 심적 작용을 의미한다. 이것이 미술작품이나 그림에 의한 성격진단과 치료의 이론적 근거가 된다.

나아가서 미술치료에서는 조형심리가 크게 작용하고 있다. 조형의 사전적 의미는 '모양을 만들다'는 뜻으로 여러 가지 소재를 이용해서 무엇인가를 만들어 내는 것을 말한다. 무엇인가를 만들고자 하는 시도는 인간의 본질적 활동이며 자기가 생각해 낸 것을 만들어 내고 감동한 것을 그림으로 그리려는 활동을 '조형활동'이라 할 수 있다 (현대디자인용어사전, 1993).

생각이나 느낌을 조형요소를 이용하여 조형의 원리에 따라 표현하는 활동인 조형활동은 내담자의 정서나 마음의 상태를 표현할 말들을 발견하는 순간에 생겨난다. 인간의 감정세계를 구체적 형태로 나타냄으로써 감정을 부여하는 것이 예술에 있어서의 형식에 관한 원칙이라고 할 수 있다. 조형의 요소에는 점, 선, 면, 형, 질감, 양감, 명암, 색, 색조, 공간감 등이 있으며, 조형의 원리에는 통일, 변화, 균형, 비례, 율동, 대비, 강조, 조화 등이 있다. 이와 같은 조형요소의 심리적 특성이 내담자의 무의식의 표현을 도우며 내담자의 내적 치유과정에 도움을 준다.

2) 매체심리와 미술치료

(1) 미술매체

미술치료에서 표현에 매개가 되는 미술매체(medium)는 일반적 미술재료인 정형매체와 미술 외적 재료인 비정형매체로 나눌 수 있는데, 미술치료 환경에서는 정형매체뿐 아니라 비정형매체도 내담자의 심리를 반영하는 데 중요한 역할을 한다. 미술 표현에 직접 쓰이는 미술재료(material)는 크게 작업 형태에 따라 1차원의 선작업 중심인 그리기 재료, 2차원의 면작업 중심인 채색 재료, 3차원의 입체작업 중심인 조소 재료로 구분할 수 있다. 이와 같은 미술재료와 미술치료에서 좀 더 유기적 개념인 미술매체는 내담자의 개별적인 심리, 발달 상태, 선호에 따라 적절하게 적용해야 한다. 즉, 내담자의 인지적 능력이나 상징화 능력에 따라 미술매체의 적용이 달라질 수 있다. 매체는 치료의 대상이나 구성 및 다른 요소들에 따라서 목적에 부합되도록 선택한다. 예를 들어 장애인이나 유아, 노인 등에게는 보다 쉽게 제작할 수 있는 매체나 도구를 사용하면 좋을 것이다. 다음은 정형매체인 미술재료로써 그리기 재료, 채색 재료, 조소 재료와 종이 및 바탕재료와 비정형매체와 도구의 특성, 그리고 그 밖의 표현하는 데 도움이 되는 기타 도구들을 소개한다.

그리기 매체 그리기 매체는 일반적으로 건식과 습식으로 나눌 수 있다. 건식매체로는 파스텔, 오일파스텔(크레파스), 크레용, 연필, 색연필, 수성 색연필, 사인펜, 목탄, 콩테, 마카펜, 매직펜과 기타 볼펜과 분필 등이 있다. 습식매체로는 수채 물감, 아크릴 컬러, 유화물감, 포스터 컬러, 구아슈, 염료, 칠보 유약, 마블링 물감 등이 사용되고 있다.

먼저 건식매체의 몇 가지 특성을 살펴보면 첫째, 파스텔은 발색이 좋고 손으로 문질러 번지게 할 수 있고 잘 지워져 통제력이 없는 재료이다. 이는 완성 후 정착액을 뿌려 보관한다. 하지만 손에 잘 묻어나기 때문에 매체가 묻는 것에 대해 불편함이 있는 내담자에게는 주의하여 사용해야 하며, 힘을 주면 잘 부러지기 때문에 재료에 대한 좌절감을 맛볼 수도 있다. 둘째, 오일파스텔(크레파스)은 혼색과 겹침, 긁어내기, 문지르기, 물과 기름의 반발성을 이용한 기법 등 다양한 효과를 낼 수 있다. 그러나 손에 잘 묻어나며 덧칠을 했을 때 부스러기가 생겨나는 단점이 있다. 셋째, 연필은 소묘의 재료 중 표현이 자유롭고 친숙하며, 지우기가 용이하다. 하지만 잦은 지우기와 변화를 조장할 수 있고, 색상이 없어 감정표현을 제지할 수 있다. 통제가 강하고 그리기나 명암에 있어서는 기술적인 요소가 필요로 할 수 있다. 넷째, 사인펜은 수성, 유성, 컴퓨터용이 있으며 일반적으로는 수성 사인펜을 많이 사용한다. 명암표현이 어려우나 수성 사인펜은 수채물감과 함께 사용하면 번짐의 효과가 있어 재미있는 표현이 가능하다. 쉽게 마르기 때문에 뚜껑을 닫으며 사용하고, 사인펜이나 유성펜을 장기간 사용하지 않아 용제가 증발되었을 때는 수성은 물이나 알코올을 첨가하고, 유성은 벤젠을 첨가하면 재사용할 수 있다.

몇 가지 습식매체의 특징을 살펴보면 다음과 같다. 첫째, 수채물감은 물로 색의 밝기를 조절하고 겹치기, 번지기, 뿌리기 등 다양한 기법을 구사하기 좋고, 붓 대신 각종 다른 매체에 묻혀 찍어 내거나 뿌려서 색다른 기법을 구사할 수도 있다. 그러나 한번 어둡게 그려진 그림에는 다시 밝은색으로 칠하지 못하는 단점이 있다. 둘째, 아크릴 컬러는 접착력이 강하여 거의 모든 바탕의 재료 위에 채색할 수 있으며, 속성 건조하는 수용성 물감이다. 덧칠하거나 투명성 있는 그림을 그릴 수 있고, 빨리 마르기 때문에 화면을 단시간에 정리할 수 있는 장점도 있다. 하지만 붓은 아크릴 컬러가 마르기 전에 빨리 닦아내야 하며 아크릴 컬러가 굳어 버리면 붓을 다시 사용하기가 어렵다.

종이 및 바탕재 종이 및 바탕재에는 도화지, 화선지, 한지, 장지, 섬유, 수채화용지, 색켄트지, 두루마리종이, 스케치북, 색종이, 색한지, 화장지, 신문지, 모눈종이, 하드보드지, 포장지, 셀로판지, 사포, OHP필름, 알루미늄 호일, 다양한 잡지나 광고 카탈로그 등이 있다.

도화지와 켄트지(흰색 A4, A3, 8절, 4절, 2절, 전지 등)는 두께와 무게, 크기에 따라 종류가 다양하다. 화선지는 색채효과가 잘 나타나고 번짐의 효과가 크며 주로 붓글씨를 쓸 때 사용되는 종이이다. 탁본을 할 때도 화선지를 사용한다. 한지는 전통지로 제작에 따라서 종류, 문양, 색채가 다양하고, 먹색효과가 좋고 겹쳐 그리기 편리하다. 붙이거나 끈으로 꼬거나 종이죽 등으로 성형하여 다양하게 만들 수 있다. 장지는 화선지를 겹쳐 만든 것으로 화선지보다 흡수력은 떨어지나 화선지처럼 잘 찢어지지 않아 널리 사용된다. 섬유는 자수, 직물, 염색, 매듭 등의 영역이 있으며 전통적 표현기법이나 직물조직에 나타나는 패턴을 이용한 표현, 염색 등이 가능하다. 수채화 용지는 와트만지, 아트지 등은 흡수성이 좋은 수채화 용지이다. 수채화 내구성을 좋게 하려면 중성지나 약알칼리성 종이를 선택하면 좋다.

조소매체 조소매체에도 습식과 건식매체로 나눌 수 있는데 습식매체에는 찰흙, 지점토, 유토, 컬러 클레이, 석고 붕대와 석고가 있으며, 건식매체로는 발포석고, 벽돌, 아이소핑크, 우드락, 폼보드, 비누, 파라핀, 다양한 목재, 철사, 모루, 빵끈, 색철사, 노끈, 지끈, 낚싯줄, 솜, 스티로폼, 다양한 크기의 목재상자나 종이상자, 자연물, 곡식, 마른 열매, 조개, 돌, 자갈, 생활용품, 재활용품 등의 각종 기성 제품, 반짝이, 스팽글, 다양한 색과 크기의 구슬과 단추, 성냥개비, 이쑤시개, 빨대, 수수깡 등이 있다. 그리기 습식매체가 주로 무의식화 된 감정을 표현한다면 조소의 건조매체는 주로 의식화 된 내용을 표현할 수 있다.

  찰흙은 가소성이 풍부하고 흡착력이 강한 재료로 촉감을 동반한 활동에 유용한 재료이다. 지점토와 종이죽은 찰흙과 같은 속성을 지니고 있으며 건조 후 색채 표현이 가능하다. 특히 종이죽의 경우에는 물로 반죽하여 사용할 수 있다. 컬러 클레이는 손에 잘 묻지 않으며, 소프트 폴리머 클레이, 점핑클레이, 컬러 믹스 등 다양한 종류가 있고, 컬러를 섞어가며 다양한 색을 낼 수 있다. 하지만 쉽게 마르고, 만들고 나면 갈라져 보관이 용이하지 않다. 석고 붕대는 인체의 부분을 그대로 본을 뜨는 순간조형 제작에 좋으며, 제작하기 쉽고 건조가 빠르고 건조 후에는 단단하게 변한다. 석고가루는 물에 섞어서 모양을 뜨는 데 주로 사용하는데, 신체에 사용할 때는 화상에 주의해야 한다. 아이소핑크, 우드락, 폼보드는 주로 조형물을 만드는 데 사용되며, 자신의 원하는 크기, 모양, 색을 선택할 수 있다. 같은 재료끼리 끼워 맞출 수도 있고 풀로 붙일 수도 있으며 철사, 실, 목재 등의 다른 재료와 혼합하여 쓸 수 있다. 주로 협동작품과 같은 큰 작품을 만드는 데 활용되어 서로 간의 성취감을 맛볼 수 있도록 활용한다. 하지만 아동 및 조작에 어려움이 있는 내담자에게는 도움이 필요하다. 성냥개비, 이쑤시개, 빨대, 수수깡은 섬세한 작업을 필요로 하는 재료들이며 그런 작업이 가능한 통제가 잘되는 내담자에게 적합하다. 주로 아동들은 배, 집, 전투기, 무기 등을 만들기도 한다.

비정형매체 및 기타 매체 비정형매체 및 기타 매체로는 면도크림, 물, 비눗물, 생크림, 밀가루, 밀가루풀, 전분, 바셀린(석고 만들기 용), 모래, 색 모래, 소금, 모양 틀 등이 있다.

  면도크림, 생크림, 바셀린은 매우 부드러워서 힘을 적게 들이고도 활동이 가능하며 색을 섞어서 자유롭게 표현할 수 있다. 또 밀가루와 밀가루풀, 전분 등은 물과 비눗물을 섞어서 반죽을 하는 과정에서 에너지를 유발시키며 색을 섞어서 자유롭게 표현할 수 있다. 이 모두 단순히 만지고 주무르고 섞고 바를 수 있으며, 묽기를 조절하여 만들기를 할 수도 있다. 모래, 색모래, 소금 등은 만다라를 구성할 때 많이 활용이 되며 도화지에 풀로 그림을 그린 후에 모래, 소금 등을 흔들어서 그림을 자연스럽게 나타나게 하는 방법으로 많이 활용이 된다. 모양틀은 만들기가 어렵거나 만들기가 부담이 되는 내담자에게 그냥 찍어보게 하면서 활동을 촉진시킬 수 있다.

도구 미술치료 시에는 미술매체뿐만 아니라 도구 활용도 아주 중요하다. 많이 활용되는 도구는 다음과 같다. 붓(수채화, 아크릴, 유화, 동양화용 다양한 굵기와 용도의 붓), 팔레트, 화판, 물통, 이젤, 점토 자르는 줄칼, 점토용 주걱, 나무망치, 날이 둔탁한 가위(내담자용), 큰 가위(치료사용), 풀, 본드, 스카치 테이프(또는 종이 테이프), 양면 테이프, 글루건, 글루건 풀, 칼(치료사용), 조각칼, 자, 나무판(점토나 작업용), 픽서티브 스프레이(목탄 및 파스텔 정착용), 다양한 색 래커, 테레빈, 스펀지, 각종 공예용구 세트, 펀치, 회전대 등이 있다.

(2) 발달단계와 매체

발달원리에 입각한 미술치료는 이미 Lowenfeld, Anderson 등 많은 치료사에 의해서 반영되었다. 미술매체를 선정하는 것에 있어서도 적당한 표현을 위해 발달단계에 맞는 알맞은 재료를 살펴보아야 한다. 발달단계가 낮을수록 적절한 재료의 선택에 대한 보다 많은 지도가 필요하다. 다음은 Lowenfeld의 발달적 미술교육이론을 적용하여 미술매체에 대해 살펴보고자 한다.

난화기(2~4세, scribbling stage)에는 아동이 만들겠다는 목적성과 가지고 놀면서 재미가 있으면 완성하고 싶어 하는 욕구를 갖는다. 미술재료는 그들의 욕구에 적합해야 한다. 난화기 동안의 아동은 근육운동감각을 경험하고 연습하는 것이 필요하기 때문에 어려운 기교가 필요 없으면서 자유로운 표현을 신장시킬 수 있는 재료를 사용하도록 해야 한다. 예를 들어 수채물감은 쉽게 흘러내리기 때문에 끈적거리는 정도의 농도로 사용하거나, 포스터 물감을 사용한다. 또한 연필도 날카로워서 도화지 위에 매끄럽게 그어지지 않으며, 근육의 힘 조절을 잘할 수 없어 끝이 쉽게 부러지기 때문에 크레파스나 매직 등을 사용한다. 난화기의 아동은 물감을 사용하면 크레용을 사용할 때보다 정서적으로 좀 더 만족할 수 있게 된다. 찰흙 역시 다양한 방법으로 자신의 손가락과 근육을 사용할 수 있는 기회를 준다. 어떤 형태를 만들 것이라는 목적을 갖지 않고 찰흙을 주무르고 두드리는 행위는 마구 그리는 난화기와 비슷한 단계이다. 이 시기에는 창작과정이 완성작품보다 훨씬 중요하기 때문에 미술재료는 그것이 계획된 연령층의 요구를 만족시키도록 선택되어야 한다. 계속해서 미술재료를 소개하거나 바꾸는 것은 아동이 실제로 자신의 느낌이나 감각과정에 대한 반응, 환경에 대한 지적 개념들을 충분히 표현할 수 있을 정도로 재료에 적응되는 것을 방해한다.

재현을 시도하는 전도식기(4~7세, preschematic stage)에 있는 아동은 찰흙이 훌륭한 입체재료이다. 기본적인 재료와 더불어 이 발달단계에서 알맞은 다른 재료로는 색연필, 사인펜, 색종이, 콜라주 재료 등을 들 수 있다. 물감 떨어뜨리기(dripping paint), 곡물 붙이기, 스텐실 인쇄 같은 것은 이 시기에 부적합한 재료이다. 아동 자신들이 의도하는 표현에 잘 맞지 않는 까다로운 재료는 되도록 피하는 것이 좋고, 미술매체의 기법을 가르쳐 주기 위한 도움 역시 아동의 개별적 접근을 방해할 뿐임을 알아야한다.

형태의 개념을 습득하는 도식기(7~9세, schematic stage)에는 포스터컬러, 크레용, 색분필 등이 아동의 의도를 잘 충족시켜 주지만 수채물감은 피하는 것이 좋다. 수채물감의 투명성, 번짐, 우연의 효과는 투명한 대기의 풍경에는 더없이 좋은 효과를 내지만 형태의 개념을 습득하려는 도식기의 아동에게 우연의 효과는 좌절감만 줄 뿐이다.

또래집단기(9~11세, gang age)의 사실적 표현단계까지 발달이 되면 아동은 사실을 재현하기 위해 선을 사용하고 평면의 발견과 함께 공간의 개념이 형성되면서 공간을 채울 필요성을 느끼게 된다. 이 시기에는 아동의 요구에 부응하고 마음속에 있는 것을 표현하도록 돕는 재료가 좋은 재료라고 할 수 있다. 능동적으로 색을 혼합하는 활동은 아동이 수동적으로 받아들일 수 있는 색의 가짓수가 많은 물감을 제공하는 것보다 훨씬 바람직한 일이다. 이 시기에는 아동이 사용할 재료에 제한을 두어서는 안 되지만, 재료가 그들 자신을 표현하기에 적합한지의 여부를 세심하게 고려하는 것이 필요하다. 색종이 오려 붙이기는 자연스럽게 중첩의 의미를 알게 하고, 협동작업도 가능하게 하는 재료이다. 또한 찰흙은 다양한 입체적 재현을 하기에 적당한 재료이다. 또한 입체적 작업이 가능함으로 건식 조소 매체들을 활용한다.

의사실기(11~13세, pseudo-naturalistic stage) 시기가 되면 대상에 대하여 합리적 표현을 할 줄 알게 되어 작품의 표현형식이 시각형인 아동이 주위환경의 시각적 특성을 보다 잘 인식하게 된다. 선묘적 표현보다는 물감에 강한 흥미를 보인다. 물감의 번짐이나 흘러내림에 의해서 나타나는 우연의 효과는 대기의 투명함이나 구름의 볼륨을 표현하기엔 더없이 좋은 재료이다. 철사로 뼈대를 만들어 석고, 지점토 등 가소성이 있는 재료로 살 붙임한 입체소조들은 여러 가지 형태로 탐구가 가능한 영역이라 매우 수동적인 아동도 이러한 매체에 쉽게 관심을 갖게 할 수 있다. 이 단계에까지 도달하면 매체는 미술치료 프로그램에서 보다 중요한 역할을 담당하기 시작한다.

위와 같이 각 단계에 적절한 매체를 선정하는 것은 중요하며, 발달에 따른 매체 활용에 있어서는 제시된 매체 외에 융통성이 있어야 한다. 발달 단계에 따른 매체 활용의 예를 제시하면 다음의 〈표 2-2〉와 같다.

(3) 미술매체심리

미술을 통한 전달력은 이용 가능한 매체에서뿐만 아니라 그 표현기법에 의해서도 효과적으로 작용한다. 내담자가 어떤 재료를 선택하고 선호하는가에 대한 문제는 미술치료를 하는 데 있어 중요한 단서가 된다. 미술치료사가 미술활동을 적용하고 이해하려면 매체의 특성과 사용법, 매체의 장단점 등 풍부한 지식과 경험이 필요한 이유가 여기에 있다.

미술치료사는 다양한 미술매체들을 심리치료에 적용하며, 이러한 미술재료는 치료 시간, 공간, 내담자의 성향 등에 따라 융통성 있게 적용된다. 특히 미술치료사는 내담자가 작품이 완성되지 못하였을 때 느껴지는 미해결된 느낌이 없도록 주어진 시간에 완성될 수 있는 재료를 선별하여 제공해야 하는 것을 잊지 말아야 한다.

일반적으로 미술치료사는 구조화된 매체보다는 덜 구조화된 매체를 그리고, 복잡한 매체보다는 단순한 매체를 선호하는 경향이 있다고 알려졌다. 그 이유는 단순하고 덜 구조화된 매체일수록 내담자의 심리적 투사에 용이하며 내담자의 감각을 자극시키기 때문이다. 또한 복잡한 매체보다는 스스로 작품을 완성할 수 있는 가능성을 더 높게 해 주는 점과 그들이 작품활동을 하면서 자신감과 성취감을 느낄 수 있도록 유도하기 때문이다.

미술치료에서 매체를 선택하는 데 있어서 두 가지의 중요한 고려점은 촉진과 통제

표 2-2 단계에 따른 매체활용의 예

단계	연령	동기부여/제재	재료
1단계 : 난화기	2~4세	• 격려를 통해서 할 것 • 난화로부터 아이를 떼어 놓거나 중단시키거나 실망시키지 말 것 • 계속되는 아이의 이야기에 따라 아이가 사고하는 방향으로 자극함	• 커다란 검은색 크레용/여러 색 크레용 • 매끄러운 도화지 • 포스터 물감 • 마커, 찰흙, 아크릴 컬러 • 적응하지 못하는 아이는 아이만을 위한 손가락 그림 물감
2단계 : 전도식기	4~7세	• 주로 자신의 몸에 관련된 소극적 지식을 촉진시킬 것	• 크레용, 찰흙, 물감, 컬러 클레이 • 털이 달린 긴 붓 • 흡수성이 있는 큰 도화지 • 색연필, 색종이, 콜라주
3단계 : 도식기	7~9세	• 우리, 행동, 어디서 등으로 특정화된 행동에 집중하는 것이 가장 좋은 동기부여	• 색이 있는 크레용 • 포스터 물감 • 색분필, 물감, 찰흙 • 큰 도화지 • 컬러 클레이 • 탄력이 좋은 붓 　① 통합적 접근 　② 분석적 접근
4단계 : 또래집단기	9~11세	• 자기 인식은 다양한 옷(직업)의 특성에 의해 자극됨 • 협동작업을 통한 협력과 중첩 • 협동작업을 통한 객관적 협력	• 도화지, 크레용 • 포스터 물감, 찰흙 • 두꺼운 종이, 다양한 목재 • 콜라주 재료, 금속 • 판화, 인쇄물 등
5단계 : 의사실기	11~13세	• 배경 있는 연극 활동 • 상상력과 모델에 의한 행동 • 내용의 강조에 따른 비례 • 색의 감정	• 수채화 물감, 구아슈 • 포스터 물감, 탄력 있는 붓 • 찰흙, 리놀륨 판화 • 두꺼운 종이, 각종 천 • 나무, 오일 파스텔 등
6단계 : 사춘기	13~16세	• 정서적 불안함을 안정시키는 활동 • 인정과 이해	• 다양한 매체 사용 • 콩테, 파스텔

이다(Landgarten, 1987). 다시 말하면 미술치료에서의 매체는 심리적 촉진과 통제의 기능을 가지고 있기 때문에, 자발성의 촉진에 필요한 매체와 통제에 필요한 매체를 선택해야 한다. 실존주의 미술치료에서도 강조하듯이, 미술활동의 매체는 감정을 환기시키는 중요한 역할을 하며 내담자에게 자유를 부여하여 색채를 선택하게 하는 것도 방법상의 중요한 의미를 지니고 있다. 미술치료 환경에서 내담자의 자발성을 촉진하기 위해서는 충분한 작업공간과 아울러 친밀감을 줄 수 있는 다양한 재료가 준비되어야 한다. 특히 내담자의 성격은 재료를 선택할 때 주의 깊게 고려해야 할 부분이다.

너무 많은 양의 재료나 도구는 내담자를 질리게 할 수 있다. 이 점에서는 내담자에 따라 서로 다르므로 치료사는 개인의 욕구에 민감하게 반응할 줄 알아야 한다. 특히 쉽게 찢어지는 종이나 잘 부서지는 분필과 같은 심리적 좌절을 유발시키는 재료들은 고려되어야 한다. 연필은 쉽게 조작하지만, 물감 등의 채색재료는 기법적인 어려움을 겪는다. 물감을 마구 칠하는 것과 같은 행동은 심하게 억압되어 있는 내담자에게 활기를 불어넣을 수도 있을 것이고, 아니면 물감의 번짐이나 흐름 때문에 아주 겁에 질리게 할 수도 있다. 때때로 미술매체를 바꿔 주는 것은 환기성을 주어 내담자를 촉진시켜 줄 수 있다. 따라서 미술치료사는 미술매체의 특성에 따라 어떤 효과를 낼 수 있느냐를 고려하여 선택해야 한다. 미술치료사는 내담자에 따라 친밀감을 형성하고 흥미를 부여할 수 있는 재료, 욕구표출에 용이한 재료, 정서적 안정을 주는 재료, 자발성을 향상시키는 재료가 무엇인가를 끊임없이 탐구해야 할 것이다.

모든 미술매체는 미술치료의 기법으로 활용될 수 있으나, 내담자의 상태, 증상, 연령에 따라 다양하게 활용될 수 있다. 또한 내담자에게 적합한 미술치료기법의 선정은 매우 중요하다. 치료사는 다양한 미술매체의 심리적 속성을 알고 내담자의 특성에 맞게 다양한 표현을 촉진시킬 수 있는 매체를 적용하여야 한다. 뿐만 아니라 치료 상황에 맞는 시간, 공간, 예산 등을 고려하여 비용에 대비한 치료 기대 효과를 살펴보아야 한다.

미술매체는 활동과정에서 내담자에게 탐구와 발견의 경험을 제시할 수 있는 긍정적 측면이 있다. 그러기 위해서 미술치료사는 내담자들이 치료적 장면에서 미술매체를 통해 무엇인가를 탐구할 때 심리적으로 안정되어야 한다. 아울러 내담자의 미술작업 과정에 나타나는 얼굴표정이나 재료를 다루는 신체적 움직임, 적극성 대 신중함, 제한 대 개방 등과 같은 행동적 특징을 매체와 관련하여 생각해 볼 수 있는데 이는 미술매체가 행동과 연합되어 나타난 것으로 볼 수 있다. 또한 미술매체에 대한 내담자의 반응으로 매체에 대한 접근을 두려워하는가? 매체에 대해 저항을 하는가? 바로 접근을 하는가? 재료 선택에 곤란을 겪는가? 재료를 쉽게 다루는가? 선택하는 매체가 파괴적인가? 재료를 자주 바꾸는가? 신체적 문제점은 있는가? (예 : 정확하게 보지 못함, 떨리는 현상, 틱 증상 등) 등을 살펴볼 수 있다.

(4) 미술매체의 신체적 위험

매체의 안전도에 대한 평가는 꼭 필요하다. 발달이 늦은 내담자들은 비정형매체를 입으로 삼키는 경우도 있어서 특정 매체의 사용을 제한해야 될 경우도 있을 것이다. 기름을 섞은 점토는 해가 적은 편이긴 하지만 어떤 사람은 알레르기 현상을 일으키기도 한다. 흙을 다루면서 이산화규소를 호흡기로 들이켜면 규폐증이나 소모성 질환에 걸릴 수 있다.

석고는 눈과 호흡기에 자극을 준다. 많은 양의 석고를 다룰 때는 인증된 마스크를 써야 하며, 석회와 같은 첨가물은 더욱 위험하다. 몸체를 본뜰 때 석고가 굳으면서 생기는 열로 화상을 입는 경우가 있으므로, 가면을 만들기 위한 얼굴 본뜨기는 반드시 주의를 요한다.

아크릴 물감은 안정제 및 포름알데히드 부식방지제를 포함하여 많은 첨가물을 가진 합성 아크릴 수지와 안료로 만들어진다. 그러므로 건조되는 동안 유해물질을 발생하여 호흡자극 및 알레르기를 일으키는 원인이 될 수 있다. 크레용은 왁스와 섞인 안료 덩어리로 큰 위험은 없지만 녹여서 사용할 때 유독가스를 배출할 수 있다.

파스텔, 분필은 먼지가 날리면 호흡기에 자극을 줄 수 있으므로 주의해야 하며 먼지 미립자를 방지하는 바인더를 사용하거나 먼지날림방지 처리가 되어 있는 제품을 사용해야 한다. 납이 인체에 유해한지는 이미 일반화되어 있지만 납 성분이 있는 미술재료는 잘 알지 못한다. 납이 사용되는 아동용 미술재료로는 실크스크린, 판화잉크, 땜납, 스테인드글라스 등이다. 이러한 재료의 사용은 특별한 주의를 요하는 재료이다.

어린이는 신체적·심리적 이유에서 유해한 미술재료를 사용하지 않는 것이 좋다. 아동은 유해물질에 노출되었을 때 신체적으로 위험부담이 크다. 왜냐하면 아동은 성장하는 과정에 있으므로 신진대사가 성인보다 빠르기 때문이며, 유아기에는 뇌와 신경계에까지 영향을 미치기 때문이다. 그리고 그들은 안전수칙을 지켜야 할 이유를 충분히 이해하지 못하여 안전수칙을 지키는 것을 소홀히 할 수 있기 때문이다. 피부접촉, 호흡으로 인해 위험에 처할 수 있는 미술재료는 사용하지 않는 것이 좋다.

3) 색채심리와 미술치료

(1) 색채심리

색채는 미술치료에서 정신적인 면에 기력을 높여 주는 역할을 하여 마음먹은 대로 채색하며 표현할 때 어떤 병의 불안이나 스트레스를 풀어 주는 역할을 한다. 이것은 색채가 심리와 결합하여 개인적 삶에서 형성되는 생명력과 솔직한 심정을 강하게 나타내는 데서 인간 감정이 정체되는 것을 방지하고, 마음과 몸의 에너지를 순화시켜 내적 갈등을 통찰하고 치유하게 도와주는 매우 중요한 의미를 갖고 있다는 것을 가리킨다.

미술치료를 통한 색채치료에는 크게 두 가지 방향이 있다. 첫 번째는 자신의 심리에 적절한 색채를 드러냄으로써 치료적 효과를 거두는 방법이다. 두 번째는 다양한 색채 프로그램을 통하여 진단, 평가뿐만 아니라 자아를 통찰하여 현재 상태를 직시하게 하는 방법이다.

인간이 색채를 접하는 최초의 동기는 인류문명이 시작되기 이전 자연에서 접하는 나무열매나 음식물 등에서 출발하였다고 볼 수 있다. 학계에서는 사람이 오감을 통해서 얻을 수 있는 정보 중 87%는 시각을 통하여 이루어지는데, 이 중 80%는 색채에 의한 것이며, 이러한 색채는 정서적 경험과 밀접한 관계를 맺고 있어 내면에 구축된 정서를 표현하는 것과 무관하지 않다고 본다.

의학계에서도 색채가 안전 및 위생 등의 문제와 밀접하게 관련되어 있다는 점을 인식하고 있다. 이러한 관점에서 색채심리를 통한 색채치유의 근거를 보면 다음과 같다. 인간이 색채를 바라보며 그중에서 어떤 색을 선택하려고 할 때, 뇌 속에서는 어떤 흥분이 일어나고 있는 것일까? 어떤 색에 마음이 이끌리는 것은 그 색에서 쾌감을 느끼고 있다는 것이다. 생명력의 기본에는 '쾌감 원칙'이 움직이고 있으며, 인간은 그것을 마음속으로 잘 느끼기를 원하고 있다. 쾌감은 생명에 있어서 안전하다는 반응이며, 불쾌감은 위험한 것에 대한 반응이다.

이러한 반응에 따라 원하는 색채를 자유롭게 자율적으로 표현할 때 그 색채는 시각 중추를 통해 뇌에 전달되고, 여기에 상응하는 심리적인 반응을 발생시킨다. 이때 나타나는 색채의 상징성은 의식적·무의식적 상태의 심신의 교감을 외부로 이끌어 내어 외부와의 교류를 도모하는가 하면, 시각적 자극을 통한 심리적 부분의 영향력으로 인체 내부의 중추신경을 자극한다. 이 자극은 내면의 감각적·심리적 반응을 불러일으켜 대뇌에서 생화학적 반응이 수반되는 데서 몸의 혈액순환은 물론 b-엔도르핀이 증가되면서 면역체계를 활성화시켜 질병예방 및 치료의 효과를 준다. 이러한 현상들을 활성화로 연결시켜 심신의 상태를 이해하고자 하는 것이 바로 '색채치유'라고 할 수 있다.

한편 색채는 어떤 색채를 보았을 때 머릿속에 문득 연상되어 떠오르는 정서적인 반응에 영향을 주어 갈등해결 및 치유에 영향을 준다. 이러한 색채에는 표현가치가 높은 일차색으로 빨강과 노랑과 파랑이 있고, 두 개의 일차색들이 혼합된 이차색인 주황, 녹색, 보라 등이 있다. 색채는 이렇게 다양한 색을 이루는 만큼 내용이 풍부하고 분화되어 있다.

색채는 고정된 하나의 상징적인 의미를 갖고 있지 않고 긍정적인 영역과 부정적인 영역이 연합되어 있다. 즉, 각 개인이 품고 있는 특정한 색채가 내면의 심리를 자극할 때 내면에 잠재되어 있는 어떤 사건이나 이미지가 어린 시절의 기억과 연관되어 긍정적인 의미를 지닐 경우 그 색채와 관련된 기억이 즐거운 것일 수도 있고, 부정적이고 거북해할 경우에는 어떤 슬픈 기억과 연관을 맺고 있을 가능성이 있다는 것이다.

여기서 알 수 있는 것은 하나의 색상이 각 개개인의 개별적인 경험이나 역사, 혹은 건강 상태나 생활환경 등에 따라서 다양한 의미로 표출된다는 것이다. 그러나 색의 의미를 좇다 보면 그곳에는 개인 차이를 뛰어 넘는 공통된 심리적 경향이 있다. 이것은 색의 개인적이면서도 공통적인 요소, 즉 '분모색채'이다. 이를테면 나뭇잎 색, 하늘색 등의 자연색을 말한다.

한편 개인적인 경험, 시대의 영향 등이 정서적 관계에 복잡한 영향을 주면서 서로 연합된 심리적 반영으로 이루어진 색채심리는 '분자색채'로 나타난다. 예를 들어 빨간색을 보았을 때 태양이 연상되는 경우가 있는가 하면, 장미를 떠올리는 경우도 있을 것이고, 혈액을 상상하는가 하면, 적색신호를 떠올리는 경우도 있다.

이와 같은 특징을 지닌 '분모색채'와 '분자색채'가 개인의 정서적인 영역에 영향력을 미치며 무언의 의사소통을 이루어 나간다. 그래서 한 가지 색이라도 정서적 반응이 여러 양상으로 표출되며 다른 상징의 의미로도 나타난다. 색채는 이렇게 분모색채와 분자색채가 심리와 결합하여 관념이나 의미를 지닌 채 정신적 내용을 구체적인 사물이나 양식(樣式)에 대입하여 무엇인가를 진술한다. 또한 이중의 협력관계 뿐만 아니라 허구와 진실을 내포함과 동시에 이중의 적절성이 내포된 정서적 반응으로 표출된다. 그리하여 분노나 충격 등의 부정적인 감정을 충분히 발산하지 못했을 때 그림에도 색이 제대로 표현되지 못하게 될 수 있다.

이렇게 색은 긍정적 의미든 부정적 의미든 심리적인 영역에 영향을 미치는 에너지의 하나의 역할로 생활을 둘러싸고 있음을 보여 주고 있다.

아동은 미술작품 속에 상징성과 색채를 드러내면서 현재의 심리상태를 알려 준다. 따라서 치료사는 색채의 상징성에 대한 이해와 함께 색채의 심리적 의미도 이해하고 있어야 한다. 그러나 색채는 다양한 의미로서 받아들여질 수 있기 때문에 하나의 색채를 통해서 단정적으로 심리를 해석하는 것은 위험하다.

따라서 아동이 표현한 색채를 해석하고 판단하기보다 모든 색채에는 장점과 단점의 양극이 공존하고 있다는 것을 염두에 두고 치료사가 색채의 의미에 대한 추론을 위해 아동으로부터 가장 주된 색상에서 어떤 연상이 떠오르는지에 대해 질문해 보는 것이 좋다. 이러한 연상은 아동이 어떻게 하여 자신의 색 언어에 이르게 되었으며, 그 색으로 무엇을 표현하려고 했는지를 직관적으로 추론하고 공감할 수 있게 한다.

특히, 미술치료 시간에 '무의식에 나타난 그림들'을 해석하는 데 있어서 결정적인 암시는 종종 특정한 색채로 표현된 것에서 내적 심상을 엿볼 수 있다. 그리고 의식적으로 특정한 색채를 선택하여 주제로 잡을 때에는 그 색이 주관적 의미를 가지며 그것이 어떤 연상을 환기시키는가에 대한 해석도 가능하게 한다.

이와 같이 내담자 특히 아동의 작품은 색채를 통하여 다양한 심리 상태를 묘사해 주고 있다. 다음은 색채의 상징과 아동의 색채별 심리를 소개하고자 한다.

빨간색 빨간색은 열정, 힘, 활동성, 따뜻함이라는 적극적 이미지를 갖고 있으며 자극적이고 흥분을 일으키는 색이다. 또한 공격성이나 분노, 맹렬 등을 연상시키기도 한다. 이렇듯 빨간색은 모든 색 중에서 가장 위압적이며 역동적인 색이다. 눈에도 가장 잘 띄고 다른 색을 압도한다. 반면 매우 감성적으로 예민하여 다양한 색조변화를 전개할 이 색의 열기는 화염과 같이 격렬하여 위험이나 긴급을 전달하기 위해 많이 활용된다. 또한 심리적으로 자극성이 강하고 흥분적이며 불안을 초래하고 신경을 긴장시킨다. 반면에 활기에 넘치며 혁명의 상징을 나타내기도 한다.

빨간색은 일반적으로 에너지가 넘치는 아동이 좋아하는 색이다. 기력이 충실하고 활기가 넘치며, 행동은 적극적이고 매사에 힘찬 활력이 넘친다. 빨간색이 조화롭고 아름답게 칠해졌을 때는 애정의 표현이기도 하며, 거칠게 칠해졌을 때는 적대감과 공격성을 표시할 경우도 있다.

조용하고 내성적인 사람이 빨간색을 자주 입거나 많이 사용하는 경우가 있는데 이는 빨간색이 지니는 따뜻함과 활력에 대한 욕구를 가지고 있다고 볼 수 있다.

노란색 노란색은 모든 색상 중에서 어떤 색보다도 밝고 뚜렷한 느낌을 갖고 있다. 노란색은 인체의 신진대사에 유리한 영향을 주기도 한다. 노란색은 밝고 부드러우며 따뜻하고 가볍고 아름다우며 화려한 색이다. 아동의 대부분이 노란색을 좋아하고 대단히 선호하고 있다. 노란색은 같은 넓이보다도 더 크게 보이는 팽창의 효과를 가지는 특징이 있다. 그래서 교통표지판이나 장애물, 도로 중앙분리선, 건설현장 등의 안전색채로서도 큰 역할을 하는 중요한 색상이다. 연상적 이미지로는 청순, 명랑, 질투, 화려 등이 느껴지며 개나리, 나비, 어린이 비옷, 봄꽃 등이 연상된다.

아동이 노란색을 선택할 경우, 표면상으로는 명랑하고, 어리광스럽고, 사교적이며, 정서적 인정미가 넘쳐흐른다. 반면에 의존적 행동이 많으며, 유아적 상태에 머무르려는 욕구 사이의 갈등을 나타내고, 마음속의 외로움으로 의지할 이성, 안심하고 어리광을 부리며 의존하고 싶은 애정의 욕구를 간직한 것이다.

파란색 파란색은 맑게 갠 하늘과 드넓은 바다, 그리고 시원한 그늘을 연상시키며, 편안함과 정적, 평화를 상징하는 색상이다. 파란색은 평온한 분위기를 만드는 색이다. 따라서 파란색을 싫어하는 사람은 거의 없다. 밝은 파랑은 소극적 성격을 나타내고, 적극적 인상들은 고요함, 안전성, 편안함, 온건, 온전함 등을 나타낸다.

파란색의 부정적 성격으로는 놀라움, 우울, 차가움 등이 있다. 온도감각에서도 한색이나 진정색의 대표적인 색이다. 이러한 이미지는 물, 얼음, 찬 공기가 연상되므로 추위, 냉각의 표시로 쓰인다. 파란색은 정직, 희망, 침착, 서늘함, 쓸쓸함, 충실, 깊음, 투명, 고요함, 공간적 느낌 등을 주는 것으로 동서양의 감정이 비슷하다.

아동의 경우에도 파란색이 차갑고 남성적이며 강하고 뚜렷한 색이라는 견해가 많다. 그림을 그리는 경우에 따라 달라질 수 있는데 아동이 예민하고 긴장된 필치로 그림물감의 청색 덩어리 채로 집중적 그림을 그렸다면 놀고 싶은 욕망을 강렬하게 억제당하고 있어 반항하고 싶지만 뜻대로 되지 않는 상태라고 생각해도 무방하다. 또한 선과 형으로 그리는 경우는 비교적 명랑한 성격의 아동으로 주위에 잘 적응하는 행동을 한다.

초록색 이 색에서 연상되는 상징어는 풍요로움, 젊음, 신선함, 희망, 평화, 안전, 이상, 안락함 등이었으며 동서양을 통해 거의 같은 경향이다. 즉, 초록은 '자연계의 색'이라는 뜻이다. 초록은 빨강, 파랑과 함께 빛의 원색으로 풍토와 문화적 배경의 차이나 개인적 차이가 나지만 같은 민족, 경험에 의해 공통적 이미지를 가지는데 인간에게 가장 친밀한 색인 초록은 표지로서의 안전, 진행, 구급 등으로 쓰인다. 예로는 비상구, 안전지역 표시, 진행을 알리는 신호나 녹십자 등에 쓰인다. 이러한 초록이야말로 인간의 이상, 평화를 상징하는 이상적인 색이라고 할 수 있다.

초록을 좋아하는 아동은 충동에도 잘 견디며 자기 감정을 잘 조절할 수 있고 행동적이며 자기 만족적이며 잘 생각해서 행동하는 특징이 있다. 초록색을 선택하는 유·아동은 주로 자기 감정을 강하게 표현하지 않는 내향적인 아동이다. 녹색은 감정적 충동이 순화된 것이며 감정의 결여나 회의적 경향이 있기도 하고 엄격한 가정의 아동이 즐겨 쓴다.

보라색 빨간색과 파란색의 혼합으로 생긴 중성색으로 주목성이 낮다. 본래 귀족의 색으로 고귀, 우아, 평안, 신비, 영원 등을 연상시킨다. 고대 중국에서는 태평성대의 상징이나 형이상학적 세계의 사상적 표현으로 사용되기도 하였다. 우아하게 보이는 색이기도 하고 예술가들과 문화적 취향의 사람들이 좋아하며 여성을 더욱 여성스럽게 보여 주기도 한다.

이 색을 좋아하는 사람은 섬세하고 뛰어난 취향을 가지고 있으며 허영심이 있는 반면, 재능이 뛰어나고 모든 예술, 철학, 발레, 심포니, 그 밖의 고상한 일을 즐겨하는 사람들이다.

반면 보라색을 기피하는 사람은 타인과 융화하고자 하는 동경을 자주 억누른다. 이러한 태도에는 타인이나 파트너와 융화하기 위한 조건이 이루어지지 못한 경우가 많았기 때문이라고 볼 수 있다. 보라색을 고집스럽게 잘 사용하는 유·아동의 경우는 억제된 불행한 심리상태와 관계가 깊고 친구를 많이 사귀기를 싫어하는 감상적 태도가 강하다.

주황색 주황색은 활력과 에너지가 강한 색으로서 생생한 활력을 가지고 있다. 또한 사회적 색으로서 명예를 상징하며 환희와 사치, 발랄한 성격을 가지고 있다.

주황색을 좋아하는 사람은 건강이 넘치는 사람으로서 사회에 잘 적응하는 사람들이다. 사교성이 좋으며 혼자 있기를 싫어하고 외향적 성격을 지닌 사람들이 많다. 주황색을 좋아하는 아동은 주위와 잘 적응하는 사회적 성격의 아동이다. 또한 공상적 놀이로 현실생활에서 도피하려는 아동에게서 나타나기도 한다. 동정과 우애를 구함과 동시에 수줍은 아동에게서 주로 나타나는 색상이다.

갈색 갈색은 빨간색과 초록색이 혼합된 색상이다. 심리적으로는 충동과 억제 사이의 중간적 입장에 있는 색상이라고 볼 수 있다. 또한 갈색은 오렌지색과 파란색을 혼합해서도 만들 수 있다. 이러한 혼합색은 유·아동의 어머니와의 갈등관계를 시사한다고 할 수 있다.

갈색을 고집해서 쓰는 아동은 모성애의 결핍과 관련이 깊어 애정의 욕구가 강하며 더러운 것을 싫어하고, 물욕, 금전욕이 강한 상태이다. 고동색일 경우는 극도의 애정부족이며 항상 불만이 많고 자기 주장을 잘 나타내지 않는다.

회색 순수한 회색은 보수적이고 조용하며 고요한 성질을 갖는다. 뿐만 아니라 황량함, 지루함, 수동성 그리고 무생명의 분위기를 자아내기도 한다. 회색은 빛과 어둠의 양면성을 갖는다. 그것은 긴장도 안심도 아니다. 회색지대에서는 어떠한 방향으로도 분명함을 갖지 않는다.

회색 선택에 대한 유·아동의 심리는 대인관계가 원만하지 않으며 경계심이 강하고 열등감을 많이 갖는다고 본다. 가정에서 억압당하는 느낌을 만성적으로 갖고 냉정하고 내성적이며 경계심이 많고 외로움을 많이 탄다. 아주 밝은 회색은 흰색과 같은 상징이 나타나고 그 외의 회색은 전부 검은색에 가까운 의미로 표현된다.

검은색 검은색은 자기 방어와 자극적 영향을 억제하며 폐쇄적이고 반항적 항의를 나타낸다. 또한 검은색은 포기를 상징하기도 한다. 이 색은 외부와 차단하는 경향이 있으며 우울적 성향, 통제된 욕구와 지적 능력과 관계를 갖는다.

검은색을 기피하는 사람은 어떤 것에 포기하지 않는 것으로 볼 수 있다. 이러한 사람에게 있어서 포기는 결핍과 불안을 주는 손실을 의미하는데, 반면에 어떤 것을 포기할 수 없기 때문에 과도한 요구를 부과할 위험이 있다.

미술치료에서 검은색은 일반적으로 권장되지 않는다. 그러나 검은색으로 자신의 감정이나 억압된 정서를 표현하는 사람에게는 그러한 색을 통하여 자신의 상황을 자유롭게 표출할 수 있는 기회를 줄 수 있다. 아동은 그림을 지우거나 보이지 않게 하기 위하여 또는 사물의 윤곽을 더 분명하게 보이도록 하기 위하여 검은색을 선택하는 경우도 있다.

흰색 흰색은 빛, 하늘, 숭고함, 희망, 성스러움, 그리고 순수함을 나타낸다. 기독교 지역에서 흰색은 순결, 결백, 순수를 나타낸다. 검은색의 반대색으로 흰색은 신, 검은색은 악마를 상징한다. 또한 흰색은 긍정을, 검은색은 부정을 상징한다. 악한 의도는 없지만 자신의 속마음을 숨기는 거짓말을 하얀 거짓말이라고 하기도 한다.

유·아동이 흰색을 자주 사용할 경우, 그 선택의 심리는 외부 또는 과거에 대한 후회 등이 결백한 심정으로 되돌아가고픈 마음으로 흰색이 많이 표출된다. 또한 내성적이며 폐쇄적이고 고집이 세서 친구가 적은 경우가 많다.

(2) 미술치료를 통한 색채치료

미술치료를 통한 색채치료에는 크게 두 가지 방향이 있다. 첫 번째는 자신의 심리에 적절한 색채를 드러냄으로써 치료적 효과를 거두는 방법이다. 두 번째는 다양한 색채 프로그램을 통하여 진단, 평가뿐만 아니라 자아를 통찰하여 현재 상태를 직시하게 하는 방법이다.

다음에 아동에게 많이 활용되는 색채 기법을 소개해 보고자 한다. 아울러 색채심리를 이용한 아동미술치료 프로그램의 예를 제시하면 〈표 2-3〉과 같다.

물과 색채의 만남 먼저 습식 도화지에 붓으로 물을 묻힌다. 그리고 나서 좋아하는 색의 물감으로 도화지에 찍거나, 칠하거나, 뿌리거나 자신이 원하는 방법으로 표현을 해

표 2-3 색채심리를 이용한 아동미술치료 프로그램

구분	회기	제목	내용	준비물
도입	1회	미완성 그림을 이용한 색채표현	긴장감과 그림에 관한 불안감을 덜어 주면서 제시된 다양한 미완성 그림 중 한 그림을 선택하여 채색한다.	다양한 미완성 그림, 크레파스, 물감, 붓, 팔레트, 물통
	2회	우리 가족	가족들의 모습을 그리고 채색한다.	5절 화지, 크레파스, 물감, 유성 사인펜, 붓, 팔레트, 물통
	3회	내 친구들	친구들의 모습을 그려서 채색한다.	5절 화지, 크레파스, 물감, 유성 사인펜, 붓, 팔레트, 물통
	4회	자유화	오늘의 기분과 관계된 그림을 그린 후 채색한다.	다양한 재료 제시
	5회	색상지를 선택한 후 색상지 위에 그림 그리고 다양한 매체 붙이기	색상지의 색채선택을 통해 심리적 배경을 파악하며 다양한 매체를 겪어 봄으로써 내면의 에너지를 활성화시킨다.	다양한 색상지, 풀, 가위, 잡지, 한지, 색종이, 유성 사인펜, 크레파스, 물감, 붓, 팔레트, 물통, 헝겊, 본드, 나무젓가락
	6회	입체표현	5회에서 겪었던 경험을 응용한 표현으로 다양한 크기의 종이 상자를 제공하여 꾸며 본다.	다양한 크기의 종이 상자, 본드, 풀, 색상지, 색종이, 스티로폼, 스티로폼용 접착제, 아크릴 물감, 붓, 팔레트, 물통, 크레파스, 유성 사인펜
전개 정리	7회	내가 살고 싶은 나라	현재 자신이 원하는 이야기를 자연스럽게 표현한다.	5절 화지, 크레파스, 물감, 유성 사인펜, 붓, 팔레트, 물통
	8회	이상한 나무색을 가진 요술 숲속 나라	나무의 형태와 색채를 마음대로 형상화하여 채색한다.	5절 화지, 크레파스, 물감, 유성 사인펜, 붓, 팔레트, 물통
	9회	행복했던 때와 슬펐던 때	자유로운 상태에서 스스로 재료를 선택하여 표현한다.	색상지, 크레파스, 화지, 스티로폼, 종이상자, 종이 끈, 칼, 스티로폼 열절단기, 가위, 색종이, 풀, 아크릴 물감, 붓, 팔레트, 물통 등
	10회	사계절, 하늘, 땅 속	종이상자 4면을 사계절로 나누어 표현하고 윗부분은 하늘로, 아래 부분은 땅 속으로 표현한다.	빈 라면 상자, 물감, 유성 사인펜, 크레파스, 파스텔, 풀, 가위, 화지, 붓, 물통, 팔레트

(계속)

표 2-3 색채심리를 이용한 아동미술치료 프로그램 (계속)

구분	회기	제목	내용	준비물
단계 정리 및 부모 상담	11회	자유화	자유로운 상태에서 기분을 표현해 본다.	색상지, 크레파스, 화지, 스티로폼, 종이상자, 종이 끈, 칼, 스티로폼 열절단기, 가위, 색종이, 풀, 아크릴 물감, 붓, 팔레트, 물통
	12회	지금까지의 그림들을 나열해 보면서 부모님과 함께 이야기 나누기	아동 스스로 그림들을 설명하게 하고 여기에 따른 내면의 욕구를 파악하여 바람직한 육아정보를 부모님에게 전달하고자 한다.	1회기부터 11회기까지의 그림들

서 물과 색이 만들어 내는 것을 자세히 관찰한다. 그리고 자신이 관찰하면서 느낀 점을 이야기한다.

좋아하는 색으로 자유롭게 그리기 아동이 원하는 크기와 색상의 도화지에 하나의 좋아하는 색으로 자유롭게 그리기를 한다. 이때 굳이 무언가를 그리지 않고 자유롭게 선으로만 그려도 좋다. 그리고 나서 그린 후의 기분을 이야기한다.

색으로 감정 표현하기 도화지에 3~4개의 동그라미를 그리고 나서 현재의 기분을 나타내는 색을 골라서 동그라미 안에 색칠을 하거나 자유로운 방법으로 색을 채운다. 그 다음에 칠한 색 하나하나에 감정을 글로 간단하게 표현을 한다.

아울러 성인에게 많이 활용되는 색채 기법을 소개하면 다음과 같다.

명상 후 떠오르는 색상 표현하기 명상에 도움이 되는 음악을 들으며 치료사의 지시에 따라 명상을 한다. 5~10분 정도의 시간이 지나면 명상에서 떠올랐던 것을 색으로 자유롭게 표현한다. 그리고 나서 그 느낌에 대해서 이야기한다.

힘들게 하는 감정 표현하기 자신을 힘들게 하는 감정이 무엇인지 생각한 후 그 감정을 색으로 자유롭게 표현한다. 그리고 나서 그 느낌에 대해서 이야기한다.

색으로 인생 그래프 만들기 자신의 나이에 따라 화지를 가로질러 띠그래프를 만든다. 그리고 띠그래프를 자기 인생의 중요한 시점별로든지 10살 단위로든지 나누고 그 칸이 언제인지를 아래에 쓴다. 그리고 나서 해당 칸의 시기를 생각하며 그 시기를 색으로 표현한 후에 간단한 단어로 쓴다. 마지막에 자신의 그래프에 대해서 이야기를 한다.

색채 일기쓰기 화지를 16등분하여 각각의 칸을 색으로 표현할 공간과 간단하게 글로 표현할 공간으로 나눈다. 색으로 표현할 공간에는 자신이 하루하루 느낀 것을 글이 아닌 색으로 표현하고 그 밑의 칸에는 날짜와 간단한 내용을 적는다.

2. 미술치료의 적용

1) 미술치료 대상자

미술치료 대상자 미술치료는 다양한 상황에서 여러 가지 목적을 위해 미술표현을 활용하는 것을 말한다. 미술작업을 통해서 내담자로 하여금 통찰을 할 수 있게 도와주는 것이 미술치료의 목적이다. 미술치료가 모든 사람에게 적합한 것은 아니나 전 대상에게 활용될 수 있다. 즉, 병리적 증상이 있는 환자뿐만 아니라 자기 성장을 위한 내담자에게도 유용하다. 다시 말하면 병리적인 증상이 있는 환자들이 주된 대상이었던 미술치료가 오늘날 유아에서부터 노인에게까지 미술치료 대상이 전 연령층으로 확산되고 있다고 말할 수 있다.

2) 미술치료에 요구되는 조건

미술치료 시에 미술치료사를 포함한 미술치료실 환경과 시간구성, 미술매체가 적절하게 작용해야 치료의 효과를 거둘 수 있다. 이를 바탕으로 특히 미술치료에 요구되는 조건을 구체적으로 제시해 보면 다음과 같다.

미술매체 및 도구 미술매체는 그리고, 칠하고, 모형을 만들고, 조립하는 것 등 많은 종류가 있다. 내담자는 최소한 이들 모두를 조금씩 사용할 수 있어야 하며, 그것들을 성공적으로 사용할 수 있는 도구나 바탕매체가 필요하다. 특히 독특한 표현을 최대한으로 허용하는 비구조적 매체일수록 좋다.

만일 치료사가 미술매체를 충분히 배려해 준다면 미술매체들은 가장 쓸모 있는 것이 될 수 있을 뿐 아니라 내담자는 그것을 소중히 다루는 법을 배우게 된다.

환경 미술치료실의 크기와 공간을 포함한 치료실 환경의 설정은 미술치료에 있어서 매우 중요하며, 치료실 크기를 규정하는 것은 어려움이 있으며, 개인미술치료, 집단미술치료, 가족미술치료 등 미술치료의 유형별 접근에 따라 달라질 수 있다. 이러한 점을 고려한 적당히 넓은 공간, 충분한 채광, 미술매체와 도구 등을 갖추면 된다. 물론 조용하고 비밀을 유지할 수 있는 공간이 바람직하다. 내담자의 상태에 따라 그들의 방을 방문해서 실시할 수 있고, 그들이 편안하다고 느끼는 공간이면 가능하다.

미술치료실은 내담자에게 특별한 공간이어야 한다. 그곳은 자유로운 치유적 공간으로서, 다른 장소와 환경에서는 행해지지 않은 일들이 가능한 안전하고 편안한 공간이어야 한다. 기본적 표현매체와 설비가 일관성이 있고 예측할 수 있는 장소에 보관되어 있으며 깨끗이 정돈되고 조직화되어 있다면 내담자는 그것을 아주 쉽게 선택할 것이다. 만약 내담자가 독립적으로 사용할 수 있는 공간이라면 지나친 간섭은 불필요할 것이다. 내담자가 그림을 그릴 때는 적절한 조명과 적당한 온도, 쾌적한 환경이 갖춰져야 한다. 미술매체들이 정돈되어 지정된 선반 위에 놓여 있어야 하는데, 이것은 안정감을 갖게 하는 요소이다. 작품 완성 후 작품을 감상할 수 있도록 이젤이나 게시판 등을 준비하는 것도 필요하다.

치료시간의 구성 미술치료의 구성은 치료목표나 대상, 방법에 따라서 다양하게 결정된다. 치료의 기간과 빈도, 사용될 매체, 활동내용, 치료종료 등이 시간계획에 포함된다. 내담자의 상태나 상황에 따라 달라질 수 있으나 대체로 주 1, 2회 정도의 미술치료가 이루어진다. 첫 상담에서는 언어에 의한 접촉을 하며, 치료비, 시간계획, 도구의 선택, 그림의 주제 선정 등 다양한 내용들이 다루어진다. 가능한 내담자와 치료사가 라포르가 형성된 뒤에 그림검사 등을 실시하는 것이 효과적이다. 치료시간에는 제한시간을 두어야 할 개인이나 집단이 있을 수 있고, 반대의 입장도 있을 수 있다. 예를 들면, 1시간 동안 가만히 있다가 끝날 무렵 자신의 내면을 표출하는 내담자의 경우 치료 초기에는 시간에 여유를 두고 진행하는 것이 바람직하다.

미술에 있어서 시간은 흥미를 유지하고 치료과정에 개입하는 데 충분할 정도의 긴 시간을 의미한다. 만약 동일한 기본적 매체들이 대부분의 시간에 이용된다면 그들은 친숙해질 것이다. 단지 그때 내담자가 매체들을 사용할 충분한 기회를 가진다면, 그들은 숙달되고 능력을 향상시킬 수 있다.

내담자는 얼마나 많은 시간을 이용할 수 있는지 아는 것이 좋으며, 끝내야 할 시점에서 치료사가 내담자에게 경고를 해 줌으로써 도움을 줄 수 있다. 끝낸다는 것은 가끔 내담자에게는 어렵고, 치료사는 그런 일들에 적응할 방법을 제공해야만 한다. 또한 시설이나 복지관, 방문치료로 미술치료를 할 때에는 시간이 한정되어 있는 경우가 많다. 이러한 경우에는 적절한 매체의 선정이 중요하며, 구조적 프로그램에 의하여 시간에 맞추어 실시하는 것이 중요하다.

질서 미술매체의 조직에 있어서 질서, 명확성, 일관성, 작업공간, 시간은 도움이 될 수 있다. 그것은 거의 내적 질서를 가지지 않은 내담자에게 종종 필수적인 것이다. 그림에 몰두해 있는 시간은 아주 평화로운 가운데 체계화를 경험할 수 있는 시간이다. 집단에서도 그러한 분위기는 가능하다.

그러한 분위기는 내담자의 신체, 작업공간, 매체, 작품을 타인의 방해로부터 보호받을 수 있도록 해 준다. 내담자의 감정은 그들의 신체나 작품만큼 존경과 관심을 필요로 하기 때문에 심리적 안정은 신체적 보호만큼 중요하다.

안전 안전은 현실적인 것은 물론 기괴한 것, 진보적인 것과 퇴행적인 것, 긍정적인 것과 부정적인 것에 이르는 많은 표현활동이 수용되는 것을 의미한다. 미술치료실 내에서 내담자는 미술치료사를 포함한 환경에 있어서 안전성이 보장되어야 미술치료의 효과를 높일 수 있다.

제한은 내담자가 자신의 충동으로부터 자신을 보호하는 것을 돕는다. 그래서 분필을 뭉개거나 파괴적 공상을 그리는 것은 안전한 반면에, 사람을 비방하거나 소유물에 대해 파괴적으로 행동하는 것은 허용되지 않으며 안전한 것이 아니다. 내담자와 함께하는 작업에서는 내부의 심리적 위험과 마찬가지로 외부적 위험, 즉 그들의 창조성을 제한하거나 위축시키는 사람으로부터 가능한 한 언제든지 그들을 보호하는 것이 중요하다. 치료사는 내담자가 무엇을 해야 할지 또는 어떻게 해야 할지를 미리 말해 주거나, 다양한 색과 많은 도구를 제공하는 것은 내담자의 마음을 무가치하게 하거나 왜곡시킬 수 있음을 간과해서는 안 된다.

존중 미술치료에 있어서 내담자가 존중 받는다고 느낄 때 내면 탐색과 표출이 일어나며 자기 통찰이 용이해진다. 특히 내담자에 대한 존중은 그들에게 참가할 것인지 아닌지에 대한 선택의 자유를 허가하는 것에서 나타난다. 여기에는 피상적이고 순간적인 '흥미'를 갖거나 깊이 열중하는 것, 자신의 매체와 주제를 선택하는 것, 혼자 또는 다른 사람과 함께 작업하는 것, 자신의 속도와 방법을 탐색하고 실험하는 것 등이 있다. 그리고 각 내담자의 개성에 대한 존중은 선호하는 양식, 개인적 주제, 가장 마음에 드는 방법으로 스타일을 탐색하고 발견하도록 돕는 것에서 나타난다.

내담자의 의견에 대한 존중은 과정과 작품에 대한 그의 생각과 연상을 정확히 말하도록 격려하고 경청하는 것을 의미한다. 예술가로서의 내담자에 대한 존중은 내담자로 하여금 스스로 자신의 목표와 기준을 확립하고, 자신의 성취를 평가하도록 도와주는 것을 말한다. 그리고 내담자의 미술작품을 전시하고 소중하게 다루고 보관함으로써 내담자에 대한 존중감을 증대시킬 수 있다.

흥미와 즐거움 미술매체 및 미술작업에 대한 내담자의 흥미와 즐거움은 치료사와의 라포르 형성에 중요한 영향을 주는 것으로 치료의 성패가 달려 있다고 해도 과언이 아니다. 나아가서 얼마나 빨리 미술매체와 미술작업에 흥미를 갖느냐에 따라 치료기간을 줄일 수 있다. 만일 우리가 음성에 민감한 내담자와 작업한다면, 내담자의 개인적 탐색과 표현에 대한 관심에 성실해야 한다. 그들의 관심은 민감하면서도 조심스런 관찰, 진지한 경청, 부드러운 언어적 개입으로 표현될 수 있다. 만일 내담자가 어른의 도움, 지지, 평가에 대한 욕구를 표현한다면, 치료사는 창조적 과정 동안에 촉진자로서 그에게 관심을 표현해야 한다. 또한 내담자에게 있어서 미술치료 과정은 즐거움을 제공할 수 있어야 한다. 내담자가 "미술활동을 해 봐서 좋았다. 재미있었다. 즐거웠다."라고 하는 감정을 느끼는 것은 매우 중요하다.

지지 미술치료에 있어 내담자에 대한 지지는 앞에 언급한 다른 조건들과 마찬가지로 내담자가 다음 단계로 나아가도록 돕는 데 아주 중요한 요소이며 보상과 함께 활용된다. 행동치료기법에 있어서 행동형성법, 강화, 촉구법, 용암법 등의 원리를 내담자의 욕구와 능력에 따라 적절하게 잘 활용하는 것이 효과적이다. 특히 폐쇄적이거나 고착된 내담자에 대한 지지는 사려 깊은 이해와 도움이 필요하다. 예를 들면 소심한 내담자를 위해서는 내담자와 함께 미술작업에 참여함으로써 치료사가 내담자를 인정해 준다는 구체적인 표현이 될 수 있다.

미술을 통하여 성장하려는 내담자의 노력을 지지하는 것은 내담자의 표현력을 향상시키는 데 가장 알맞은 내담자와의 대화패턴이다.

3) 미술치료사의 기본태도 및 자세

이상과 같이 미술치료에 있어서는 치료사가 내담자의 미술작품 속의 상징성을 잘 드러나게 하며 그 상징성을 잘 파악하는 것은 무엇보다도 중요하다. 이는 내담자의 갈등을 이해하고 스스로 통찰하게 하여 문제를 해결하도록 도와주는 근거가 된다. 이러한 상징성을 잘 드러나게 하기 위해서는 치료사가 다음과 같은 기본태도를 갖추어야 한다.

(1) 치료사의 기본태도

치료의 시작에 있어서 치료사와 내담자의 친화관계 형성은 무엇보다도 중요하다. 친화관계를 형성해 나가는 과정에 있어서도 내담자가 단순히 지시하고 과제를 제시하는 것과 같은 느낌을 받지 않도록 유의해야 한다. 또한 미술작업을 통한 상호작용이 이루어질 수 있도록 유의해야 한다.

내담자는 치료사와 함께 공유하고 함께 상호작용하고 있다고 느낌으로써 편안하게 작업에 몰두하게 되며 마음을 열게 된다. 또한 치료사는 내담자가 미술활동을 하는 사이사이에 부분에 치우치지 말고 전체를 파악하도록 노력하며, 어떤 행동과 반응에도 즉시 크게 피드백을 해 줄 수 있어야 한다. 다시 말하면 '놀람'에 항상 열려 있어야 한다.

동의를 토대로 한 합의 처음부터 내담자를 무리하게 참여시키는 것보다 내담자의 참여 정도를 잘 파악하고 참여 여부에 대한 타당성을 확인한다. 내담자에게 잘 설명하고 납득을 얻는 것이 필요하며 내담자의 반응수준에 따라 서서히 참가시킨다.

임기응변적 대응 내담자의 미술작업 중 예기치 않은 상황이 발생했을 경우, 임기응변적 대응이 요구된다. 예를 들면 멋진 그림을 그린 뒤 검정으로 낙서를 하거나 칠해 버리는 경우, 또는 점토작업을 하다가 갑자기 치료사에게 던지는 경우, 목이 잘린 사람을 그리거나 공포스런 그림을 그리는 경우 등에는 내담자의 심리를 잘 파악하고 그에 따른 대응을 할 수 있어야 한다.

만족감 체험 미술치료는 미술활동을 통해서 내담자에게 만족감을 체험시킴으로써 그 효과를 증가시킬 수 있다. "아, 재미있었다."고 하는 '순간' 체험이나 "그려 봐서 좋았다."고 하는 만족감을 주는 종결은 치료의 진행을 원활하게 하며 빨리 상징성을 드러나게 하고 치료의 효과를 극대화시킨다.

　이상에서 제시한 치료사의 기본태도와 아울러 미술치료를 할 때 유의해야 할 사항은 다음과 같다.

- 그림공간으로 전개하기 위한 배려가 필요하다.
- 한 장의 도화지를 놀이공간으로 여기게 한다.
- 치료사의 말 붙임이 그림으로 유도하는 데 도움을 준다.
- '지금 그리고 여기'에서의 체험을 소중히 한다.
- 서로 장단을 맞추는 것이 중요하다.
- 완성보다 과정이 중요하다.

(2) 미술작품을 통한 심리이해의 기본자세

치료사는 내담자의 미술활동 후 작품 속에 드러난 상징성을 잘 파악함으로써 내담자의 현재 심리상태, 즉 갈등을 이해하고 수용함으로써 심리적 외상을 치료하고 회복할 수 있는 기회를 빨리 제공할 수 있다. 그런데 그려진 그림의 액면 그대로만을 그린 사람의 심리와 환경으로 이해한다면 많은 오류를 범할 수 있다. 가능한 그려진 그림이 누구 혹은 무엇을 나타내는지, 그림에 대한 느낌이 어떤지, 왜 그림을 그리거나 붙이게 되었는지, 활동을 하고 난 뒤의 느낌은 어떤지 등에 대해서 내담자와 서로 이야기를 나누는 것이 중요하다. 그러나 언어표현이 부족하거나 말하고 싶어 하지 않는 내담자에게 무리하게 표현시키는 것은 치료사와의 신뢰 형성을 방해할 수 있으므로 치료과정에 유의하여 진행한다.

이러한 유의점을 명심하고 적절한 시기에 적절한 대상에게 알맞은 기법을 적용시킨다면 우리는 더 나은 치료의 과정을 만들어 갈 수 있을 것이다. 다시 말하면 어떤 환자에게 어떤 시기에, 어떤 기법을 사용하여 심리치료를 할 것이냐 하는 것은 결국 치료사에게 달려 있다고 생각한다.

개인차를 고려하고 개인미술치료냐 집단미술치료냐 가족미술치료냐 등을 잘 파악해서 응용해 나가면 될 것이다. 미술활동에 사용하는 매체도 큰 변수이므로 환자의 흥미, 관심, 태도, 특성 등을 잘 파악하여 활용해야 한다. 다음은 미술작품을 통한 심리이해의 기본자세이다.

- 그림을 따뜻하고 수용하는 마음으로 보는 것이 기본자세이다.
- 비언어적(non-verbal) 부분의 파악이 중요하다.
- 감각적이며 직관적으로 그림 전체의 인상을 파악한다.
- 그 인상으로부터 내담자의 임상적 이미지를 파악한다.
- 그림 속의 메시지를 파악한다.

임상미술치료에서 표현되는 그림을 파악하는 데에는 그림표현에 대한 의욕, 그림을 그리는 태도나 그림을 그릴 때 하는 행동, 그림표현에 포함되어 있는 감정, 그림과정에서의 변화 등을 중심으로 그림을 평가할 필요가 있다.

4) 미술치료의 도입 및 실시

미술치료는 유·아동에서부터 청소년, 성인, 노인에게까지 그 대상연령층이 넓다는 점이 우선 큰 장점이기도 하지만, 치료를 진행하는 측면에서는 다소 부담스러울 수 있다. 그중에서도 다양한 문제행동, 특히 의자에 잠시도 앉아 있지 못하고 돌아다니는 과잉행동, 충동성, 공격성을 수반한 내담자의 경우에는 더욱 부담스럽다. 또한 타인의 말을 들은 척도 않고 혼자 떠드는 내담자, 이와는 반대로 함묵증을 가진 내담자, 무기력한 내담자, 위축된 내담자의 경우에는 어떻게 관계를 해야 할지 조심스럽다.

미술치료가 아무리 훌륭한 심리치료라고 하더라도 내담자와 상호작용이 되어야 하며 내담자에게 적절한 미술치료체제를 통하지 않으면 전혀 효과를 내지 못한다. 따라서 미술치료를 실시하는 데 갖추어야 할 중요한 몇 가지 사항을 살펴보고자 한다.

정확한 진단 평가 실시 미술치료를 실시하게 내담자 및 부모를 대상으로 한 초기면접 [개인 정보, 의뢰 이유(방문 목적), 생육사(발달과정)], 객관적 검사, 내담자의 행동관찰 등을 통하여 정확한 진단 및 평가가 이루어져야 한다.

치료모델 결정 초심자의 경우에는 기존의 연구 중 성공적인 사례연구를 잘 탐색하여 자신의 내담자에게 적절한 치료모델을 결정한다. 나아가서 치료에 경험이 있는 자는 자신이 경험한 내담자에 성공적인 모델과 선행연구를 참고로 하여 치료모델을 결정한다.

미술치료유형 결정 미술치료에서는 대상의 구성에 따라 개인 및 집단, 가족미술치료로 나누어 실시할 수 있다. 즉, 내담자의 증상, 요구, 내담자의 환경, 특히 가족관계의 영향, 치료자의 판단 등에 따라 개인, 집단, 가족 등 어떤 유형이 효과적인가를 고려하여 접근방법을 달리 실시할 필요가 있다.

❶ 개인미술치료

일반적으로 병리증상이 심하거나 대인관계에 두려움이 있는 내담자나 다루기 힘든 내담자는 집단으로 진행하기보다는 개인미술치료를 실시하는 것이 효과적이다. 예를 들면, 내담자가 매우 복잡한 위기적인 문제를 가졌거나 전반적으로 대인관계의 '실패자'일 때 집단 앞에서 이야기하는 것에 대한 두려움이 큰 경우, 남의 인정과 주목에 대한 욕구가 너무 강하기 때문에 집단상황에 맞지 않은 경우는 집단보다는 개인상담을 하는 것이 더욱 효과적이다(이장호, 2001).

또한 문제행동이 심한 정서·행동장애 내담자나 정신지체 및 자폐성을 포함한 발달장애 내담자 등 다루기 힘든 내담자뿐만 아니라 청각장애, 뇌손상, 치매, 우울 등의 증상이 있는 내담자도 개인미술치료로 진행하는 것이 효과적이다. 가능한 초기에는 개인미술치료를 통하여 치료사와의 라포르 형성이 충분히 되고 내담자도 어느 정도 정서적으로 안정되어 대인관계에 대한 두려움이 어느 정도 해소된 경우에 집단미술치료에 참여하게 하는 것이 좋다.

❷ 집단미술치료

집단미술치료는 집단활동을 통해 정서적 유대감과 소속감을 경험하고 집단원과의 교류를 통해 자신의 문제를 새로운 각도에서 볼 수 있으며 사회적 기술 등을 배울 수 있다. 또한 집단에서 다양한 참가자들과의 교류를 통해 생활의 문제점들을 새로운 각도에서 보게 되며, 사회관계에서 자신과 타인을 새롭게 받아들이는 대인관계 양식과 사회기술 양식을 학습하고 실험해 보는 경험을 하게 된다(김춘경, 정여주, 2002).

집단미술치료에 있어서 집단의 크기는 집단원 구성원의 특성과 치료목표에 따라 달라질 수 있다. 대부분의 경우 6~12명 정도의 집단구성원을 제안하고 있다(최외선, 2007).

6명의 소집단 자체가 집단원에게 강력한 영향을 줄 수 있다고 제안한 연구자도 있다(최선남, 김갑숙, 전종국, 2007). 나아가서 6~7명의 집단의 크기가 모든 구성원들의 원만한 상호작용을 할 수 있는 정도의 크기이며 동시에 모든 구성원이 정서적으로 집단감정을 느낄 수 있을 정도로 적절하다는 연구자도 있다(옥금자, 2007). 일반 내담자나 장애 내담자의 경우에는 4명 정도가 적절하다고 집단원을 구성한 연구도 있다.

❸ 가족미술치료

가족미술치료는 내담자의 문제가 내담자 자신의 문제이기보다는 전 가족의 문제라는 전제하에 가족 전체를 치료 장면에 오게 하여 전 가족을 대상으로 실시하는 것이다. 가족미술치료자는 개인이나 집단의 형태보다 가족이 치료 장면에 오게 되면 더 빠른 변화효과를 가져올 수 있고 변화의 지속시간이 길다는 전제하에서 가족미술치료를 실시하게 된다(최외선 외, 2007). 전 가족이 참여하는 경우도 있지만, 한부모가정의 어머니와 내담자, 부자가정의 아버지와 내담자 등 부분으로 참여하는 경우도 있다(유옥현, 이근매, 2006). 특히 애착문제가 있는 내담자의 경우에는 부모가 함께 참여하는

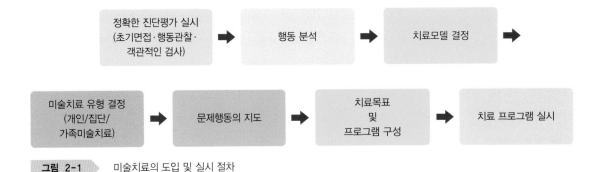

그림 2-1 　미술치료의 도입 및 실시 절차

가족미술치료가 효과적이다. 나아가서 장애 내담자의 경우에는 가족지원이 매우 중요하므로 장애 내담자, 형제자매, 부모 등이 함께 참여하는 가족미술치료 프로그램이 효과적이라는 연구도 있다(이근매, 2007).

치료목표 및 프로그램 구성 　상담 및 심리치료와 마찬가지로 미술치료에 있어서도 내담자의 당면한 문제를 도와줄 수 있는 적절한 치료목표의 설정과 아울러 프로그램 구성은 치료의 효과를 결정하는 중요한 영역이다. 아울러 미술치료에 있어 모든 미술매체가 미술치료의 기법으로 활용될 수 있다. 그러나 내담자의 상태, 증상, 연령 및 선호도 등 각 내담자의 특성에 맞는 미술매체 및 기법의 활용이 무엇보다도 중요하므로 미술매체 및 기법의 선정에 신경을 써야 한다. 특히 초기의 적절한 미술매체의 활용은 치료효과의 성과를 좌우한다고 말할 수 있다.

미술치료 프로그램은 내담자가 원하는 매체를 선택해서 실시하는 비구조적 미술치료와 사전에 치료회기와 내담자에게 적절한 미술매체를 선정하여 미술치료 프로그램을 구성하는 구조적 미술치료 프로그램이 있다.

내담자의 연령, 내담자의 증상, 내담자의 환경, 가족관계의 영향 또는 개별로 진행할 것인지, 집단 또는 가족단위로 진행할 것인지에 따라 프로그램의 구성은 달라진다. 미술치료의 실시는 미술치료사가 지향하는 상담 및 심리치료의 이론을 배경으로 실시한다.

3. 미술치료기법의 활용

1) 미술치료의 진단적 기법

내담자가 그린 그림은 내담자 자신의 경험뿐만 아니라 독특한 내면세계를 솔직하게 표현하는 특성을 지니고 있기 때문에 내담자의 그림을 분석해 봄으로써 내담자의 내면을 보다 정확히 이해할 수 있다. 그래서 심리적 진단자료로서의 가치가 오래전부터 인정되어 왔다. 즉 내담자의 그림은 하나의 적응매체에서 내담자의 심리심층구조를 이해하는 새로운 연구기법으로 발전되어 왔다.

미술치료의 기법은 그 방법이나 형식에 따라 여러 가지 관점에서 논의될 수 있다. 이를테면 앞 장에서도 제시한 바와 같이 심리상담이나 심리치료의 이론적 측면에서 볼 때는 정신역동적 미술치료, 인간중심주의적 미술치료, 발달적·행동적·인지적 미술치료 등으로 구분될 수 있다. 또한 개인치료 형태의 미술치료와 집단 및 가족미술치료 형태의 미술치료로 나눌 수도 있고 대상이나 목적에 따라 기법을 논의해 볼 수도 있다.

특히 미술치료는 심리진단과 치료가 동시에 이루어지는 상황이므로 진단과 치료를 엄격하게 구분하기 어려우므로 융통성 있게 활용해야 한다. 진단적 기법은 자유화와 과제화로 나눌 수 있는데 일반적으로 과제화가 많이 사용된다. 진단에 주로 많이 활용되는 기법들을 소개하고자 한다.

(1) 인물화 검사

인물화에 의한 성격진단검사(Drawing A Person : D-A-P)는 Goodenough, F. L.(1926년)의 인물화에 의한 지능검사를 토대로 아동의 성격검사를 위한 투사적 기법으로 발전하게 되었다. 다른 여러 가지 투사검사 중 보다 더 깊이 있는 무의식적 심리현상을 표현할 수 있어 내담자가 자신과 타인에 대해 어떻게 지각하고 있는가를 알아보는 데 도움을 준다. Machover는 1949년에 인물화에 반대의 성을 그리는 방법을 창안했다. 이 방법은 성격검사로 널리 사용되고 있다.

아동은 물론 성인에 이르기까지 사용 가능하며, 그려진 그림에서 직접 해석할 수 있다. 인물화 분석은 HTP나 가족화의 기초가 되므로 깊이 이해할 필요가 있다. 인물상은 자기의 현실상이나 이상상을 나타내며, 자기에게 있어서 의미 있는 사람, 자신의 성적 역할, 일반적 인간을 어떻게 인지하고 있는가를 나타낸다.

실시방법 A4 용지 2장, 연필 2~3자루, 지우개 등을 준비하여 다음과 같이 지시한다 (A4 용지는 여러 장을 준비하여 두고 내담자가 원하면 다시 줄 수 있으며, 연필은 보통 우리가 사용하는 HB 혹은 4B 연필로 준비하고 연필 끝은 너무 뾰족하지 않도록 깎아둔다).

먼저 1장의 종이를 세로로 제시하면서 "사람을 그려 주세요. 머리에서 발끝까지 사람의 전체를 그려 주세요. 단, 만화나 막대인물상으로 그리지 말고 그릴 수 있는 한 잘 그려 주세요."라고 지시한다.

1장의 종이에 내담자가 인물상을 다 그리고 나면 다시 A4 용지를 세로로 제시하면서 "반대되는 성의 사람을 그려 주세요. 머리에서 발끝까지 사람의 전체를 그려 주세요. 역시 만화나 막대인물상으로 그리지 말고 그릴 수 있는 한 정성들여서 잘 그려 주세요."라고 지시한다.

그림을 다 그리고 난 후 처음 그린 인물상을 제시하면서 그 인물상의 성별과 나이, 인물상에 대한 이야기를 해달라고 부탁한 후 내담자의 반응을 잘 기록한다. 두 번째 그린 인물상 또한 위와 같은 방법으로 실시한다.

유의점은 피검자에게 인물상을 그려 달라고 지시한 후 내담자가 그림을 그리기 시작할 때까지 소요되는 시간과 그림을 그리는 데 소요된 시간을 측정하고 그림을 그리면서 피검자가 보이는 정서적 반응, 태도, 그림을 그리는 방법, 순서 등을 잘 관찰하여 기록해 두어야 한다.

그림을 그리는 데 소요되는 시간은 대체로 각 인물상당 10분 정도 소요된다고 하나 시간제한은 없으므로 내담자가 편안하게 그릴 수 있도록 배려하면 된다.

해석 먼저 묘사된 인물의 부분적인 특징과 각 신체 부분들의 관계를 있는 그대로 살펴보는 것이 중요하다. 각 신체부분들의 비율이 정확하게 조화되어 있는가에 대한 사실적 자료와 내담자가 처한 상황, 증상, 각 신체부분들의 상징을 포함하여 사람에 대한 심리적 특성을 파악한다. 단, 아동의 경우에는 발달단계를 고려해야 한다.

❶ 인물화 순서

전체 피검자의 80% 이상이 자신과 동일한 성의 인물을 먼저 그린다. 그러나 간혹 반대되는 성의 인물을 먼저 그리는 경우가 있는데 이때 그려지는 인물은 자신에게 중요한 존재를 표현하는 경우가 많으며, 이것은 이성부모 또는 이성에 대한 강한 애착과 의존의 표현이기도 하다.

❷ 그림의 크기

종이의 크기와 비교해 볼 때 그림의 상대적 크기는 내담자와 환경과의 관계를 암시한다. 인물의 크기가 작으면 개인은 위축되고 작게 느끼고 있으며, 환경의 요구에 대해 열등감과 부적당감을 느끼는 경우가 많다. 인물의 크기가 크면 우월한 자아상, 공격적 태도로 환경과 관계를 맺는 경우라고 볼 수 있다. 인물이 자아상을 나타내지 않고 이상적 자아상 또는 부모상을 반영하기도 한다. 부모상이 투사되는 경우 큰 인물은 강하고 능력 있고 의지할 수 있는 부모상이거나 위협적이고 공격적이고 벌을 내리는 부모상을 반영한다. 이상적 자아상에서 인물의 크기가 크면 열등감을 보상하려는 시도의 표현이다(적절한 인물상의 크기는 전체 화지의 1/2 이상에서 2/3 이하이다).

❸ 그림의 위치

그림의 위치가 종이의 중앙보다 위에 위치하면 불안정한 자아상과 연관이 있고 종이의 왼편에 위치하면 자아의식적·내향적 성향을 나타내며, 중앙보다 아래의 위치는 보다 안정된 상태 또는 우울감, 패배감을 나타낸다. 적절한 중앙 위치는 적응적인 자아중심적 경향과 관계가 있다.

❹ 인물의 동작

인물이 매우 활발한 움직임을 보이는 경우 운동활동에 대한 강한 충동 또는 불안정하여 안절부절못하는 상태, 정서장애의 조증상태(hypomanic state)를 나타낸다. 반대로 자세가 엄격하고 굳어 있어 움직임이 적으면 강박적 억제의 표현이며 깊이 억압되어 있는 불안이 내재해 있음을 시사하고 있다. 앉아 있거나 기대고 있는 모습일 때는 활동력이 낮고 정서적으로 메마른 상태를 표현한다.

❺ 왜곡이나 생략

신체부분이 왜곡되어 있거나 생략되어 있을 때 심리적 갈등이 그 부분과 관련이 있음을 나타낸다. 마찬가지로 신체의 부분이 과장되게 강조되어 있거나 흐린 모습으로 나타날 때 심리적 갈등을 시사한다.

❻ 각 신체부분들의 상징

- 머리 : 지적인 면과 자아개념과 관계가 있다. 강조되면 매우 공격적이거나 지적인 야심이 때로는 머리 부분의 신체적 고통과 관련이 되기도 한다. 머리나 얼굴이 희미하면 강한 수줍음을 나타낸다. 머리가 맨 나중에 그려지는 경우는 대인관계장애가 있음을 시사하며, 신체부분은 희미한데 머리만 뚜렷할 때는 보상적 방어책으로 공상에 의존하는 경우이다.

- 머리카락 : 성적 생동력에 대한 추구를 나타내며, 지나치게 강조되면 부적절함으로 해석되는 경우도 있다.

- 입 : 구강적 공격, 구강적 고착을 상징하며 구강적, 공격성의 한 표현으로 입이나 이빨을 강조해서 그리는 경우가 있다.

- 눈 : 눈동자가 생략되었다면 자아중심적, 자아도취적 경향으로 해석되기도 한다. 눈이 크고 강조되어 있고 응시하는 모습일 때는 대체로 망상의 표현으로 해석되고, 눈을 감고 있는 경우 현실접촉의 회피, 철회를 시사하기도 한다. 흔히 정신분열증 환자는 눈을 감고 있는 모습의 인물을 많이 그린다.

- 코 : 성기의 상징이며 성적 무력감이 있을 때 코가 흔히 강조되어 그려져 있다.

- 턱 : 힘과 주도권, 사회적·보편적 상징이며, 자아상의 인물에서 턱이 강조되면 강한 욕구, 공격적 경향, 무력감에 대한 보상적 강조와 관계가 있다.

- 목 : 충동의 통제를 상징하는 부분이며, 가늘고 긴 목은 의존성을 나타내고 굵고 짧은 목은 충동의 통제가 어려움을 나타낸다.

- 팔과 손 : 손이 생략되어 있으면 현실 접촉의 어려움, 죄책감을 엿볼 수 있다. 반면에 손이 강조되어 있다면 현실 접촉의 불충분함에 대한 보상적 시도이거나 열등감에 대한 보상적 시도로 조정하는 역할을 하려는 경향을 엿볼 수 있다. 또한 손이 희미한 경우도 대인접촉과 조정행동에서의 불안으로 해석할 수 있다. 팔의 방향이 신체에 가까이 붙어 있을수록 수동적, 방어적이며, 신체에서 외부로 향하여 뻗쳐 있을수록 외부로 향하는 공격적 방향의 표현으로 해석할 수 있다. 때로는 강박적 경향이 있거나 신체상의 문제가 있는 경우에 손톱을 자세히 그려 놓기도 한다. 대체로 주먹을 쥔 손은 억제된 공격적 충동의 상징으로 볼 수 있다.

- 발과 다리 : 보통 이동성과 관계되며 병으로 누워 지내는 사람의 경우 다리나 발을 그리지 않거나 보이지 않게 그리는 경우가 많다. 길게 그린 다리는 자율성에 대한 욕구를 나타낸다고 하며, 검게 강조된 발은 성에 대한 관심과 공격성을 나타낸다고 한다.
- 어깨 : 체격과 체력을 나타내며, 남성적 힘과 자기 과시의 욕구를 상징한다.
- 단추 : 가슴부분에 붙은 주머니, 단추는 애정결핍과 박탈을 상징하며, 유아적이고 의존적인 성격을 드러낸다.
- 목걸이, 팔찌 등의 장식품 : 호기심, 사치를 나타내며, 여성적 호기심이 많은 여자 아동의 그림에서 흔히 발견된다.

(2) 집-나무-사람 검사

정신분석가인 Buck(1948)은 Freud의 정신분석학을 바탕으로 하여 HTP(House-Tree-Person)를 개발했으며 Buck과 Hammer(1969)는 집-나무-사람 그림을 발달적이며 투사적인 측면에서 더욱 발달시켰다. 그들은 단일과제의 그림검사보다는 집-나무-사람을 그리게 하는 것이 피험자의 성격의 이해에 보다 효과적이라고 생각하였다.

HTP 검사는 진단을 목적으로 하여 연필과 종이만을 사용하여 그렸었는데, 1948년에 Payne이 채색하는 방법을 시도했다. 나아가서, Burns는 1장의 종이에 HTP를 그리게 하고 거기에 KFD와 같이 사람의 움직임을 교시하는 K-HTP(Kinetic House-Tree-Person Drawing)를 고안했다.

高橋雅春(1967, 1974)는 Buck의 HTP법에 처음에 그림 사람과 반대되는 성의 사람을 그리게 하는 'HTPP'법을 개발했다. HTP법에 Machover의 인물화를 조합한 방법이다.

실시방법 준비물은 B5 용지 4장, HB 연필, 지우개 등이며 다음과 같이 지시한다.
- B5 용지 1장을 가로로 제시하면서 "집을 그리세요."라고 지시한다.
- 집을 다 그리고 나면 다시 B5 1장을 이번엔 세로로 제시하면서 "나무를 그리세요."라고 한다.
- 나무를 다 그리고 나면 그 다음엔 B5 용지 1장을 세로로 제시하면서 "사람을 그리세요. 단 사람을 그릴 때 막대인물상이나 만화처럼 그리지 말고 사람의 전체를

표 2-4 **묘화 후의 질문(PDI)**

이것을 전부 삽입하는 것은 곤란하다. 내담자가 자유롭게 말하는 것을 중요시하며, 내담자의 상태에 따라 몇 가지 질문만 한다.

집(house)그림 질문사항

(1) 이 집은 도심에 있는 집입니까? 교외에 있는 집입니까?
(2) 이 집 가까이 다른 집이 있습니까?
(3) 이 그림에서 날씨는 어떠합니까?
(4) 이 집은 당신에게서 멀리 있는 집입니까? 가까이 있는 집입니까?
(5) 이 집에 살고 있는 가족은 몇 사람이며 어떤 사람들입니까?
(6) 가정의 분위기는 어떠합니까?
(7) 이 집을 보면 무엇이 생각납니까?
(8) 이 집을 보면 누가 생각납니까?
(9) 당신은 어떤 집에 살고 싶습니까?
(10) 당신은 이 집의 어느 방에 살고 싶습니까?
(11) 당신은 누구와 이 집에 살고 싶습니까?
(12) 당신의 집은 이 집보다 큽니까? 작습니까?
(13) 이 집을 그릴 때 누구의 집을 생각하고 그렸습니까?
(14) 이것은 당신의 집을 그린 것입니까?
(15) (특수한 집인 경우) 왜 이 집을 그렸습니까?
(16) (그림에서 이해하기 곤란한 부분에 대하여) 이것은 무엇입니까? 왜 그렸습니까?
(17) 이 그림에 첨가해서 더 그리고 싶은 것이 있습니까?
(18) 당신이 그리려고 했던 대로 잘 그려졌습니까? 어떤 부분이 그리기 어려웠고 마음에 들지 않습니까?

나무(tree)그림 질문사항

(1) 이 나무는 어떤 나무입니까? (불확실할 경우 상록수 혹은 낙엽수인지 질문한다.)
(2) 이 나무는 어디 있는 나무입니까?
(3) 한 그루만이 있습니까? 숲 속에 있나요?
(4) 이 그림의 날씨는 어떠합니까?
(5) 바람이 불고 있습니까? 바람이 분다면 어떤 바람이 어느 방향으로 불고 있습니까?
(6) 이 나무는 몇 년쯤 된 나무입니까?
(7) 이 나무는 살아 있나요? 말라죽었다면 언제쯤 어떻게 말라죽었습니까?
(8) 이 나무는 강한 나무입니까? 약한 나무입니까?
(9) 해가 떠 있습니까? 떠 있다면 어느 쪽에 떠 있습니까?
(10) 이 나무는 당신에게 누구를 생각나게 합니까?
(11) 이 나무는 남자와 여자 중 어느 쪽을 닮았다고 봅니까?
(12) 이 나무는 당신에게 어떤 사람을 느끼게 합니까?
(13) 이 나무는 당신으로부터 멀리 있는 나무입니까? 가까이 있는 나무입니까?
(14) 이 나무에 필요한 것은 무엇입니까?

표 2-4 | 묘화 후의 질문(PDI) (계속)

(15) 이 나무는 당신보다 큽니까? 작습니까?

(16) (상흔 등이 있으면) 이것은 무엇입니까? 어떻게 해서 생겼습니까?

(17) (특수한 나무인 경우) 왜 이 나무를 그렸습니까?

(18) 이 그림에 더 첨가해서 그리고 싶은 것이 있습니까?

(19) (그림에서 이해하기 곤란한 부분에 대하여) 이것은 무엇이며 왜 그렸습니까?

(20) 당신이 그리고자 한만큼 잘 그려졌습니까? 어떤 부분이 그리기 어려웠고, 마음에 들지 않습니까?

사람(person)그림 질문사항

(1) 이 사람의 나이는?

(2) 결혼했습니까? 가족은 몇 명이며, 어떤 사람들입니까?

(3) 이 사람의 직업은?

(4) 이 사람은 지금 무엇을 하고 있습니까?

(5) 지금 이 사람은 무슨 생각을 하며, 어떻게 느끼고 있습니까?

(6) 이 사람의 신체는 건강한 편입니까? 약한 편입니까?

(7) 이 사람은 친구들이 많습니까? 어떤 친구들입니까?

(8) 이 사람의 성질은 어떻습니까? 장점과 단점은 무엇입니까?

(9) 이 사람은 행복합니까? 불행합니까?

(10) 이 사람에게는 무엇이 필요합니까?

(11) 당신은 이 사람이 어떻습니까? 좋습니까? 싫습니까?

(12) 당신은 이 사람처럼 되고 싶습니까?

(13) 당신은 이 사람과 함께 생활하고 친구가 되고 싶습니까?

(14) 이 사람을 그릴 때 누구를 생각하고 있었습니까?

(15) 이 사람은 당신을 닮았습니까?

(16) (특수한 인물인 경우) 왜 이 사람을 그렸습니까?

(17) (그림에서 이해하기 곤란한 부분의 경우) 이것은 무엇인가요? 왜 그렸습니까?

(18) 이 그림에 더 첨가해서 그리고 싶은 것이 있습니까?

(19) 당신이 그리고자 한만큼 잘 그려졌습니까? 어떤 부분이 그리기 어려웠고, 마음에 들지 않습니까?

그리세요."라고 한다.

- 그다음엔 다시 B5 용지를 세로로 제시하며, "그 사람과 반대되는 성을 그리세요."라고 지시한다.

- 다 그리고 나면 각각의 그림에 대해 20가지 질문을 한다(유의점 : 그림을 그릴 때 소요되는 시간을 측정해 둔다).

HTP 검사의 해석 Buck이 집, 나무, 사람 세 가지 과제를 사용한 이유는 다음과 같다. 첫째, 집, 나무, 사람은 유아뿐만 아니라 누구에게나 친밀감을 주는 것이다. 둘째, 모든 연령의 피험자가 그림대상으로 편안하게 받아들인다. 셋째, 다른 과제보다는 솔직하고 자유로운 언어표현을 시킬 수 있는 자극으로 이용할 수 있기 때문이다. 이 검사에 대한 해석은 HTP 검사와 함께 실시한 다른 심리검사들의 결과와 그림을 그린 후의 질문 등을 참작하는 동시에 피험자와의 면접 외에 행동관찰과 검사 시의 태도를 고려하여 실시한다. 즉, 그림만 가지고 성격의 단면을 추론하는 맹목적인 분석(blind analysis)에 의한 해석만을 해서는 안 된다는 것이다.

HTP 검사의 그림을 해석하는 데는 다음의 세 가지 측면을 종합해야 한다.

❶ 전체적 평가

전체적 평가는 그림의 전체적 인상을 중시하고 조화가 이루어져 있는가, 구조는 잘되어 있는가, 이상한 곳은 없는가에 주목하여 4장의 그림 전체를 보고 판단한다. 전체적 평가에서 밝혀야 할 것은 내담자의 적응수준, 성숙도, 신체상의 혼란 정도, 자신과 외계에 대한 인지방법 등이다. 전체적 평가를 통한 내담자의 적응심리를 포착하기 위해서는 그림을 직관적으로 해석하는 능력이 필요하다.

❷ 형식 분석

구조적 분석이라고도 하며, HTP 검사의 모든 그림에 공통적으로 실시하는데 집, 나무, 사람 등을 어떻게 그렸는가를 분석하는 것이다. 예를 들면 그린 시간, 그리는 순서, 위치, 크기, 절단, 필압, 선의 농담, 불연속적 선의 성질, 그림의 대칭성, 투시도, 조감도, 방향, 운동, 원근법, 음영, 상세함과 생략, 강조, 지우기 등을 살펴보며, 또한 이러한 것들을 통해서 성격의 단면을 읽어 나가는 방법이다.

❸ 내용 분석

내용 분석은 무엇을 그렸는가 하는 것을 다루는 것으로 집, 나무, 사람에 있어서 이상한 부분, 형식 분석의 사인 등을 참고로 하여 그림 가운데 강조되어 있는 부분을 다루며 그림의 어떤 특징적 사인이 무엇을 상징하는지를 살펴보는 것이다. 내용 분석에 있어서는 명백하고 큰 특징을 먼저 다루되, 그림 그린 후의 질문을 피검자에게 실시하고, 피검자가 질문에 따라 연상하는 것을 묻는 것이 중요하며, 질문을 함으로써 피험자의 성격을 이해하게 되는 경우가 있다. 또한 상징에 있어서도 동서양의 문화적 차이가 있으므로 반드시 내용 분석에 있어서는 상징의 보편적 의미와 특징적 의미를 함께 고찰하는 것이 중요하다.

- 집그림 : 집그림은 내담자가 성장하여 온 가정상황을 나타내며 자신의 가정생활과 가족관계를 어떻게 인지하며, 그것에 대해 어떤 감정과 태도를 가지고 있는가를 나타내는 경우가 많다. 따라서 집그림은 피검자가 현재의 가정을 어떻게 바라보고 있는가 하는 것 외에 이상적 장래의 가정과 과거의 가정에 대한 소망을 나타내기도 한다.

  해석함에 있어서는 그림을 전체적으로 평가함과 아울러 필수부분인 지붕, 벽, 출입문, 창문 등을 어떻게 그리는가에 주의해야 한다.

  일반적으로 집 한 채를 그리는 경우가 많으며, 현재의 가정에 관심이 있거나 불만이 있는 사람은 특수한 집을 그리는 경우도 있다. 집이 그 사람의 자아를 나타내는 경우도 있기 때문에 PDI로부터 추측할 수 있다.

  지붕은 정신생활에 관계한다. 너무 큰 지붕은 공상, 벽, 지붕이 없는 집은 감정의 결여를 엿볼 수 있다. 벽은 자아강도를 나타내며, 아동은 투명한 벽(투시로)을 그리는 경우가 있으나 성인이 투시도로 그린 경우에는 부주의나 병적으로 볼 수 있다. 지저선이 없는 경우에는 불안을 나타낸다. 그 밖에 문, 창문, 굴뚝, 울타리, 길, 나무, 꽃 등을 첨가하는 경우가 있는데 내담자의 질문을 통한 연상, 상징해석 등을 참고하여 파악한다.

- 나무그림 : 나무는 땅에서부터 하늘까지 성장하고 움직이려 하는 인생의 열망을 반영한다. 따라서 그것은 가장 보편적인 상징으로서, 정신과 자기 확장의 은유를 나타내고 있다. 나무그림은 내담자의 자기상을 나타내며, 피검자가 자신의 마음 상태에 대해 어떻게 느끼고 있는가를 무의식적으로 나타내며, 정신적 성숙도를 표시하고 있다. 나무그림도 나무에 대한 첫인상과 공간상징, 살아 있는 유기체로서의 나무, 즉 줄기 상태, 나무의 심장, 상흔, 수관, 가지, 나뭇잎, 열매, 기타 사물 등과 필압과 생활 상황을 참고하여 내담자를 이해해 나간다. 구체적인 해석은 나무그림검사의 해석에 준한다.

- 사람그림 : 인물화는 그림검사 가운데서 가장 깊이 연구된 것으로 나무나 집보다

자기상을 더 잘 나타낸다. 그러나 인물화는 내담자에게 경계심을 품게 하고, 자기를 방어하려는 생각을 갖게 하기 때문에 의식적, 무의식적으로 자기의 모습을 왜곡시켜 나타내며 자기 이외의 인간을 그리는 경우가 많다. 원칙적으로 인물화는 자기의 현실상이나 이상상을 나타내며 자기에게 있어서 의미 있는 사람, 인간 일반을 어떻게 인지하고 있는가를 나타낸다.

또한 자기상뿐만 아니라 피검자에게 의미 있는 사람을 표현하는 경우가 많다. 일반적으로 구체적 해석은 DAP에 준한다. 인물화를 그리는 순서는 얼굴을 먼저 그린 후에 몸통, 손, 발을 그려 나가는 것이 보통이다.

(3) 통합 집-나무-사람 검사

三上(1995)는 나카이 등의 방법과 Diamond(1954)의 기법을 도입해 통합적 HTP법 (Synthetic House-Tree-Person Technique : S-HTP)을 도입했다. Diamond는 HTP를 그린 다음에 각 요소에 대한 이야기를 시켜 언어화에 대한 연상을 실시한다.

HTP와 비교하여 S-HTP의 장점은 1장의 종이에 그리므로 내담자의 부담이 적다. 집, 나무, 사람을 어떻게 그렸는지를 따라 얻을 수 있는 정보 외에, 집, 나무, 사람을 어떻게 관련지어 그렸는지를 살펴봄으로써 새로운 정보를 얻을 수 있다. 또한 자유롭게 조합하여 그릴 수 있기 때문에 내담자의 심적 상태를 표현하기 쉽다. 또한 S-HTP는 풍경 구성법과 비교할 때보다 사정적인 측면이 강하다. 묘화 전체의 해석은 아직 확립되어 있다고는 말하기 어렵기 때문에, 검사 배터리를 짜는 것은 항상 필요하다.

S-HTP의 실시방법 A4의 도화지 1매, HB의 연필과 지우개를 사용한다. 도화지를 옆으로 하도록 지시하고, "집과 나무와 사람을 넣어 뭐든지 좋아하는 그림을 그려 주세요."라고 교시한다. 질문에 대해서는 "3개의 과제가 들어가 있으면 다음은 좋아하는 대로 그려 주세요."라고 대답한다. 다 그렸으면 자유롭게 질문을 할 수 있다. 사람은 누구를 그렸는지, 몇 살인지, 무엇을 하고 있는 곳(중)일까 어느 질문은 묘화를 이해하는 데 있어서 유효하다.

S-HTP의 해석 집·나무·사람 대해 Buck, Hammer의 견해에 따르고 있다. 즉, 집은 가정생활이나 가족 내 인간관계에 있어서의 연상의 표현이다. 나무는 보다 무의식적

| ▲ 집 | ▲ 나무 | ▲ 사람 1(남) | ▲ 사람 2(여) |

그림 2-2　불안·위축 아동의 HTP

인 자기상이나 자기에 대한 감정을 나타낸다. 사람은 의식에 가까운 부분에서의 자기
상이나 환경과의 관계를 나타낸다.

　S-HTP는 세부가 간략화되는 것이 많기 때문에 세부의 심독은 하지 않는다. 공간
상징도 분명한 편향을 볼 수 있었을 때에 참고로 한다. S-HTP에서는 전체적 평가를
우선한다.

❶ 전체적 평가 : 통합성

집·나무·사람을 통합해 그려지는 것이 많다. 중학생 이상이 나열해 그리는 경우에는
어떠한 문제가 있다고 말할 수 있다. 검사에 대해서 거부적인 경우도 나열이 되는 통
합하고 있을지 어떨지는 성격의 종합적 평가에 관계하고 있다.

- 그림 크기

  용지 전체를 사용해 그리는 것이 기대된다. 심리적 에너지가 적은 경우 사이즈가
  작아지며, 이 경우는 필압도 약하다. 필압이 보통으로 사이즈가 작은 경우는 환
  경에 대해서 억제적이라고 생각할 수 있다.

- 부가물

  부가물이 그려지는 경우가 많다. 부가물이 없는 경우는 수동적, 기계적인 대응,
  유연성의 결여를 생각할 수 있다. 과잉인 부가물은 강박적, 자기 현시적이라고
  도 말할 수 있다.

- 원근감

  중학생 이상에서는 원근감이 있는 묘사를 실시한다. 원근감은 지적·정서적 성숙이나 마음의 유연성과 관계가 있다. 조감도는 환경을 지배적, 또는 방관자적으로 보는 태도를 반영하고 있을지도 모른다.

- 사람과 집, 나무와의 관계

  초등학생은 집을 크게 그리고 거기에 사람이 관련해 그려지는 경우가 많다. 중학생 이후에서는 집이 작아지고 나무에 관련 지어 그리는 경우가 많다. 집안에 사람이 있는 경우는 가족에 대한 의존이나 내폐적 경향을 생각할 수 있다.

- 묘선과 형체

  형체는 확실히 그려져 있는 것이 바람직하다. 간략화는 요령, 좋은 점, 방어적 태도라고 판단된다. 형체가 무너지고 있으면 그것은 책임감이 없다고 볼 수 있다. 필압과 에너지는 서로 관계가 있다.

- 절단

  절단된 것은 미해결의 갈등이나 문제가 있는 것으로 추측된다. 절단된 부분에 대한 해석도 있다. 아래 쪽 절단은 충동의 억압, 위쪽의 절단은 현실 이상의 만족을 추구하는 공상, 좌측 절단은 과거에의 고착, 의존, 강박성, 우측 절단은 미래에의 도피, 지적 통제를 나타낸다.

- 수정, 기타

  과도한 수정은 요구 수준의 높이를 나타낸다. 전혀 수정하지 않는 것은 있는 그대로 유연성이 없음이라고도 해석할 수 있다. 매우 기묘한 그림, 특히 인체가 벌어져 있는 경우는 병적인 사인이라고 생각할 수 있다.

❷ 사람의 평가 : 인원수와 크기

인원수는 1명 또는 몇 사람이 될 수도 있다. 고립 경향이 있는 사람은 1명만을 그리는 경우가 많다. 사람이 집이나 나무에 대해서 균형이 맞는지가 중요하다.

- 기타

  이성만을 그리는 경우는 문제가 있다고 말할 수 있다. 방향은 다른 관련으로 여러 가지 해석을 할 수 있는 움직임을 볼 수 있을 때는 질문을 해 확인한다. 그 움직임이 심리적 상황이나 소망을 나타내고 있는 경우도 있다. S-HTP에서는 간

그림 2-3 진로 문제를 가진 20대 초반 여대생의 S-HTP

략화가 일어나기 쉬운데 이는 방어적 태도를 나타내고 있다고도 말할 수 있다.

❸ 집의 평가 : 크기, 안정감, 벽

집은 가족과의 관계를 나타낸다. 초등학생은 집을 크게 그리는 경우가 많다. 안정감이 없는 집은 가족관계의 불안정함이나 내적 불안정성을 나타낸다. 벽의 면수는 발달과 관계가 있다.

■ 문, 창문, 지붕

문은 외계와의 교류, 적극적인 인간관계에의 태도를 나타낸다. 창은 간접적인 교류와 수동적인 외계와의 접촉 방법을 나타낸다. 초등학생 이하에서는 생략되기도 한다. 지붕은 정신성이나 공상을 상징하고 있다. 그 외 굴뚝이나 커튼이 그려지는 것이 많다.

❹ 나무의 평가

S-HTP에서는 나무는 복수로 그려지는 경우도 많다. 이 경우는 각각의 나무는 간략화된다. 복수의 경우는 세부의 분석보다 전체적 평가가 중심이 된다. 풍부함, 자연스러움 등을 본다. 각각의 평가는 바움검사의 평가에 준한다.

(4) 동적 가족화

1951년 Hulse는 1명의 인물을 그리게 하는 대신에 가족을 그리게 하는 것이 유익한 정보를 얻을 수 있다고 했다. 이것이 가족화의 시작이다. 가족그림을 통해서 아동의 심리적 상태와 가족의 역동성을 진단하는 데 도움을 주는 기법으로 가족화(DAF)와 동적 가족화(Kinetic Family Drawing : KFD), 동그라미중심가족화(FCCD), 구분할통합가족화, 동물가족화, 물고기가족화, 자동차가족화 등이 있다. 일반적으로 가족화 진단기법으로 가장 많이 활용하고 있는 동적 가족화에 대해 소개해 본다.

동적 가족화는 가족화에 움직임을 첨가한 일종의 투사화로 Burns와 Kaufman(1970)에 의해 개발되었다. 동적 가족화는 가족화가 가지는 상동적 표현을 배제하고 움직임을 더하는 것에 의해서 자기 개념만이 아니고 가족관계에 따른 감정과 역동성 등을 파악하는 데 더욱 용이하다.

실시방법 먼저 A4 용지, HB나 2B 연필, 지우개를 준비하여 제시하고 다음과 같이 지시한다.

"당신을 포함해서 당신의 가족 모두에 대해서 무엇인가를 하고 있는 그림을 그려보세요. 만화나 막대기 같은 사람이 아니고 완전한 사람을 그려 주십시오. 무엇이든지 어떠한 행위를 하고 있는 그림을 그려야 합니다. 당신 자신도 그리는 것을 잊어서는 안 됩니다." 내담자가 "가족 전원이 무엇인가 하나의 일을 하고 있는 것입니까?"라고 물어볼 수 있다. 이때 검사자는 "완전히 자유입니다."라고 대답하면 된다. 검사자가 무엇인가를 암시하는 듯한 응답은 절대로 피하고, 완전히 비지시적·수용적 태도를 취한다. 검사상황의 종료는 내담자의 말이나 동작으로 끝났음을 표시할 때 마치게 되며 제한시간은 없다.

그림을 완성한 후, 묘사된 각 인물상에 대해서 묘사의 순위, 관계, 연령, 행위의 종류, 가족 중 생략된 사람이 있는가, 가족 외 첨가된 사람이 있는가를 확인하고 용지의 여백에 기입해 둔다.

동적 가족화는 어느 정도 신뢰가 형성되고 난 뒤 실시하는 것이 좋다(Malchiodi, 1990). 그리고 아동학대 등에서 가족에게 강한 갈등이 있는 아동이나 성인의 경우에 최초의 단계에서 KFD를 실시하는 것은 바람직하지 않다. 그리는 것을 거부하거나 단순한 표현은 가족관계를 파악할 수 없기 때문이다.

동적 가족화의 해석 동적 가족화를 해석하고자 할 때는 '단순히' 그려진 그림의 형태만을 보고 해석해서는 안 된다. 즉, 동적 가족화의 해석 방법은 전체적인 인상, 인물상, 행위의 종류, 묘화의 양식, 상징을 포함하여 총체적으로 해석한다.

❶ 전체 인상

첫인상은 KFD에 대해서도 중요하다. 가족이 일체감이 있는 정경인가, 각기 독자적인 행동을 하고 있는 분이성이 강한가에 따라 가족 전체의 역동성을 엿볼 수 있다.

❷ 인물상

묘사의 순서는 가정 내의 일상적 서열, 중요도가 나타난다. 크기는 인물에 대한 관심, 심리적 영향의 크기를 나타낸다. 거리는 중첩, 접촉, 접근, 먼 거리 등을 검토하며 심리적 거리를 나타낸다. 인물상의 얼굴 방향, 인물상의 생략, 타인의 묘사 등이 속한다. 인물의 해석은 인물화의 해석을 참조한다.

❸ 행위의 종류

각 인물상의 행위를 중심으로 가족 내 역할 유형 등을 알 수 있다. 일반적으로 많이 나타나는 행위는 다음과 같다. 부친상은 잔디 깎기(Burns & Kaufman), 독서, TV보기, 일, 요리, 심부름, 가사를 보기 등이다. 모친상에 있어서는 요리 돌보기, 다림질, 청소하는 모습 등이다. 자신상은 놀기, 식사, 걷거나 타는 행위 등이다. 또한 행위만이 아니고, 다른 사람과의 관계를 보는 것이 중요하다. 예를 들면, 경쟁 상대에게 호응하는 에너지는 공과 같은 것 안에 압축되기도 한다. 경쟁 상대가 아닌 사람의 에너지는 고정화 또는 정지한다. 다른 사람과의 갈등 상황은 상징을 사용해 그려지기도 한다. 자기를 난폭한 선으로 그려서 불안감을 드러내기도 하고, 벽을 그려 회피하고자 하는 욕구를 표현하기도 한다.

❹ 양식

내담자는 그림에서 다른 인물상의 접근, 거리를 강조하기도 하고, 숨기기도 하기 때문에 의식적으로 혹은 무의식적으로 명확하거나 교묘한 여러 가지 그림의 특징을 나타낸다. 일반적으로 양식은 가족관계에서 자기의 감정과 상태, 신뢰감을 나타낸다. 양식은 일반양식, 구분, 포위, 가장자리, 인물하선, 상부의 선, 하부의 선 등 7가지로 분류할 수 있다.

- 일반양식 : 보통의 신뢰감에 가득 찬 가족관계를 체험하고 있는 내담자의 그림이다. 복잡한 혹은 명백한 장벽을 나타내지도 않고 온화한 우호적인 상호관계를 암시하는 그림을 그린다.
- 구분 : 문제가 없는 가족에서는 가족이 줄지어 있는 것이 많다. 갈등이 있는 가족에서는 몇 가지 양식이 나온다. 자기와 다른 사람을 선에 의해서 단락을 짓는다.
- 포위 : 하나 또는 그 이상의 인물을 어떤 사물이나 선으로 둘러싸는 경우이다. 위협적으로 개인을 분리하거나 치우고 싶은 요구로서 가족과의 관계에서 자기 자신이 개방적인 감정적 태도를 갖지 못할 때, 가족원 혹은 자기 자신을 닫아 버리는 양식이다.
- 가장자리 : 인물상을 용지의 주변에 나열해서 그리는 경우이다. 이 양식은 상당히 방어적이며 문제의 핵심에서 회피하려는 경향이 있다. 또한 친밀한 관계를 맺는 데 대한 강한 저항을 나타낸다.
- 인물하선 : 자신 혹은 특정 가족구성원에 대해서 불안감이 강한 경우에 그 인물상의 아래에 선을 긋는 경우가 있다.
- 상부의 선 : 한 선 이상이 전체적 상단을 따라서 그려졌거나 인물상 위에 그려진 경우이다. 용지의 상부에 그린 선은 날카로운 불안 또는 산만한 걱정, 또는 공포가 존재함을 의미한다.
- 하부의 선 : 한 선 이상이 전체적 하단을 따라서 그려진 경우이다. 붕괴 직전에 놓여 있는 가정이라든가 강한 스트레스하에 있는 아동이 안정을 강하게 필요로 하고 또 구조받고 싶은 욕구가 강할 때 나타낸다.

❺ 상징

상징은 다양하게 해석할 수 있다. 일반적으로 잘 그려지는 것은 다음과 같다(가족미술치료, 1997).

❻ 기타 특징

잘 나타나는 특징에는 다음과 같은 것이 있다.

- 내밀고 있는 팔 : 환경의 통제, 청소 도구, 무기 등을 가지는 것과 같은 의미를 가진다.

- 공 : 에너지, 힘 등
- 불 : 화, 따뜻함(애정)에 대한 욕구
- 빛 : 애정에 대한 욕구
- 전기 : 애정, 힘에 대한 욕구
- 침대 : 성적 또는 억울함의 테마
- 자전거 : 남성성의 강조
- 빗자루 : 정리, 모친의 통제
- 나비 : 사랑, 아름다움, 영혼
- 고양이 : 모친과의 동일시에 의한 갈등
- 익살스러운 표현 : 열등감이 있는 아이의 표현
- 진흙 : 부정적 감정
- 꽃 : 사랑과 성장 과정, 여성성, 소망
- 쓰레기 : 가족에게 있어서 바람직하지 않은 것을 버림
- 다리미대 : X가 붙은 것은 모친과의 갈등
- 줄넘기 : 포위로서도 사용됨
- 연 : 도피와 자유
- 사다리 : 긴장이나 불안정
- 나뭇잎 : 양육, 의존성
- 통나무 : 남자다움의 과장
- 비 : 억울함, 스트레스
- 냉장고 : 차가움, 그에 대한 억울 반응
- 뱀 : 남성성
- 별 : 차가움, 슬픔, 억울한 반응
- 멈춤 표지 : 충동 통제의 시도
- 태양 : 따뜻함, 수용
- 열차 : 힘
- 수목 : 나무그림의 해석과 같음. 벽으로 사용되는 경우도 있음
- 청소기 : 제어력, 빨아들이는 모친
- 물 : 억울함

■ 높은 곳에 오르고 있는 인물 : 지배적인 아동은 자기를 높은 곳에 그린다. 높은 곳에 있는 인물은 다른 사람보다 힘이 있다. 현실적으로 힘이 있거나, 또는 힘을 행사하고 싶은 소망을 나타낸다.

■ 지우는 것 : 지워진 그대로 그것에 대한 갈등이 있다. 몇 번이나 다시 그리는 것도 갈등이 있다. HTP의 해석과 같다.

■ 도화지의 뒤에 그리는 인물 : 도화지의 뒤에 그려진 인물도 그리는 자에 의해 어떠한 갈등이 있다고 말할 수 있다. 인물상 자체에도 왜곡이 있는 경우가 있다. 뒷모습 인물도 같은 의미가 있다.

■ 매달리기 : 인물이 위험한 장소에 매달려 있는 것 같은 상태이다. 매달리고 있는 인물은 긴장을 수반하고 있다. 넘어져 있는 상태도 긴장을 나타낸다.

■ 신체 부분의 생략 : 여러 가지 방법으로의 생략이 있다. 명확하게 왜곡되어 있거나 생략되어 있을 때는 인물상의 생략의 해석과 같다.

■ 인물상의 생략 : 실제 가족의 인물이 겉과 어디에도 그려져 있지 않을 때는 그 인물에 대한 거부를 나타낸다. 새롭게 갓난아기가 태어났을 때에 생기기도 한다.

■ 피카소 그림과 같은 눈 : 다른 인물에 대한 경계나 관심, 양가적 감정이나 분노가

있을 때 피카소 그림과 같은 눈이 그려진다.

- 회전한 인물 : 회전하고 있는 인물은 다른 인물과 다르다고 하는 일을 강조하고 있다. 물구나무 서기 하고 있는 인물도 같은 의미가 있다.

(5) 풍경구성법

풍경구성법(Landscape Montage Techniqu : LMT)은 미술치료 혹은 그림검사법의 하나로 1969년에 中井久夫 교수에 의해 창안되었다. 이 풍경구성법은 원래는 정신분열증 환자를 주 대상으로 하여 모래상자 요법의 적용 가능성을 결정하는 예비검사로서 고안되었다. 그러나 풍경구성법의 독자적인 가치가 인정되어 이론적으로 분석되어 치료적으로도 많이 활용되고 있다. 또 독일어권 표현병리, 표현요법 학회에 발표된 이후 독일, 미국, 인도네시아에서도 시행되고 있으며, 진단도구로서 뿐만 아니라 치료과정 속에 활용되어 많은 효과를 인정받고 있다. 즉, 내담자의 내면의 이해나 치료를 위해서 널리 사용되고 있다.

中井에 의한 이 풍경구성법은 로르샤흐 검사(Rorschach test)와 같이 앞에 있는 패턴을 읽고 선택, 해석하는 투영적 표상과 대조적인 접근방법이다. 4면이 테두리로 그어져 있는 구조화된 공간에 통합적 지향성을 지닌 하나의 전체를 구성하는 구성적 표상을 기초로 하는 방법이라고 말할 수 있다.

그림 2-4 불안·위축 청소년(중 2, 남)의 KFD

그림 2-5 FCCD

그림 2-6   동물가족화

그림 2-7   9분할 통합가족화

실시방법 준비물은 A4 용지 1장, 사인펜(보통 검정 사인펜을 사용한다), 크레파스, 혹은 색연필 등이다. 처음에는 8절 도화지를 사용하였으나, 오늘날에는 A4용지를 주로 사용하고 있다. 먼저 치료사가 4면의 테두리를 그린 A4 용지와 사인펜을 내담자에게 건네준다. 그 다음에 치료사가 말하는 사물, 즉 ① 강, ② 산, ③ 밭, ④길, ⑤ 집, ⑥ 나무, ⑦ 사람, ⑧ 꽃, ⑨ 동물, ⑩ 돌 등 이상 10가지 요소를 차례대로 그려 넣어서 풍경이 될 수 있게 한다. 그리고 마지막에 그려 넣고 싶은 사물이 있으면 그려 넣게 한다. 모두 다 그린 다음에 색을 칠하도록 한다. 검사 시 사용하는 언어나 행동은 치료의 흐름을 파괴하지 않도록 배려해야 한다.

해석 풍경구성법의 해석도 HTP 등 다른 그림검사와 마찬가지로 첫인상을 포함한 전체적인 평가가 아주 중요하다. 즉, 형식 분석, 묘선의 움직임이나 힘, 채색의 진함 등을 분석하는 동태 분석, 내용 분석, 공간 분석, 계열 분석, 질문 분석 등을 조합하여 내담자의 심리상태를 파악한다. 다음은 각 아이템의 상징과 의미이다.

❶ 강

강은 일반적으로 무의식의 흐름에 비유할 수 있다. 무의식에 지배되어 있는 환자들은 흔히 물이 세차게 흐르는 큰 강을 그리고 군데군데 범람하여 물이 넘쳐흐르고 있는 그림을 그리는 경우가 많다. 강박경향이 심한 사람이나 무의식에 대해서 자아경계가 위약한 사람은 강가를 정성껏 돌로 쌓거나, 콘크리트로 방파제를 만든 그림을 그린다. 때로는 강에서 도랑으로 분류되어 내려오는 그림을 그려서 갑작스럽게 평온한 분위기를 자아내는 경우도 있다. 분열증의 발병기에 있는 사람과 신경증 환자는 강을 너무 크게 그리거나 물의 양이 많은 강을 그리는 경우가 있다. 소위 무의식의 세계에 지배되어 있는 듯한 느낌이 강하다.

❷ 산

산은 그리는 사람의 주어진 상황과 앞으로의 전망을 나타내는 경우가 있으며 극복해야 할 문제의 수를 시사하는 경우도 있다. 다시 말하면 그리는 사람이 가지고 있는 어려움을 나타낼 수 있다. 눈앞에 우뚝 서 있거나, 앞길을 막고 있는 경우는 곤란이나 장애 등이 가로 놓여 있는 것을 의미하는 경우도 있다.

❸ 논

논에 모를 심고 있을 때, 벼가 푸르고 번성할 때, 벼이삭이 돋은 것, 벼 베기, 수확한 후의 한가한 논의 모습을 그린 경우에는 그린 사람의 마음이 지향하고 있을 때를 암시한다. 때로는 발병의 시기, 즐거웠던 시절을 회상하며, 미래를 암시하는 경우도 있다. 예를 들면, 곡식이 푸르게 익는 논을 그렸을 경우 풍족한 미래, 성공하는 미래, 잘 뻗어 나가는 미래를 지향하고 있다는 것을 짐작하게 한다.

밭에서 일하는 사람의 모습이나 논 혹은 밭을 갈고, 정리하고, 손질하는 모습은 학생의 경우에는 면학과의 관계를 나타낸다. 일반적으로는 과제와 의무와의 관계를 나타내는 경우도 있으며 인격이 통제된 부분으로 볼 수도 있다. 공간구성상 흔히 밭만 조감도적 구성을 취하고 있으며, 공간을 왜곡하고 이질적인 부분으로 나타내는 경우도 있다. 만일 지도 기호로 대치하고 있는 경우는 인물화의 막대인물상 표현과 비슷하다.

반대로 벼이삭을 한 알씩 세심하게 그려 넣거나 쌀을 한 알 한 알씩 바닥에 떨어뜨려 놓은 것은 강박경향뿐만 아니라 식물차원의 존재에 관심을 가지는 세심한 심성의 일면도 볼 수 있다. 밭에서 일하는 사람을 그리는 경우는 일반적으로 좋게 평가되나 등교거부아, 비행 청소년에게서 많이 볼 수 있다(의식 면에서 태만의 보상일지도 모른다).

앞에서도 약간 언급했지만 산과 강 이외의 모든 평면을 밭으로 표현하고 세심하게 분할하여 벼 한 알씩을 그려 놓은 형태의 그림은 강박경향을 최대한으로 발휘한 것이다(강박경향은 이 외에 길 양쪽에 나열해 있는 나무, 길 양쪽에 돌을 쌓아 방파제를 만든 것 등으로 표현되는 경우도 있다). 이 밭도 풍경구성법이 지닌 숨겨진 진단성의 일면이라 말할 수 있다.

❹ 길

강을 무의식에 비교한 반면에 길은 의식이며 방향을 암시하고, 인생의 길로서 명확하게 의식되는 것을 표현하는 경우가 있다. 길은 1개나 복수도 있다. 길이 강을 횡단하고 있기도 하는데 그것은 다른 세계에 가는 것을 의미한다고도 말할 수 있다. 그 길이 확실하게 강 위의 다리와 연결되어 있으면 안심할 수 있다.

그러나 일반적으로 여성의 경우에 길이 강으로 차단되어 그대로 끝나 있는 경우가 1/4이나 된다. 여성에게 있어서는 강을 건넌다는 의미가 강을 건너서 다른 세계로 간다는 것, 즉 결혼을 의미한다고 한다. 남성에게 있어서는 결혼이란 다른 세계로 향한다는 정도의 큰 변화는 없다. 남성에게 있어서 강을 건넌다는 의미는 다른 뜻으로 생각된다.

❺ 집, 나무, 사람

HTP와 동일한 해석을 한다.

❻ 꽃

꽃은 아름다움과 사랑을 상징한다. 꽃은 생활의 채색이며 화려함이다. 또 개화에서 결실에 이르는 최초의 단계이기 때문에 성장발달의 상징이기도 하다. 꽃은 감정과 관계하고 있다. 일반적으로 여성스러움을 의미하고 강조하는 경우에 그리는 일이 많다. 그러나 높은 산봉우리의 꽃, 장례식용 꽃, 새빨간 색으로 길가에 피어나는 꽃 등은 그대로 자신의 영혼을 공감하는 꽃이며, 양친의 죽음을 애도하는 그림에서 많이 나타난다. 꽃에 색칠을 안 한 경우는 정신분열증자에게 많이 나타나는데 이것은 감정이 실감나지 않는다는 하나의 표현이다.

❼ 동물

동물 그 자체가 상징성을 나타낸다. 동물의 크기가 심리적 에너지와 관계하고 있다고도 말할 수 있다. 집, 나무, 사람, 강, 산, 길을 전부 안쪽 밑에 작게 그리고 동물을 크게 그리는 내담자의 경우는 작아져 있는 현실을 보상하고 있다고 생각할 수 있다. 이 사람은 내면에 큰 에너지를 지니고 있으므로 앞으로 어떻게 이끌어 낼 것인가 하는 것이 치료목표가 될 수 있다.

동물의 크기는 기준을 사람에게 둔다. 사람을 기준으로 하여 사람보다 크면 그 사람이 지닌 에너지의 총량이 많다. 사람보다 작으면 사람이 지닌 에너지의 총량이 적다.

❽ 돌

돌의 의미는 상당히 중요하다. 그 속성은 단단함, 냉함, 불변성이다. 돌은 일반적으로 눈에 띄지 않고 무수히 많은 것으로 그 존재를 알아차리기 어려운 경우가 많다. 그러나 그것이 큰 돌이나 큰 바위로서 전방을 가로막고 있으면 장애가 되고 큰 짐이 되며 어려움을 나타낸다. 그러나 큰 돌이라 하더라도 그 위치에 따라서 여러 가지 의미를 나타낸다.

❾ 부가물

부가물로서는 다리, 태양 등이 있다. 다리는 2개의 세계를 묶는 것이라고 할 수 있다. 태양은 영혼, 생명력의 상징이다.

❿ 구성 포기

풍경을 구성하지 못하고 나열해서 그리는 내담자가 있는데, 이것도 심리적인 표현의 하나일 수 있다.

(6) 발테그 묘화검사

발테그 묘화검사는 Ehring Wartegg에 의해 개발된 묘화검사이다. 제2차 세계대전 이

그림 2-8 대인관계에 어려움이 있는 여대생 LMT

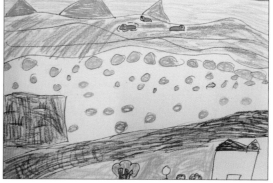

그림 2-9 학교부적응 남아(초 4)의 LMT

후 발테그의 동료인 Augst Vetter에 의해 발테그 묘화검사와 필적을 결합시켜 분석하는 시도가 있었고 후에 의해 계승되고 개발, 연구되었다.

실시방법　내담자에게 8개의 사각형이 그려진 용지와 연필을 건네고 "이 8개의 칸 안에 무언가를 그려 주세요."라고 지시한다. 각각의 테두리 안에는 자극도가 그려져 있지만, 내담자가 이 자극도를 사용하여 그림을 그리도록 지시를 해서는 안된다. 순서대로 그리도록 하지만 내담자가 그리기 힘든 영역은 나중에 그려도 무방하다. 또한 제일 마지막에 그린 것은 기록해 둔다.

해석

❶ 자극도

- 자극도가 받아들여지고 있는가(즉, 자극도를 활용하고 그 성질에 반응하는가)?
- 일반적으로 정상인은 자극도를 받아들인다.
- 자극은 외적 현실에 대응하고 있다.
- 아동은 자극도를 무시하는 일이 있다.

❷ 자극도의 질

- 1, 2, 7, 8은 호를 그리고 있다.
- 3, 4, 5, 6은 모나 있다.
- 자극도의 질을 무시한다며 그것은 주관성의 우위를 나타내고 있다.

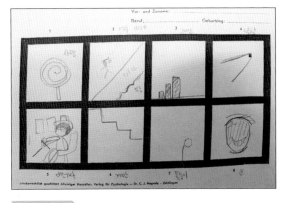

| 그림 2-10 | 20대 대학생의 발테그 묘화검사 |

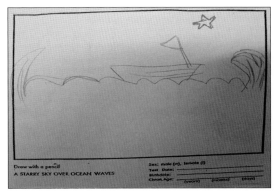

| 그림 2-11 | 20대 대학생의 별파도검사 |

❸ 자극도의 주제

8개의 각 칸 안에는 다음과 같은 특정한 주제가 있다. 각 주제에 어울리게 그림을 드렸는지 살펴본다.

- 1 1 8 : 자아의 경험, 안심감
- 2 1 7 : 감정, 감수정
- 3 1 5 : 달성, 긴장
- 4 1 6 : 문제, 통합

❹ 그림의 분류

별과 파도 검사의 제1단계로 행해진 것과 같은 방법으로 그림의 양식을 분류한다. 즉, 요점만 그린 그림, 회화적인 그림, 형식적인 그림, 상징적인 그림의 양식이 있다.

❺ 필적의 분석

필적의 분석은 바움 테스트와 마찬가지로 그려진 것에 관해서 연상이나 이야기를 서로 나누면서 상담을 진행시킬 수 있다.

(7) 별파도 그림검사

별파도 그림검사(Star-Wave-Test)는 1970년대 독일 심리학자 Ave-Lallenmant, Ursura에 의해 창안·개발되었다. 또한 Lallenmant은 발테그 묘화검사, 나무(Baum)검사, 글자필적과의 종합검사로서 이용하면 더욱 효과가 있다고 주장하고 있다. 3세부터 고령자까지 적용할 수 있으며, 3세 무렵부터 취학 전 유아의 경우는 발달기능검사로도 사용할 수 있다.

실시방법 준비물은 성별, 그림을 그린 연월일, 생일, 연령을 기입하는 칸이 있는 별도의 검사용지, HB나 2B연필, 지우개이다. 시간은 5~10분 정도 소요된다.

"바다의 파도 위에 별이 있는 하늘을 그리세요."라고 지시한다. 별과 파도 이외의 사물을 그려도 좋은가라는 질문에는 자유롭게 그리라고 대답한다. 단, 유아의 경우에는 다른 사물을 그려서는 안 된다고 대답한다. 이미 그려버린 아이들에게는 그대로 두게 한다. 완성된 SWT를 가지고 내담자와 대화한다. 치료자는 SWT의 해석을 가능한 한 상세히 설명한다. 그렇게 함으로써 매우 빨리 문제의 초점을 파악할 수 있다.

해석의 5단계

❶ 그림의 분류

어떤 착상으로 그림을 그렸는가를 분류한다.

- 요점만 있는 양식 : 다른 사물을 그리고 있다. 이성적으로 기능한다.
- 회화적인 양식 : 감정적인 경험을 표현하려고 다른 사람과 공유하고자 한다.
- 감정이 담뿍 담긴 양식 : 감각 수용적으로 감정이나 정서적인 것에 역점을 두고 있다.
- 형식적인 양식 : 자신의 일부를 보인다. 자신을 감추려는 사람이거나 거꾸로 눈에 띄고 싶어 한다.
- 상징적인 양식 : 심적 갈등의 무의식적 표현

❷ 공간구조의 형식

- 자연의 조화 : 내적 조화나 균형 등을 의미한다.
- 배치 : 환경에 적응하려는 바람이나 의지를 의미한다.
- 규칙성 : 내적인 규칙에 순종한다는 것을 의미한다.
- 부조화 : 심적 갈등 또는 질서에의 반항을 의미한다.

❸ 공간의 상징적인 사용법

Jung이 설명한 공간상징, 움직임, 방향성을 강조하는 공간 도식 등을 참조하여 상하(수직), 좌우(수평) 구조를 살펴보겠다. 그 어느 쪽이든 물리적인 공간적 배치와 내용 강조라는 두 가지 측면을 모두 살펴보고 분석한다. 예를 들어 하늘 면적이 바다 면적보다 넓더라도 바다가 강조되어 그려졌다면 바다가 우선이 된다.

- 수평적 구조
    - 하늘과 바다의 조화 : 지적, 정신적 측면과 감정적, 신체적 측면의 조화
    - 하늘 우위 : 지적 측면의 강조
    - 바다 우위 : 감정적 측면의 강조
    - 수평선으로 하늘과 바다가 접촉 : 2개의 측면을 분화해서 생각하며 통합하고 있음
    - 하늘과 바다의 격리 : 2개의 측면이 분리되어 통합되지 않음
    - 하늘과 바다 사이의 강조된 공간 : 2개의 측면이 상호 방해하고 있음

- 별과 바다의 혼재 : 지적 측면과 감정적 측면이 분화되어 있지 않음
- 수직 구조
  - 특별한 강조 없음
  - 왼쪽 강조 : 내향적인 측면을 강조, 내적 세계로의 접촉에 문제
  - 오른쪽 강조 : 외향적 측면을 강조, 외부세계나 타인과의 접촉에 문제
  - 중앙 강조 : 자아·자기를 주제로 하는 내재적 표현

❹ 물체의 상징

사물의 상징이란 다양한 의미가 있기 때문에, 그린 사람과의 상담에 의해서 그 의미를 찾아내는 것이 중요하다. 또한 아동의 SWT에 나타나는 첨가물은 풍부한 표현력으로 해석하는 경우가 많다. 예를 들면 새, 천사, 로켓, 비행기, UFO 등이 표현된다.

- 별 : 무지의 암흑세계에서 길을 안내하고 전진하려는 의지의 빛으로, 지형, 정신, 의식 등을 나타낸다(형태와, 크기, 수를 검토한다).
- 파도 : 인간 내부의 생생한 요소를 표현한 것으로 감정, 무의식 등을 나타낸다(형태로 본다).
- 달 : 본인의 관심이나 흥미의 방향성을 제시한다.
- 바위, 섬, 절벽 : 장애를 나타내지만, 묘사방법에 의해서는 조난자의 피난 장소나 안전한 장소가 되기도 한다. 동시에 해변이나 해안도 방해와 안전한 장소 등 양쪽 모두를 시사한다.
- 구름, 천둥, 벼락 : 스트레스, 피해 등을 시사한다.
- 등대 : 인공적인 빛으로 길을 안내해 주는 것으로, 방향성을 시사한다.

❺ 필적 분석

필적분석은 바움검사와 동일하다.

(8) 빗속의 사람 그리기

빗속의 사람 그리기(Draw-A-Person-in-The-Rain) 기법은 Arnold Abrams와 Abraham Amchin에 의해 개발된 것으로 인물화 검사를 변형한 검사이다(Hammer, 1967). 이 검사는 인물화검사를 기본으로 하여 비가 내리는 장면을 첨부한 것으로 독특하고 풍부한 정보를 제공한다. 이 검사를 통하여 현재 겪고 있는 스트레스의 정도와 대처능력

을 파악할 수 있다.

실시방법 A4용지, 연필, 지우개를 제시하고 다음의 교시사항에 따라 그림을 그리게 한다. 교시문은 "비가 내리고 있습니다. 빗속에 있는 사람을 그려주세요. 만화나 막대기 같은 사람이 아닌 완전한 사람을 그리세요."라고 교시한다. 내담자의 질문에는 "자유입니다. 그리고 싶은 대로 하면 됩니다."라고 말하고 그림 모양이나 크기, 위치, 방법에 대해 어떠한 단서도 주어서는 안 된다. 그림을 그린 후 치료자는 그린 순서와 그림 속의 인물이 누구이며 그 사람이 무엇을 하고 있는지에 대해 물어 기록한다. 그림을 그린 후 그림에 대해 내담자와 이야기를 나눈다. 질문내용은 정해진 내용이나 원칙이 있는 것이 아니라 인물화의 내용을 참고하여 내담자의 수준에 맞추어 적절하게 질문하는 것이 좋다.

해석 그림 속에 그려진 사람은 자화상과도 같은 역할을 하며, 구름, 웅덩이, 번개, 비는 여느 사람 그리기 검사에서처럼 자화상과도 같은 역할을 하며, 비는 어떠한 외부적 곤경이나 스트레스 환경을 상징한다. 비의 질은 그 사람이 느끼는 스트레스의 양으로 해석할 수 있다. 스트레스에 대한 대처자원은 우산, 비옷, 보호물, 장화, 얼굴표정, 인물의 크기, 인물의 위치, 나무로 상징되어 나타난다. 따라서 인물상이 비옷과 장화를 신고 있고, 우산을 쓰고 있거나 건물이나 나무 밑 등 보호물 속에 인물상을 가리고 있는 경우, 그리고 인물상의 크기가 크고, 인물을 가리지 않고 드러내고 있으면서 표정

그림 2-12 빗속의 사람 그리기

이 밝고 미소를 띠고 있는 경우, 인물상의 위치가 중앙에 위치하고 있는 경우는 대처자원이 있는 것으로 생각할 수 있다(이미옥, 2008).

(9) 기타 과제화법

인물, 가족, 친구, 집, 나무, 산, 동물, 길 등의 과제를 미리 주고 내담자가 상상화를 그리게 한다. 이상행동에 대한 내면의 욕구와 그 욕구를 저지하는 압력을 잘 알 수 있다. 인물화, 묘화완성법, 나무그림검사, 집그림검사, 산과 해의 묘화법, 풍경구성법 등이 여기에 속하며, 산, 길, 집과 같은 특정의 과제를 부여할 수도 있다.

2) 미술치료의 치료적 기법

미술작업을 통해서 심리상담이나 심리치료를 하는 것을 미술치료적 행위라고 할 수 있다. 대상에 따라 다양한 기법이 적용될 수 있으며, 치료기법이라 하더라도 진행과정 중에 아동의 심리진단으로도 활용될 수 있다. 미술매체영역에서도 밝혔듯이 미술치료에서는 주위의 모든 소재가 미술치료에 활용될 수 있다. 여기서는 진단 및 치료에 자주 활용되는 몇 가지만 소개하고자 한다.

(1) 난화이야기법

미술치료의 하나의 기법으로 진단 및 치료에 많이 활용되는 난화기법에는 여러 가지 유형이 있다. 크게 나누면 도입을 쉽게 하기 위해 단서를 주는 정형적 방법과 자유스런 난화 속에서 의미 있는 사물을 찾아 표현하는 비정형적 방법이 있다. 또한 내담자의 수준에 따라 단지 그림으로 표현하고 끝나는 경우가 있으며, 서로 이야기를 꾸며 말로 표현하거나 문장으로 쓰게 하며 진행하는 경우가 있다.

❶ 2장의 그림을 가지고 실시하는 법
준비물 : A4 용지, 크레파스
- 내담자와 치료사가 각자 마음에 드는 크레파스 색 하나를 선택한다.
- 먼저 치료사가 종이에 테두리를 설정해 준다(그 이유는 내담자가 그림을 그리기 쉽게 하여, 저항을 제거한다. 분열증, 다른 정신질환자, 소심한 사람, 의사표시

를 안 하는 사람 등에게 유용하다).

■ 선택한 크레파스로 A4 용지에 자유롭게 낙서한 뒤 서로 교환한다.

■ 각자 연상되는 그림을 그린다.

■ 그림의 제목을 우측 하단에 쓴다(내담자의 상태에 따라서 치료사가 제목을 써 줘야 된다).

■ 서로 각자의 이야기를 꾸민다.

유의점 : 내담자에 따라 연필이나 볼펜, 사인펜으로 낙서하고 그림을 그리는 것도 무방하다.

❷ 종이를 4등분하여 실시하는 법

준비물 : A4 용지, 8절지, B3 용지 등 내담자의 상태에 따라 선정, 크레파스, 연필 실시방법은 ①과 동일하다.

❸ 종이를 6등분하여 실시하는 법

준비물과 실시방법은 ②와 동일하다. 이 방법은 5칸만 그리고 1칸은 남겨두어, 내담자가 이야기를 순서대로 꾸며 말한 것을 치료사가 빈칸에 적어 넣는다. 그리고 나서 이 이야기와 내용에 관해서 내담자와 서로 대화를 한다. 이 기법은 중학생 이상의 내담자에게 주로 사용되며, 내담자의 언어를 촉구할 수 있고 그려진 사물과 이야기의 내용을 통하여 심리진단 및 치료의 효과를 기대할 수 있다.

❹ 난화게임법

준비물 : 뒷면이 비치지 않는 A4 용지, 4B 연필, 크레파스

■ 치료사와 아동이 연필로 각자의 종이에 서로 낙서를 하여 교환한다.

■ 낙서에서 연상되는 그림을 크레파스로 그린다(채색을 하여도 무방함).

■ 한 번 더 반복하여 4장의 그림을 완성한다.

■ 서로 가위, 바위, 보를 하여 이긴 사람이 4장의 종이를 보이지 않게 하여 섞은 뒤 순서를 정한다.

■ 치료사와 아동이 1장씩 번갈아 가면서 4장을 연결하여 이야기를 꾸민다.

그림 2-13   난화이야기법

(2) 계란화와 동굴화

1 계란화의 실시방법

- 먼저 치료사가 알 모양의 타원형을 그려 준다. (그림 2-14-1)

- 내담자에게 "뭐로 보이나요?"라고 묻는다.

- 내담자가 "계란(혹은 알)."이라고 대답하면 치료사가 "맞았습니다." 하고 대답한다.

- 내담자가 "계란(혹은 알)."이라고 대답하지 못할 경우 치료사가 "계란(혹은 알)."이라고 가르쳐 준 뒤 내담자와 치료사가 공통인식을 한다. 그 다음 치료사는 내담자에게 이 알은 부화된다. "이 알에 금을 그려서 부화되는 것을 도와주겠어요?" 하고 지시한다. (그림 2-14-2)

- 내담자가 금을 그리면 "알에서 뭐가 태어나나요?" 하고 묻는다. 일반적으로는 내담자는 "병아리(혹은 뱀)."라고 대답한다.

- 이때 치료사는 내담자에게 "이 계란은 그림 계란입니다. 그래서 뭐가 태어나도 괜찮습니다. 당신이 계란으로부터 태어나기를 바라는 사물을 그려 주겠어요?" 하고 말한다.

- 치료사는 새로운 종이를 건네주어 계란으로부터 뭔가 태어나는 순간을 그려 주도록 부탁한다(어떤 동물이 태어나도 괜찮다고 설명해 준다)(그림 2-14-3).

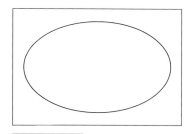
그림 2-14-1

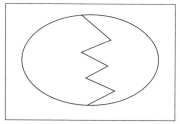
그림 2-14-2

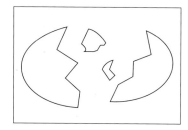
그림 2-14-3

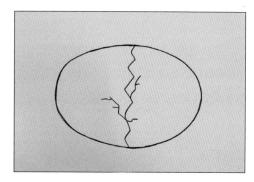

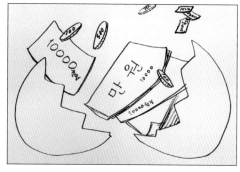

그림 2-15   20대 초반 대학생의 계란화

❷ 동굴화의 실시방법

■ 계란화가 완성된 뒤 치료사는 "한 장 더 그려 볼까요?"라고 말하면서 내담자에게 새로운 종이를 제시한 후 그리고 "이것은 계란이 아닙니다."라고 말한다.

■ "이것은 동굴의 입구입니다. 만약에 당신이 동굴 속에 살고 있다면 이 바깥세계는 어떤 세계일까요? 그것을 그려 줄래요?"라고 말하며 동굴 속에서 본 풍경화(또는 바깥세계)를 그리게 한다.

■ 내담자가 치료사의 설명을 이해하고 나면 타원형 속에 풍경화를 그리게 한다.

■ 경우에 따라서는 타원형 바깥부분을 색칠하게 한다(당신이 살고 있는 벽 색깔, 혹은 좋아하는 색깔을 칠해 보겠어요?).

❸ 계란화와 동굴화의 포인트

이 두 기법의 요점은 치료사가 내담자를 위하여 도화지에 타원형을 그려 주는 데 있다.

준비물 : A4 용지, 연필 2자루, 24색 크레파스

그림 2-16   20대 후반 여성의 동굴화

(3) 콜라주 미술치료

콜라주 미술치료는 일본에서 개발되어 최근 급속하게 보급되고 있는 미술치료 기법의 하나로 잡지 등 인쇄물에서 오려낸 조각을 도화지에 붙여서 완성하는 것이다. 이 기법은 간편하고 작품의 보존이 가능하며 내담자에 대한 이해를 깊게 하는데 도움이 되는 점에 주목하게 되었다. 오늘날 미술치료 기법으로 활용하고 있는 잡지사진 콜라주 기법은 1972년 Burk과 Provancher이 평가기법으로서의 미국 작업치료지에 평가기법으로 개제된 한 것이 최초이며, 이후 일본의 杉浦京子(1994)에 의해 치료기법으로서 연구 개발되어 활용되어 오고 있다.

杉浦京子(1994)는 내담자에게 콜라주 미술치료를 도입함으로써 다음과 같은 효과를 거둘 수 있다고 하였다. 첫째, 콜라주 미술활동은 동심으로 돌아간 것 같이 시간 가는 줄 모르게 작업에 몰두하도록 해 줌으로써 카타르시스와 해방감을 느끼게 해 주었다. 둘째, 콜라주 미술활동은 진정한 자신을 드러내도록 해 줌으로써 자신도 잘 모르던 본래의 모습을 발견하는 내면적 통찰은 물론 내담자와 치료사 간의 깊은 상호관계를 형성하게 해 주었다. 셋째, 콜라주 미술활동은 자신의 완성된 작품을 보면서 무의식의 만족감을 느끼게 해 주었다. 넷째, 언어로써 감정표현이 어려운 사람에게 편안한 심리상태를 유지할 수 있게 해 주었다.

나아가서 콜라주 미술치료가 심리적 안정감을 주는 또 다른 요인으로서는 이것이 선택성과 회피성 두 가지가 모두 높다는 데 기인한다. 즉 여러 도형 등 재료들을 자신의 생각대로 선택해 잘라 낼 수 있고, 또 싫으면 하지 않아도 되며 자른 이후에라도 얼마든지 버릴 수 있는 여유로움이 있기 때문이다. 최근에는 심리치료뿐만 아니라 사법영역, 집단에서의 응용·발전, 재활치료 장면, 마음의 건강이나 인간적 이해 등을 주안점으로 한 개발적 카운슬링의 효과, 사회적기술의 발달, 사회성 향상을 목적으로 한 자기개발 등 새로운 치료적 활용의 가능성이 여러 연구로부터 시사되고 있다.

콜라주 미술치료의 종류 및 방법 콜라주 미술치료는 작성의 스타일에 대해 정해진 방법은 없으며 내담자의 표현의 자유를 보장하는 것이 중시된다. 그 때문에 교시방법은 실시자에 의해 애매하게 되는 경향이 있다. 치료사가 각기 독자적인 방법으로 실시하고 있다. 크게 나누어 잡지 그림 콜라주법과 콜라주 박스법의 두 종류가 있다.

❶ 종류

■ 잡지그림 콜라주법

준비물은 화지(4절지 또는 8절지), 가위, 풀, 다양한 종류의 잡지, 신문, 광고지, 카탈로그 등이다. 도입방법은 치료사가 내담자에게 "콜라주 한번 해 볼까요? 콜라주란 자신의 마음에 드는 사진이나 그림을 자유롭게 잘라서 도화지 위에 좋아하는 위치에 풀로 붙여서 만드는 것입니다." 하고 촉구한다. 연령이나 증상을 고려하여 실시한다. 시간은 30분에서 1시간 정도 소요되며 일반적으로 작품소요시간은 40분, 전후 10분씩 언어상담을 진행한다.

작품완성 후 작품을 멀리 두고 서로 감상을 하지만 치료자는 해석적인 말을 필요로 하지 않는다. 내담자가 작품에 관한 이야기를 하며, 서로 특별하게 교류할 것이 없는 경우에는 치료사가 작품에 대해 느낀 감상을 정리해서 말하고 종료한다.

■ 콜라주 박스법

사전에 잡지에서 다양한 사물을 오려서 상자 속에 넣어둔다. "상자 속에 있는 그림을 선택해서 도화지에 부쳐주세요."라고 하며 연령이나 상태에 적절한 설명을 하여 도입한다. 필요하면 가위로 잘라도 되며, 완성된 작품을 근거로 연상되는 것을 질문하며 서로 이야기를 나눈다. 잡지그림 콜라주법과 마찬가지로 작품을 멀리두고 서로 감상을 하지만 치료사는 해석적인 말을 필요로 하지 않는다.

이 방법은 간편하게 사용하는 것을 중시하고 있기 때문에 일반적으로 시간은 15분 정도 소요된다. 작품완성 후의 처치는 잡지그림 콜라주법과 동일하다.

❷ 제작방법

앞에서 제시한 잡지그림 콜라주나 콜라주 박스법 중 어느 방법을 선택하든지 다양한 제작방법이 있다. 마찬가지로 연령이나 증상을 고려하여 실시하는 것이 중요하다. 제작방법에는 다음과 같은 것들이 있다.

- 내담자만이 작성하는 개별법
- 내담자와 치료사가 동시에 작성하는 동시제작법
- 어머니와 아이와 함께 실시하는 모자상호법
- 가족이 동시에 각자의 작품을 작성하는 가족콜라주법
- 그룹에서 하나의 작품을 만드는 합동법
- 자택에서 작성해 오도록 과제를 제시하는 자택제작법 (숙제법)
- 내담자가 잘라낸 나머지의 부분을 버리지 않고 작품의 뒤에 붙이게 하는 뒷콜라주
- 방문면접 때에 콜라주 박스를 지참하여 내담자에게 작성하게 하는 방문콜라주
- 색지를 이용한 콜라주
- 집단에서 소그룹으로 하나의 작품을 완성시키는 집단집단법
- 집단 내에서 각자가 작품을 작성하는 집단개인법
- 엽서에 작품을 완성하는 엽서콜라주법 등 실시자에 의해 다양하게 고안될 수 있다.

작품의 이해 및 해석 콜라주 작품을 이해하고 해석하는데 있어서, 융분석심리학과 정신분석, 자유화를 포함한 투사검사의 이해 및 해석기준 등을 이론적인 바탕으로 하고 있다. 콜라주 미술치료의 작품을 이해하고 해석하는 기준을 제시해 보면 다음과 같다.

즉, 형식 분석, 내용 분석, 계열 분석 등 세 가지 관점에 근거하여 내담자의 성장과 정과 배경을 포함하여, 작품 후의 내담자의 현재 심리적 상태 및 욕구 등을 진단하고 내담자 스스로 다양하게 통찰해 나갈 수 있게 도와준다.

형식 분석은 반드시 형식 분석을 해야 하는 것은 아니다. 형식을 염두에 두고 분석한다. 어떻게 표현하느냐, 붙인 양의 정도(화면상), 공간상의 배치, 공간 상징론을 고

려한다. 가위로 잘랐는지, 손으로 찢었는지, 사물의 여백을 두고 잘랐는지, 사물의 선을 따라 잘랐는지, 지금 자신의 작품을 보면서 느낌이 있는지, 큰 조각을 붙였는지, 작은 조각으로 붙였는지, 여백이 어느 쪽에 많이 있는지, 화지에서 어느 쪽에 많이 붙였는지, 위아래 좌우로 나눠서 본다. 작품구성이 치우쳐져 있을 때에는 공간상징론을 참고로 한다.

내용 분석에는 무엇을 붙였는지 살펴보고, 사물의 상징성을 이용한다. 풍경인지, 인물인지, 먹는 것인지, 글자가 있는지, 크레파스나 다른 도구로 글씨를 썼는지 문자를 활용했는지, 어떤 내용인가를 파악한다. 상징성은 같은 사물이라도 민족, 지역, 문화에 따라 차이가 난다.

콜라주는 상담의 초기면접에 한 번으로 사용되기도 하고, 매 회기마다 콜라주를 사용해서 지속적으로 진행하여 계열 분석하기도 한다. 이것은 내담자의 마음의 흐름을 파악 할 수 있다. 20회 중 5회, 10회 정도(섞어서 진행하는 것, 지속적으로 진행하는 것)로 콜라주를 진행하는 것을 콜라주 계열분석이라고 한다.

작품 구성 후 다음의 순서로 내담자와 치료사가 서로 의사소통한다.

- 보고 있는 단계
- 표현물의 확인 또는 질문 단계
- 표현되었을 때의 감정에 대해 질문하는 단계
- 해석을 전달하는 단계
- 통찰한 것을 언어화하는 단계 ⟶ 상호 교류하면서 통찰

그림 2-17 ▷ 학교부적응 아동의 콜라주 작품

그림 2-18 ▷ 대인관계에 어려움이 있는 여대생의 콜라주 작품

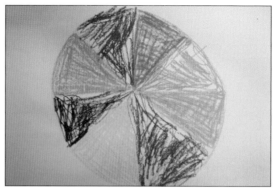

| 그림 2-19 | 상호색채분할법의 예 | 그림 2-20 | 역할교환법의 예 |

- 반복 단계로 진행하는 것이 원칙이다.

가장 바람직한 것은 치료자가 해석을 해 주는 것이 아니라 본인이 통찰해 나갈 수 있도록 해 주는 것이 중요하다.

역할교환법/상호색채분할법 채색이나 콜라주, 난화, 그림 그리기 등에서 내담자와 치료사가 서로 번갈아 가며 작품을 제작한다. 1장의 종이에 적당한 선을 그어 나누고 교대로 색칠하는 화면분할법과 같이 사용하기도 한다. 라포르를 형성이나 거부감 감소, 흥미유발, 협동성 함양 등에 효과적이다. 준비물로는 다양한 크기의 도화지, 사인펜, 크레파스가 있다.

갈겨 그리기법 내담자에게 사인펜을 주어 손으로 직접 갈겨 그려서 선을 따라 가게 한 후 "어떻게 보이는가? 어디가 어떻게 되어 있는가?"에 대해 이야기한 후 채색시킨다. 아동과 치료사가 갈겨 그리기를 하면 아동과의 관계를 더욱 강하게 한다.

감정차트 만들기 도화지에 몇 개의 칸을 구분하고 최근의 감정을 그리거나 색종이로 나타내게 한다. 감정을 표현한 후에 모든 인간은 불편한 감정을 가지고 있음을 확인시킨다. 또한 칸 없이 1장의 종이에도 표현할 수 있다. 스펙트럼 형태의 띠로도 나타낼 수 있다.

그림 2-21 갈겨 그리기 예

그림 2-22 감정차트 만들기의 예

만다라 그리기 개별적인 작업 또는 생활 만다라를 그리게 한다. 크레용, 크레파스 등을 이용하거나 색종이도 사용할 수 있다. 자유연상을 그려도 좋다. 그리고 나서 심상을 시로 써서 나타내기도 한다. 색채를 사용하면 좋으며, 환자의 기억과 감정을 통합하는 데 유용하다.

자유화 및 상상화 그리기 언어로 자신을 표현하는데 어려움이 있거나 부담을 갖는 내담자에게 자유화 및 상상화 그리기를 통해서 자신의 내면을 표현하는 데 도움을 준다.

협동화 또래 또는 부모자녀, 가족이 하나의 종이에 함께 그림을 그리게 하여 상호작

그림 2-23 20대 초반 여성의 만다라 '유연하게'

그림 2-24 모양이 그려진 만다라 색칠하기

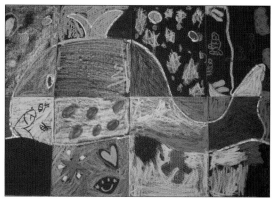

그림 2-25 ▶ 학교부적응 아동의 자유화

그림 2-26 ▶ 사포협동화

용을 촉진시켜주며, 준비물로는 4절, 2절, 전지, 크레파스, 물감 등이다. 경우에 따라서는 사포나 호일 등 다양한 매체를 활용할 수 있다.

사포협동화는 연령에 제한없이 초기 미술치료 도입과정에 많이 활용되는 유용한 기법의 하나이다. 특히 집단 응집력을 형성하는 데 도움을 준다.

실시방법은 미리 연결해 둔 사포에 하나의 그림을 그리고, 집단원들이 각각 1장씩 나누어 가진 후 그 속에 하나의 개별 그림을 완성하는 방법이다. 이때 자극도형을 응용하여 그릴 수도 있고, 무시할 수도 있다. 그림 완성 후 퍼즐을 맞추듯이 하나씩 맞추어 나간다.

스크래치 도화지 전체에 다양한 색을 자유롭게 칠한 뒤, 검은색으로 덧칠을 한다. 덧칠한 도화지 위에 이쑤시개나 송곳처럼 뾰족한 도구로 긁어서 정밀감이나 공간감을 표현하여 그리는 그림이다. 지저분하고 막 그려진 그림에서 느껴지는 짜증, 화남, 잘못한 것에 대한 불만의 마음을 해소하기 위해 덧칠하고 그 뒤에 나타나는 신비함을 활용할 수 있다. 오랜 시간 덧칠하는 것은 충동성 감소에 활용되기도 한다. 경우에 따라서는 긁어낼 수도 있다.

핑거페인팅 핑거페인팅은 그림치료 초기나 말기에 사용한다. 정서의 안정과 거부, 저항의 감소, 이완 등의 효과를 가진다. 또한 작업의 촉진, 스트레스 해소에도 큰 도움이 된다. 아동에게는 성취감 형성 및 감각발달을 촉진하는 데에도 도움이 된다. 이것

그림 2-27 공격성 아동의 스크래치 작품

그림 2-28 밀가루풀 핑거페인팅 작품

은 나중에 작품으로 게시해도 좋고, 크리스마스 카드를 제작해서 사용할 수 있다.

물감, 아크릴판 또는 책받침, 젓가락, 물풀, 화선지 등이 필요하며, 물감과 물풀을 섞어서 손바닥으로 감촉을 느끼면서 자유롭게 그림을 그린다.

조소활동법 점토로 인물상을 만들거나 자기의 느낌을 표현케 하여 해석하게 한다. 묽은 점토는 수채물감과 같이 액체도구로서 언어화가 결핍된 내담자에게 유용하며, 과도한 언어화를 나타내는 사람에게는 감각적 요소를 강조할 때 사용한다. 특히 대상관계가 부족한 내담자의 치료에도 유용하다는 연구보고가 있으므로 현장에서 활용하면 좋을 것이다. 이 외에도 구체적인 치료기법으로 활용되고 있는 것은 매우 많다.

그림 2-29 학교부적응 청소년의 중이죽 작품

그림 2-30 색습자지 작품

그림 2-31 ▶ 신체 본뜨기 작품

종이 찢기 종이 찢기는 내담자와의 관계형성 및 거부감 감소, 흥미유발, 활동의 촉진, 욕구표출에 도움을 주며, 준비물로는 다양한 크기의 도화지, 다양한 두께의 종이, 풀 등이 있다. 치료사는 먼저 종이를 색별로 만져 보게 하거나 구겨 보게 하면서 내담자의 흥미를 유발시킨다. 자연스럽게 종이를 찢거나 뭉치면서 자신이 원하는 것을 표현하게 한다. 도화지에 풀로 자유롭게 붙이기를 한다.

내담자에 따라서 찢는 활동을 거부하면서 안 할 수 있으나 치료사의 모델링에 의해서 시도하는 경우가 많다. 손에 힘이 잘 안 들어가는 무기력한 내담자는 얇은 종이에서부터 찢으면서 에너지를 발산할 수 있도록 두꺼운 종이로 점차 바꾸어 가면서 실시할 수 있다. 종이는 다양하게 준비하여 내담자가 선택하는 것이 효과적이다(예 : 꽃종이, 한지, 신문지, 주름지, 골판지, 상자 등).

신체 본뜨기 신체 본뜨기의 목표는 신체상의 형성 및 자아상 인식이며, 준비물로는 아동의 전신상이 들어갈 수 있는 종이, 크레파스, 물감, 연필, 색종이, 풀, 휴지, 다양한 꾸미기 재료 등이 있다.

벽화그리기법 벽화그리기법은 집단 속의 자기이해, 집단이해, 협동심, 등을 기른다. 특히 벽화는 공동화(협동화)를 제작할 때 소집단이 책상 위에서 그리는 것보다 거부감이 적고, 편안하며, 역동성을 더 잘 나타내 준다.

생활선 그리기 생활선 그리기는 유아 시절부터 현재까지 그리고 미래에 대하여 생활선으로 표시하게 한다. 연령단계별로 높낮이, 선의 굵고 가는 정도, 색 등으로 자신의 생의 주기를 나타내도록 한다. 이것을 치료대상자가 설명하면서 자신을 발견하고 느낄 수 있게 된다.

자기 표현하기 자신을 표현하게 하여 자신의 감정상태 및 상황을 이해시키고 나아가서 자아정체감을 확립시키는 데 도움을 준다. 다양한 매체를 통해서 작업을 하게 한 뒤 소제목을 붙이게 하고 내용에 대해서 서로 이야기를 나눈다.

자기 집 평면도 그리기 자기 집 평면도 그리기는 어린 시절(가능하면 유아시절)에 자기가 살았던 집의 평면도를 그려서 가장 무서웠던 곳, 비밀장소, 함께 살았던 사람 등을 설명하면서 자신의 과거를 회상하게 한다. 이를 통해 자기에게 영향을 끼친 사람, 성격 형성 등을 발견한다. 부적응행동에 대한 재인식을 하게 하여 새로운 각본을 형성하는 데 도움이 된다.

| 그림 2-32 | 자화상 그리기 작품 |

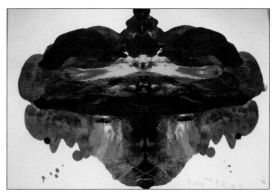

| 그림 2-33 | 데칼코마니 작품 |

추상화 그리기 그림 그리는 것에 부담이 있거나 두려움을 갖는 성인에게 유용하게 활용될 수 있다. 연필이나 크레파스 등 다양한 그리기 매체를 이용하여 도화지에 추상화를 그리게 한다. 추상화를 그리게 한 뒤 그리는 도중 혹은 끝난 뒤, 연상되는 것에 대해서 자유롭게 이야기를 나눈다.

기타 그 밖에 다양한 미술활동, 즉 자화상 꾸미기, 마블링, 데칼코마니, 프로타주, 물감 뿌리기, 물감 불기, 실그림, 색소금 만들기 등도 치료기법으로 활용될 수 있다.

 참고문헌

한국 미술치료학회 편, 미술치료 이론과 실제, 2000.
이근매, 미술치료의 이해와 실제, 양서원, 2008.
이근매·정광조, 미술치료개론, 학지사, 2005.
이근매·최인혁, 매체경험을 통한 미술치료의 실제, 시그마프레스, 2008.
정연희, '동그라미 중심 부모-자녀묘화법의 부모-자녀관계 타당화 연구', 미술치료연구총서, 110-115., 2004.
정현희, 실제적용중심의 미술치료, 학지사, 2006.
최외선·이근매·김갑숙·이미옥, 마음을 나누는 미술치료, 학지사, 2006.
Kyoko Sugiura, Collage Therapy, 日本 東京: 川島書店, 1994.
Rubin, K. H., Coplan, R. J., Fox, N. A., & Calkins, S. D., Emotionality, emotion regulation, and preschoolers'social adaptation. Development and Psychopathology, 7, 49-62., 1995.
Rubin, J. A., Appriacges to art therapy; theory & technique(2nd ed.), New York: Brunner-Routledge, 2001.
Wadeson, H. S., Art psychotherapy, New York: John Wiley and Sons, 1980.

chapter **03**

음악치료

03

1. 치료 효과와 정의

1) 음악치료 효과와 치료적 원리

음악은 인간의 신체적(physical), 감정적(emotional), 정신적(mental)인 면에 영향을 준다. 따라서 음악은 정서적으로, 신체적으로 장애가 있는 사람들을 치료하기 위해서 사용되고 있는 반면에, 건강한 사람들을 위한 성장의 원천으로서 사용되기도 한다(임은희, 임영숙, 1998).

먼저 음악에 대한 신체적 반응을 보면, 최근 대뇌 생리학에서 연구 발표한 음악의 작용은 음악을 들음으로써 대상자의 맥박이 촉진되고 음악은 심장이나 위 등의 순환기나 소화기 계통에 강하게 영향을 주며 특히 신경계통, 호흡기와 관련이 깊다고 한다. 또한 음악은 분노와 증오의 감정을 생리적으로 진정시키는 효능이 있으며 생리적으로 스트레스를 해소시키는 작용이 있다고 한다(임영숙, 2001). 그리고 일반적으로 알려진 바에 의하면 멜로디 진행이 지속적이며 레가토의 소리, 비 타악기적이며 최저의 리듬 활동을 갖는 음악들은 인간의 자율신경 등 부교감 신경을 자극하여 진정시키는 기능이 있다. 또한 타악기적인 요소가 강하며 스타카토, 액센트를 가진 음악은 교감신경을 자극하여 근육운동 시스템을 활성화 시키는 기능이 있다고 한다(최병철,

1999). 이렇게 음악은 구체적으로 혈압, 맥박의 속도, 호흡, 피부 반응, 뇌파, 근육운동 등에 변화를 주게 되는데 사람에 따라 다양하게 신체적 변화를 경험하도록 하며 심리적 영향을 주기도 한다고 알려져 있다. 또한 활발한 음악적 자극은 대뇌 피질의 더 많은 영역을 자극시켜 사고력을 향상시키며, 호르몬 체계에도 영향을 주어 호르몬 변화에 긍정적인 영향을 주거나, 면역 체계를 강화시키는 기능을 하기도 한다고 알려져 있다(오선화, 2004). 또한 소아음악치료사 Weir는 소리가 정동반응의 기초인 자율신경계에 영향을 준다고 했으며, Gaston은 음악의 요소인 리듬은 근육의 동작을 자극하고 신체동작을 유발한다고 하였다.

심리학적 견지에서 음악은 우리의 본능(id), 자아(ego), 초자아(super ego)에 영향을 주게 된다. 음악은 이처럼 우리 연격의 세 가지 차원에서 모두 영향을 주기 때문에 음악치료에서는 이러한 심리적인 효과들을 이용하여 인간의 온갖 경험을 표현하게 하는 것이다(김군자, 1998). Sears(1968)는 음악은 자기 표현을 하도록 하여 슬픈 감정이나 기쁜 감정, 어떤 경우 언어로 표현할 수 없는 미묘한 감정까지도 음악을 통해 표현하면서 자신의 감정을 확인하게 한다고 하였다. 이런 감정의 표현과 확인을 통해 사회적으로 허용된 상과 그렇지 않은 행동을 위한 기회를 제공할 수 있다는 것이다. Alvin(1975)도 음악이 본능, 자아, 초자아의 각 부분에서 기능한다고 보고, 자아를 강화하고 동시에 정동의 발산과 통제를 하여 듣는 사람과 연주자에게 목적을 준다고 하였다. 우리가 음악을 들을 때 그 곡이 주는 느낌에 따라 여러 가지 감정의 변화를 느끼게 되는데 이것은 음악이 인간의 감정이나 정서에 작용하기 때문이며 음과 리듬은 인간에게 강한 친화력을 갖고 있기 때문이라고 했다. 또한 음악은 의사소통(communication)의 수단이 되면 인간이 소리 세계의 한 부분이 되는 동일시 효과(identification)를 가져오면 자기 표현(self-expression)의 심리적 효과가 있다고 했다(김군자, 1998).

음악의 사회적 영향이란 한 개인이 다른 사람과 혹은 사회와 연계되어 갈 때 음악이 어떤 기능을 갖는가 하는 것이다. 사회에 미치는 음악의 특성은 첫째, 음악은 비언어적 의사소통의 수단이며, 둘째, 음악은 사회성을 요구하는 예술이라는 점이다. 음악의 사회적 영향은 회기 안에서의 음악 활동을 통해 사회인으로 적응하는데 도움을 주는 것이라고 했다(오선화, 2004). 음악이 사회적 행동이라는 것(Gaston, 1968)과 음악치료는 그룹 속에서 다른 사람과 관련된 경험이라는(Sears, 1968) 이론은 사람들을 공통된 활동으로 이끌고, 집단 응집력을 높이는 음악의 기능을 강조하고 있다. 국내의 많은 연구들(이승현, 2000; 최애나, 2000; 김정인, 2001)에서 치료적 음악활동이 상호작용, 대인관계 등 사회성 향상에 효과가 있음을 밝히고 있다. 또한 Gaston(1968)에 의하면, 악리활동은 사회적 관계를 촉진시키며 감각기관의 형태운동, 감정적·사회적 수단을 통해서 서로 공감을 느끼도록 유도하며, 집단을 공동행위로 연합시키고 음악 외적 행동상의 변화로 이근다고 하였다. Boxill(1984) 또한 구조화된 음악소리는 목적적인 행위를 유발하고 인간을 비정상에서 정상으로, 분열에서 통합으로, 경험에 대한 무자각에서 자각으로 이끎으로써 궁극적으로 인간 유기체에 도달하게 한다고 하였다.

음악을 치료에 적용하기 위한 방법론과 기술로서 음악치료의 치료적 원리를 보면 동질의 원리(ISO 원칙), 카타르시스의 원리, 균형의 원리, 비언어적 의사소통의 원리로 나눌 수 있는데 이들 원리는 서로 배타적인 것이 아니라 통합될 수 있다. 음악치료에 있어서 동질성의 원리는 외부적인 소리의 모양이 대상자의 내면의 상태와 유사하게 일치되면 내면의 세계는 외부의 소리 세계로 유도하는 것을 말한다.

Altshuler는 음악치료를 적용한 임상관찰에서 우울증 환자들이 밝은 음악보다 슬픔 음악에 더 빨리 자극받게 된다는 사실을 발견했다(정영조, 2001). 이러한 관찰로부터 ISO 조직의 개념을 상세화하였는데, 이것은 음악치료의 이론과 실제에 기본요소가 된다고 하였다. 즉 ISO 원리는 치료사와 내담자 간의 의사소통의 통로를 만들기 위해, 내담자의 정신적 시간을 치료사가 만들어 내는 소리와 음악적 시간과 일치되도록 하는 것이라고 할 수 있다.

Altshuler는 음악을 분석해서 심리적인 레벨에 따라서 음악의 특질에 의한 분류를 시도하고 있는데 동질의 원리에서는 듣는 사람의 감정과 음악의 감정과의 일치가 요구된다고 했다. 음악이 듣는 사람의 감정과 일치하고 있을 때 듣는 사람은 음악에 동화되어 간다는 것이다. 동질의 원리란 그때의 기분만이 아닌 그 사람의 정체성과 관계하는 중요한 것이라고 했다(기동주, 2005). 다시 말해 ISO 원리는 치료사와 환자 간의 의사소통의 통로를 만들기 위해서, 환자의 정신적 시간을 치료사가 만들어 내는 소리와 음악적 시간과 일치하도록 하는 것이라고 할 수 있다.

그리고 카타르시스 이론은 그리스시대의 철학자 아리스토텔레스에 의해서 정립된 이론으로 카타르시스란 정화 또는 배설이라는 뜻으로 건강에 해가 되는 것을 물리적 또는 심리적으로 배설하는 것을 말한다. 일시적으로 상태가 악화되는 것 같이 보이지만 그 상태는 포화되고 응어리를 토해내고 그것을 계기로 자기 치료가 작용되기 시작하는 것을 말한다. 즉 음악의 조화는 심신의 조화를 조정하는 힘이 있다고 생각하여 카타르시스를 가져다주는 음악의 기능을 강조했다. 또 균형의 원리에 의하면 인간의 심리는 어느 감정이 한쪽으로 치우치면 자율적으로 되돌리려는 작용이 있는데, 음악이 마음의 긴장과 신체의 긴장을 부드럽게 해 주는 역할을 해서 생명의 질서를 정비하는데 목적을 둔다고 했다. 마음의 균형이 잡히면 자연치유력도 높아진다고 했다. 마지막으로 비언어적 의사소통의 원리는 음악을 듣는 사람은 누군가가 자신에게 말을 걸고 자신을 이해해 준다고 느끼게 되므로 가장 내적인 감정을 자유롭게 표현할 수 있다고 했다. 그러므로 음악은 언어에 의하지 않은 감정교류의 매체로서 의사소통을 가능하게 한다.

2) 음악치료의 개념 및 정의

Bruscia(1989)는 음악치료를 정의내리기가 쉽지 않은 것을 '음악'과 '치료'라는 두 단어가 다양한 내용을 함축하고 있기 때문이라고 말하고 있다. 그는 『음악치료의 정의(Defining Music Therapy)』(1989)라는 책에서 음악치료를 다음과 같이 정의하고 있다.

음악치료는 치료사가 환자를 도와 건강을 회복시키기 위해 음악적 경험과 관계들을 통해 역동적인 변화를 이끌어 내는 체계적인 치료의 과정이다. 여기에서 '체계적인 과정'이라는 것은 음악치료가 진단을 통해 구체적인 목표를 세우고 치료를 시행해 가는 과정이라는 것이며 '관계'라는 것은 치료사와 내담자, 내담자와 음악, 내담자끼리의 역동을 말하는 것이다.

외국이나 우리나라 기관에서 제시한 음악치료의 정의를 기술하면 다음과 같다.

■ 음악치료는 치료를 목적으로, 즉 정신과 신체 건강을 복원, 유지시키거나 향상시키기 위해 음악을 사용하는 행위이다. 이것은 치료하는 환경에서 치료 대상자의 행동을 바람직한 방향으로 변화시키기 위한 목적으로 음악치료사가 음악을 단계적으로 사용하는 것이다.

－미국 음악치료협회(American Music Therapy Association)

■ 음악치료는 음악과 치료의 혼합물이다. 음악이 변화의 요인으로서 치료적 관계

형성과 인간의 성장, 발전 그리고 자아실현을 돕는 도구로서 사용될 때, 그 일련의 과정을 음악치료라고 한다.

-E. Hillman Boxill(1985)

■ 음악치료는 개인의 신체적, 심리적, 정서적 통합을 돕고 병과 결함을 치료하는 데 음악을 사용하는 것이다. 이것은 다양한 치료형태를 가지고 모든 연령의 환자 영역에 적용된다. 음악은 비언어적 속성을 지니고 있지만 언어와 소리 표현에서는 광범위한 기회를 제공한다.

-캐나다 음악치료협회(Canadian Association for Music Therapy)

■ 음악치료는 치료의 한 형태로서, 이를 통해 환자의 현재조건에 치료를 가하여 변화를 일으키는 치료사와 환자 상호 간의 관계 형성과정이다. 치료사는 다양한 환자군과 함께 일하게 되는데, 정서적, 신체적, 정신적 심리적인 결함을 지닌 아동이나 성인 모두를 그 대상으로 한다. 임상적 상황에서 음악을 독창적으로 사용함으로써, 치료사는 환자의 상태에 따라 설정된 치료 목적의 달성을 위해 음악적 경험이나 활동을 나누고 관계를 형성해 나간다.

-영국 전문음악치료사협회
(Association for Pfogessional Music Therapists in Great Britain)

■ 음악치료는 심리치료적인 관계(psychotherapeutic relation)형성을 위해 음악과 소리를 사용하는 것이다.

-프랑스 음악치료협회(French Association for Music Therapy, 1984)

■ 음악치료는 신체적, 정신적, 정서적 장애를 가진 아동과 성인들의 치료, 복원, 교육, 훈련을 위한 음악의 조건적 사용과정이다.

-J. Alvin(1975)

필자가 음악치료를 시작한지도 어느덧 십여 년의 세월이 훌쩍 넘었다. 처음에 두려움과 설레임으로 내담자를 대할 때 생각했던 음악치료에 대한 개념과 지금의 생각은 많이 변했고 앞으로도 달라질 수 있을 것이다. 처음에는 음악치료가 정신과나 심리학의 종속물로 생각하여 정신분석과 심리학의 여러 갈래를 공부하기에 급급했지만 지금은 이런 이론들은 이론일 뿐이라고 생각한다.

왜냐하면 음악치료의 기적과 같은 음악 자체의 치유의 힘을 경험했기 때문이다. 하지만 치료사들은 이런 이론들을 공부하기에 부지런을 떨어야 할 것이다.

2. 발생 배경 및 역사

1) 원시사회

음악이 치료로 사용된 것은 인류문명이 시작되면서부터였다. 농경생활이 시작되기 이전 인간이 자연을 지배하는 힘은 부족했고 인간도 자신의 몸을 지키며 살아가지 않으면 안 되었을 때 주변에서 발생하는 사물의 음에 민감하게 반응하고 몸의 안전을 위해 사용했다고 생각된다.

소리는 원시인에게 이해되지 못하는 그 무엇이었으며, 따라서 신비롭고 마술적인 것이었다. 소리의 독특하고 영적인 성격 때문에 음악은 초자연적이며 보이지 않는 세계와의 대화에 쉽게 관계를 가질 수 있었다.

원시시대에 어떤 악기들은 초자연적인 존재를 상징하거나 마력을 가진 것으로 여겨졌다. 악기를 이루는 뼈와 나무에 그 근원의 영혼이 깃들여져 있기 때문에 음악이 연주될 때 영혼이 그 악기에서 나와 소리를 듣는 인간과 동물에게 영향을 준다고 믿었다. 어떤 악기의 모양과 음색은 치료예식에만 특별히 사용되었다. 연주가는 악기를 자기 몸의 연장으로 보며 자기의 정신을 소리로 바꾸어서 자유롭게 표현한다고 생각하기 때문에 악기를 자기와 동일시하고 있다.

원시사회에서의 음악은 마력적인 것으로 이해되어 춤과 언어와 더불어 귀신을 쫓고 질병을 고치는 역할을 해왔다.

2) 고대

고대 그리스에 이르러 비로소 합리적이고 과학적인 사고방식이 주술적이고 신비적인 사고를 대체하게 되었다.

그리스의 사조(思潮)는 수학, 철학, 의학, 음악 등의 여러 분야를 통합하고 있었으므로 음악치료의 역사적인 위치를 차지하고 있었다. Apollo가 음악과 의술을 주재하고 있었다는 사실이 두 분야의 상호관계를 상징하고 있다고 볼 수 있다.

그리스인들은 외부세계와 인간 자신의 내부에서 이성과 지적 논리를 발견하려 했다. 그들에게 있어서 인간이란 우주적 조화의 단순한 부분이 아니라 그 중심이었다. 그리스인의 이상은 육체와 영혼 사이, 습관과 이성 사이, 또 지성과 정감 사이에 완전한 조화를 이루는 일이었다. 인간은 그렇게 함으로써 자기 자신의 주인공이 될 수 있는 것이었다. 육체와 영혼 사이의 균형이 건강이며 이 사상은 로마의 풍자시인 Juvenal의 '건전한 신체에 건전한 정신이 깃든다'라는 격언 속에 표현되어 있다.

그리고 이러한 조화와 균형을 이루는 데에는 음악이 매우 중요하다고 생각했는데 이는 음악이 질서와 조화로 이루어져 정신과 육체에 모두 영향을 줄 수 있다고 보았기 때문이다. 카타르시스적 정서의 순화가 정신건강을 유지하는 데 꼭 필요한 것으로 알고 그리스인들은 연극이나 음악 연주로 이를 실행하였다. 그래서 음악은 그들의 생활에서 매우 중요한 부분을 차지하였으며 음악을 통해 그들은 건전하고 건강한 삶을 유지할 수 있었다.

Pythagoras 이후에는 특정한 음계가 각기 특별한 효과를 가지고 있다는 생각이 등장했다. 예를 들어 프리지아 음계는 사람을 명랑하게 만들고 동기 부여를 하는 반면, 도리아 음계는 사람을 안정되게 한다는 식이었다. Aristoteles(BC 384~322)에 이르기까지 음악은 언어의 시(poetai)적 요소로 간주되었는데, 그 음악이 가지고 있는 교육적인 힘은 고대인들의 사고방식에 의하면 박자와 조화에 있다는 것이다. 그리스인들은 음악만이 유일하게 영혼의 내면으로 들어갈 수 있고, 그 영혼에 영향을 미칠 수 있다고 생각했다. 다시 말해서 육체와 영혼은 점점 더 극명하게 분리되고, 운동이 육체를 단련시키듯 음악이 영혼을 교육해야 한다는 것이었다. 그때 Platon은 음악이 가지고 있는 도덕적 교육적 효과 이외에, 음악을 들으며 춤을 출 때 황홀경에 빠지는 경우와 같이 음악의 질병 치료 능력에 대해서도 생각하였다.

Aristoteles는 사고의 중점을 형이상학적 관념적인 것으로부터 감각적 경험적인 것으로 옮겨 놓았다. 수의 비례나 조화의 계산이 아니라 관찰된 사실이 사고의 중심에 놓이게 된 것이다.

이제 음악은 교육과 정신적인 평안과 카타르시스의 수단이 되었다. 음악의 이런 정화 작용은 마음속에 쌓인 격정을 더욱더 고조시킴으로써 그 부담스러운 격정을 흐트러뜨리는 것이다. 그렇다면 일종의 동종 요법이며, 그때 음악은 변화를 위한 촉매 역할을 하는 것이다.

그리스인의 이상은 육체와 영혼, 감성과 이성의 사이에 완전한 조화를 달성하는 것이고, 음악을 치료, 예방의 수단으로 이용했다.

그리스 철학자들은 '질병은 엄밀한 의미로 질서의 상실이다.'라고 생각했고, 음악과 윤리와 성격에 대하여 음악이 심신에 미치는 영향에 대하여 연구했다. Platon은 선법의 특질이 듣는 사람의 덕성에 특유의 효과를 만들어 낸다고 믿었다.

이와 같은 그리스의 합리적 음악치료 정신은 로마시대로 이어졌으나 로마제국이 멸망하면서 정신도 사라졌다.

3) David과 Farinelli

역사상 음악치료사 중 현재 알려진 음악가의 이름은 David과 Farinelli를 들 수가 있다. 성서 사무엘 상(上)의 기록에 의하면 David은 용감한 전사였지만, 하프의 명수이기도 했다. David의 하프연주에 의해 우울증으로 고통당하던 Saul과의 불안한 정서가 진정되고 악령은 떠났다고 되어 있다.

18세기의 최고의 카스트라토 테너로 알려져 있는 사람으로 Carlo Broschi Farinelli(1705~1782)가 있다. 그는 스페인 국왕인 Felipe 5세 어전연주에 의해 왕의 우울증이 개선돼, 왕의 전속 연주자가 되었다. 그는 궁정에 들어가 매일 저녁 왕의 침실의 옆방에서 왕을 위하여 4곡의 노래를 왕이 죽을 때까지 불렀다고 전해진다.

음악을 치료로 이용하기 위해서는 악기와 목소리를 자유롭게 조작할 수 있는 능력이 필수적이다. 이런 관점에서 볼 때 David과 Farinelli는 충분히 자신의 음악을 통하여 성공적인 음악치료를 달성하였다고 할 수 있다.

4) 르네상스부터 19세기까지

그리스인이나 로마인의 의학적 연구가 사라져 버렸기 때문에 질병에 대한 일반의 태도는 기독교적 신념에 의해 영향을 받고 있었다. 이 당시 거의 구제할 길이 없던 고통이나 질병은 음악과 같은 정신적, 신비적 수단을 사용하여 승화시켜야만 했는데 이러한 방법은 교회에서 널리 사용되었다. 그러나 정신병자에 관해서는 여전히 악령이 깃든 것이라고 믿었다.

16세기부터 소수의 의사들이 정신병자는 의술적 또는 정신적 치료를 필요로 하는 대상자들이라고 생각했다. 르네상스는 인간 역사상 가장 역동적이고 창조적인 시기 중의 하나로 의학과 음악분야는 놀랄 만한 발전을 했으며 인간에게 많은 영향을 끼쳤다. 르네상스 시대에 이르러 인간성 회복운동에 영향을 받으면서부터 음악은 다시 새로운 발전을 하게 되었다. 한편, 의학도 역시 과학적 발전을 이루게 되는데 이러한 발전은 음악을 의학적 치료에 이용하는데 크게 영향을 주었다.

많은 의사들이 인간에게 미치는 효과에 대하여 연구하였는데, 의학의 발전으로 음악의 심리적 효과뿐만 아니라 생리적 효과에 대해서도 관찰할 수 있었다. 그 결과 그들은 신체의 리듬과 음악의 리듬과의 관련성, 음악이 호흡과 혈압, 소화에 미치는 효과 등을 과학적으로 규명하였다. 당시의 의사들 중에서 음악 치료법을 많이 이용했던 Richard Brownie는 노래를 부르면 심장의 운동, 혈액순환, 소화, 폐와 호흡 등에 영향을 준다고 하였으며 또 Richard Brocklesby는 1794년 자신이 치료한 사례를 발표하였는데 이것은 오늘날에도 관심을 끄는 증거이다.

르네상스의 Agnes Saville과 20세기의 Sydney Licht가 선구자로서 음악, 건강 그리고 질병에 관해 서술하였다. 또 어떤 의사들은 대상자에게 음악의 효과와 의료에 있어 치료로서 음악의 적용에 관해 논문을 썼으며 Robert burton(1577~1640)은 음악의 치료 능력에 관해 관찰하고 책을 쓴 최초의 르네상스 시대의 의사였다. Samuel Johnson은 음악치료에 관한 논문으로 Richard Brocklesby(1722~1747)의 사례를 통해 병의 원인과 증상을 묘사했다.

음악을 레크리에이션으로 그리고 마음을 새롭게 하는 방법으로 즐기는 많은 의사들은 강박관념 또는 '걱정스럽고 분주한 생각들'로부터의 위안과 전환으로써 음악의 가치를 인정하였다.

Richard Brocklesby는 우울증 대상자에게 하프연주를 통해 치료하였고, 그 후 18세기말 인체에 대한 음악의 효과를 평가할 수 있는 객관적인 노력이 시도되었으며 영국인 Pargeter(1760~1810)는 음악의 치료적 사용을 조절하는 데는 음악에 대한 과학적인 지식이 필요하다는 사실을 이해한 최초의 의사 중 한 사람이었다.

18세기에는 생리학과 신경학이 발달하고 있었으므로 의학적 지식을 기반으로 육체의 리듬과 음악의 리듬관계, 맥박과 박자 사이의 관계를 발견하였고, 호흡과 혈압, 소화에 영향을 주는 음악의 효과를 관찰했다. Richard Brownie는 노래 부르는 것이 심장의 움직임, 혈액순환, 폐와 호흡 등에 영향을 미친다고 생각하여 실조증(失調症)에 대한 가창법을 연구하였다. 그리고 노래하는 것이 폐에 직접 영향을 미쳐 늑막염, 폐렴, 염증성 폐질환에 유해함을 발견하였다. 프랑스 의사인 Louis Roger는 인체에 미치는 음악의 효과에 대한 저서를 썼다.

19세기에는 정신적, 신체적 질환에 의료에 관심이 깊어지면서 의사들은 보조치료적 수단에 흥미를 갖게 되었다. Hector Chomet 박사는 1846년 『건강과 생명에 미치는 음악의 영향』이라는 저서를 출판했으며, 많은 학자들이 이에 관심을 가졌으며, 그의 결론 중 몇 개는 오늘날도 통용되고 있다. Esquirol(1722~1840)은 정신과 의사로서 『정신병의 광기』라는 저서를 발간했으나 음악에 무지한 탓으로 정신치료에 음악사용이 무차별했다.

19세기 말에 런던에서 음악치료가 처음 실시되었다. 음악가인 Canon F. K. Harford는 작은 합창단을 결성하고, 한대의 하프와 바이올린 반주하여 환자의 방과 인접한 실내에서 연주하였다.

5) 20세기 이후

에디슨의 축음기 발명과 음반의 소개가 이루어지면서 음악치료 효과에 대한 과학적인 조사가 촉진되었으며 당시 서구의 병원에서는 환자를 수술할 때 갖는 두려움을 없애기 위해 음악이 사용되었고, 국소 마취를 하는 동안에 통증을 잊는데 도움을 주는 보조치료 수단으로 음악을 사용하였다. 나이팅게일은 크리미아 전쟁 중에 상처받고 아픈 사람들을 돕기 위하여 음악을 치료적인 힘으로 사용하였다.

이와 같이 오랜 역사를 두고 서서히 발전해 온 음악치료는 제1, 2차 세계대전이 일어나 외상 후 스트레스 장애나 정서장애를 입은 사람들의 증가로 치료가 요구되면서 그에 대한 관심이 더욱 증가되었다. 그리고 제2차 세계대전 중에 음악치료가 병원에서 처음으로 적용되어 Codelas, Gutheil, Podolski, Ligue 등에 의해 획기적인 발전을 이루게 되었다. 20세기 초까지는 주로 의사들이 음악치료를 시행하였으나 제2차 세계대전 중 전문 음악가들이 군 병원에서 음악 연주를 통해 음악치료를 하면서 그들은 질병의 치료에 필요한 의학적 지식을 배워야 할 필요성을 인식하게 되었다.

1944년 미국의 미시간주립대학에 음악치료사를 위해 특별히 고안된 교과과정이 최초로 생겼고, 1946년 캔자스대학에서 실질적인 교육이 시행되었다. 그 후 다른 대학에서도 정규 교육과정이 시작되었고, 1950년에는 미국 음악치료협회(National Association for Music Therapy : NAMT)가 조직되어 음악치료사의 교육, 연구, 임상 실습, 자격증에 대한 규정을 만들었다. 그리고 음악치료 시행에 대한 원리와 이론을 학문적으로 세워 전문 치료사들을 본격적으로 배출해 내기 시작하였다. 일본에서는 1955~1959년에 송정(松井)이 집단가창을 시초로 하여 음악치료가 태동하였고 영국에서는 1958년에 음악치료교정협회(The Society for Music Therapy and Remedial Music)가 Arvin에 의해 세워졌다.

1971년에는 AAMT(American Association for Music Therapy)가 설립되어 연구, 치료가 활발히 이루어지고 있으며, 여러 대학에 음악치료 학과가 마련되어 음악적인 기초에 필요한 이론과 실습, 행동과학, 정신의학과 심리요법 이론, 임상적인 실습, 진단과 평가, 치료에 필요한 여러 가지 교육을 다양하게 하고 있다.

우리나라에서는 1997년 숙명여자 대학원에서 음악치료 대학원이 설립되었고 이화여자 대학교, 원광대학교, 대전대학교, 순천향대학교, 명지대학교, 성신여자대학교 등에서 음악치료 석사과정이 개설되어 졸업생을 배출하고 있다. 또한 일부지만 학부에도(배재대학교, 전주대학교, 대구예술대학교 등) 학과가 만들어지고 있다. 지금도 각 복지관이나 병원, 학교 등에서 음악치료가 시행되고 있는데 가족치료, 주부 우울증의 영역에서도 좋은 반응을 얻고 있으며 음악치료사는 대체의학으로 21세기의 촉망 받는 직업이라고 할 수 있겠다.

3. 심리 이론적 배경 및 실천 모델

음악치료가 심리적 이론을 근거한 중재라는 점에서 치료사는 음악치료 이면에 깔려 있는 철학적 기반을 잘 숙지하여 임상에 임해야 한다.

1) 인본주의적 음악치료

인본주의 이론은 정신분석학이나 행동주의가 가지고 있는 인간에 대한 결정론에 반하여 인간의 자유의지를 강조하므로 심리학의 제3세력이라 불린다. 인본주의적 시각에서는 인간의 존엄성과 가치를 인정하고 각 개인마다 독특한 잠재력이 있다는 것을 기본 가정으로 한다. 그래서 치료보다는 사람들로 하여금 그들이 가지고 있는 잠재력을 일깨워 주고 성장을 강조함으로써 인간의 가치와 존엄성의 증진을 주요 목표로 하고 있다.

대표적인 인본주의자인 Maslow는 인간의 욕구를 피라미드형으로 설명하고 가장 기본적인 생물학적 욕구로부터 안전 욕구, 소속과 사랑의 욕구, 존중욕구, 심미적·인지적 욕구, 자기실현 욕구까지 위계적인 욕구가 있다고 보았다. Maslow는 인간의 긍정적인 부분에 초점을 맞추는 것을 인본주의라 하고, 인간의 좋은 면을 연구하는 길이 정신병리를 방지하는 길이라 믿었다.

'인본주의(humanistic)'란 단어에서 알 수 있듯이 인간 자체는 물론, 인간에 대한 전체적인 이해와 총체적인 시각을 포괄하는데, Bugental(1963)은 인본주의 인간관에 대해 다음과 같이 여섯 가지를 설명하고 있다.

첫째, 인본주의에서는 인간을 단일 유기체로 보기보다는 다른 창조물과 구별되는 독특한 속성과 능력을 가진 존재로 본다. Rogers는 인간은 통합된 유기체로서 행동하기 때문에 본성과 그 행동을 이해하기 위해서는 전체론적 관점에서 접근해야 한다는 입장을 강조하였다.

둘째, 인본주의에서는 인간의 존엄과 가치를 높이 고려하며, 모든 사람에게 있는 타고난 잠재력을 발달시키는 데 중점을 둔다. 그러기 위해서는 인간에 대한 기계론적 사고에 반하는 인간의 가치, 선택력, 창의성, 자기 실현을 강조한다. 그러므로 인본주의 심리학은 항상 인간의 내재된 잠재성에 관심을 가지며 모든 인간 행동을 하나의 인간적 맥락에서 본다.

셋째, 인본주의에서는 인간의 의식(awareness)에 초점을 둔다. 인간의 의식이란 감각적이며, 개인적이고 상황에 따라 연속적으로 변화한다. 이러한 의식의 경험은 방생하는 사건에 대한 신체적, 정서적 혹은 정신적인 반응과 이해의 총체로 정의된다. 경험의 내용은 복잡하고 다양하며 계속적으로 변화하기 때문에 불안정성과 불확실성을 동반한다. 한편 개인에게는 일관성과 확실성에 대한 본유적 동기가 존재하므로 이 두 가지 경향성이 타협하여 변화의 과정에서 질서와 안정을 추구하게 된다.

넷째, 인간은 의도(intention)가 바탕이 된 선택을 행사한다. 위에서 언급된 것과 같이 선택이란 경험에 따른 것이다. 인간은 의식하기 때문에 선택을 할 수 있고 선택된 경험에 참여하게 된다. 이러한 능력은 인간의 초월적인 잠재력을 실현시킬 수 있으며 자기 시도나 변화에 대한 의지를 추동할 수 있다. 또한 선택은 내재된 의도를 암시해 준다. 인간은 목적의 가치를 인식하고 의미를 깨달음으로써 의도(intentionally)를 지향한다.

다섯째, 인본주의에서는 인간은 변화한다고 본다. 이는 동질정체의 원리와 변화를 추구하는 이질정체의 원리로 설명할 수 있는데, 인간은 보수와 변화 그 양자를 모두 지향하며, 휴식을 갈망하지만 동시에 변화와 불균형도 갈망하는 것이다. 실존주의에서는 개인이 표상하는 모든 것은 고정되고 정적인 것이 아니라 지속적으로 변화하는 과정임을 강조한다. 이러한 대립되는 성향은 존재와 성장으로 대비되어 나타나는데, 여기서 성장은 '가능성으로서 존재하던 것'이 실제 존재하도록 촉진해 주는 역할을 한다.

여섯째, 인본주의적 심리학에서는 인간이 세상을 보고, 경험하고 있는 '지금-여기(here and now)'에서의 사상들이나 현상을 이해하는데 초점을 둔다. Rogers는 인간을 이해하는 데 문제의 과거 역사보다 '지금-여기'를 강조하였다. 이는 개인이 주관적으로 가지고 있는 개인적 관점이나 사고 그리고 경험하는 세계관을 가장 중요하게 생각하기 때문이다. 문제를 해결함에서 내재된 본능, 욕구, 외적 자극에 대한 반응, 과거의 경험 대신 현재의 의식적인 선택, 내면의 욕구에 대한 결정 그리고 현재 상황에서 가장 적합한 행동 양상들에 초점을 둔다.

이러한 인본주의적 음악치료는 영국을 중심으로 실행되고 있으며, 관계치료 위주의 음악치료 이론을 창시한 Nordoff와 Robbins의 치료 역시 인본주의 심리학에 그 근거를 두고 있다.

인본주의 치료는 내담자의 생각과 느낌을 중시하며 따라서 내담자가 하는 말과 행동 또한 중요시되어야 한다. 이러한 측면에 입각하여 인본주의 음악치료에서는 내담자의 연주와 치료자의 지지를 통해 내담자는 그의 생각과 행동, 그리고 그가 연주하는 음악적 행위를 통해 깨달음을 얻게 된다. 인본주의 음악치료의 변화는 좀 더 훌륭한 독립성과 성격의 통합을 얻는데 있다. 따라서 내담자가 그의 행동에 대한 책임감을 갖고 갇혀 있던 자유를 깨닫고 자발적인 감정 표현을 할 수 있을 때를 변화라 정의할 수 있으며, 치료자는 이러한 변화를 위해 지지자로서의 역할을 수행해야 한다.

창조적 음악치료에서는 선천적 음악성을 강조하면서 '음악아'를 강조하였다 (Nordoff & Robbins, 1983). Nordoff와 Robbins는 기본적으로 모든 아동들은 음악적 표현과 반응을 어떤 형식으로든 즐길 수 있다고 했다. 이러한 표현력과 창의성을 제한하는 틀에서 벗어나게 하기 위해 내재된 음악적 자아를 자극하고 '제한'을 극복하게 함으로써 성장을 촉진시켜 준다. 그러므로 음악적 경험 내에서 자발적인 표현, 자기실현 그리고 궁극적으로는 자기 통합을 경험하게 된다. 그러므로 이러한 즉흥연주 모델은 '인본주의'나 역동성을 기반으로 일하는 음악치료사들에게 보다 전문적인 음악적 기술을 갖추도록 요구한다. 이는 음악적 기술이 절정 경험과 자아실현을 도모하는 데 주 역할을 하기 때문에 그 어느 접근보다도 음악적 기술이 요구된다고 할 수 있다 (정현주, 김동민, 2005).

2) 의학적 모델

의학적 모델은 정신병의 근원과 원인을 인간의 생물학적 본성 안에서 찾으려 한다. 심리적 장애는 신체의 비기능과 관련이 있어 만성적 우울환자나 불면증 환자의 경우, 치료자는 생물학적 과정과 관련된 증상에 초점을 맞추게 된다. 이때 치료과정에서 음악과 다감각적 접근으로부터 도움을 받을 수 있다.

Benjamin Rush는 펜실베이니아대학 정신과 교수로서 실제 임상에 음악을 치료 도구로 활용하여 생리적 변화를 유도한 다양한 사례 연구들을 발표하였으며 음악치료의 임상적 효과성을 알리는 데에 많은 공헌을 하였다(Carlson et al., 1981).

1982년에 또 다른 정신과 의사인 Beardsley는 「음악의 의료적 활용(Medical Use of Music)」이라는 논문에서 신경증과 정신과적 증상의 치료를 위한 음악사용에 대해서 설명하였다. 이어서 1889년 Wimmer라는 의사가 「음악의 영향과 치료적 가치(Influence of Music and Therapeutic Value)」라는 논문을 통해 음악이 육체와 마음의 조화를 이루게 하는 기능이 있다는 점을 강조하였다. 이러한 문헌들을 통해 음악이 정신과 기관에 유의미한 치료 프로그램이 될 수 있다는 인정을 받게 되었다.

1899년 Corning은 진동 의학(vibrative medicine)이란 치료법을 연구하기 위해 통제군을 포함한 실험 연구를 실시하여 음악의 치료적 효과성을 입증하였다.

생의학적 접근에서는 면역성 강화와 통증 감소를 포함한 대체 의학의 매개체로서도 사용되었으며, 이에 대한 과학적인 임상 연구도 지속적으로 수행되었다. 그 예로 Barlett(1993)은 음악 감상이 체내의 호르몬 변화에 어떠한 영향을 미치는지를 연구하였는데, 음악 감상 전후 채혈을 통한 혈액 검사를 통해 18명 중 17명이 일종의 스트레스 유발 호르몬인 코르티솔의 감소와 백혈구 등의 면역 기관에 존재하는 인터루켄의 증가를 보여 주었다. 또 다른 예로서, Miller(1992)는 12명의 암 환자를 대상으로 음악치료를 시행한 경우 면역 체제 시스템에 연관된 S-Iga와 코르티솔의 변화를 보고자 하였는데 비록 통계학적으로 유의미한 결과는 보이지 않았지만 노래 부르기에 참여한 집단에서 코르티솔이 감소하였다는 결과를 나타냈다.

재활의학에서는 음악에 맞춘 동작을 과학적으로 구조화하여 움직임의 속도, 즉 페이스와 타이밍, 그리고 협응감 등을 연구하였다. 모든 신체 재활 프로그램도 기능적인 움직임을 수행할 수 있는 능력을 회복시키는 데 가장 중점을 두기 때문에, 리듬과 근육의 움직임을 일치시켜 활성화하고 운동의 범위를 증가시키는 데에 음악이 효과적인 역할을 한다는 점을 보여 주었다(Thaut et al., 1998).

3) 행동주의적 음악치료

행동주의 철학에 입각한 연구는 1960년 초반부터 매우 활발히 전개되어 왔으며, 미국의 심리학자 Watson은 관찰과 측정이 가능한 행동을 심리학의 연구대상으로 할 것을 주장함으로써 행동주의 심리학의 창시자로 불리게 되었다. Pavlov의 조건반사 이론을 심리학의 일부로 도입한 그는 공포증을 학습의 문제로 개념화하고, 그 학습경로와 치료과정을 실험적으로 밝히는데 성공하였다. 한편 행동주의 심리학의 거장인 Skinner는 조건반사로 설명될 수 없는 조작적 행동의 학습과정을 밝히는 데 주력하였다.

행동치료는 환자가 갖는 증상을 잘못된 학습에 의해 형성된 부적응적 행동으로 보고 현재의 증상을 학습 이론에 기초해서 치료하려는 것이다. 따라서 바람직한 행동이 일어나면 강화하고, 바람직하지 못한 행동에 대해서는 벌을 준다는 것이 행동치료의 기본적인 원리이다.

1970년대에 발간된 많은 음악치료 서적에서는 조작적 조건형성과 고전적 조건형성의 원리에 기초를 둔 음악 중재방법을 소개하였다. 그러나 1980년대에 이르러 음악에 대한 인간의 인지적 요소와 정서적 요소가 연구되기 시작하면서 행동주의적 접근이 음악치료 내에서 보이는 행동 증상에만 의미를 두고 근본적인 원인에 대한 본질적 문제를 무시하고 있다는 비판을 받기 시작했다.

행동주의 음악치료 전략을 살펴보면 과제 분석을 예로 들 수 있다.

과제 분석(task analysis)은 복잡한 행동을 가장 작은 구성 요소들로 분해해 놓은 과정을 말하는 것인데, 클라이언트가 그 과제를 정확하게 완수할 수 있도록 선택된 활동의 세부적인 구성요소를 시간의 순서로 기입하고 단계적으로 나열하는 작업을 의미한다. 예를 들어 '세수하기'라는 행동을 분석하면 물을 세면대에 받는 것부터 활동을 세부적으로 나누어 익히는 것이다.

어떤 한 가지 행동을 완성하거나 수행하는 데 어려움을 보이는 클라이언트가 있을 경우, 과제 분석 기법을 적용한다면 그 클라이언트가 어떤 세부 단계에서 어려움을 가지고 있는지를 알 수 있다. 이러한 과정을 통해 행동 전체가 아닌 세부적인 구성요소를 직접적으로 다루어 클라이언트의 행동상의 문제를 다룰 수 있다.

4) 정신분석적 음악치료

정신분석적 음악치료는 내담자의 내면적 갈등이나 대인관계에서 오는 감정적 문제 해결을 위해 음악을 심리치료의 도구로 사용한다.

Freud는 정신의학 및 관련 학문영역에 지대한 영향을 끼쳤다. 정신분석 이론에서 비정상은 성격 내의 숨겨진 갈등에 의해 나타나며, 환자는 어린 시절의 경험과 현재의 기능 사이의 관계에 초점을 맞춤으로써 무의식적 갈등과 욕구를 알게 된다. 치료자는 자기 인식, 정직함, 그리고 개인적 문제들의 재해결과 현실적 방법으로 불안을 다루고, 충동과 비이성적 행동을 조절할 수 있도록 고무하면서 지지자에게 분석가로 그 역할을 바꾸게 된다.

1970년대에 들어와서 정신질환을 가진 클라이언트들을 중심으로 한 사례발표와 함께 Tyson(1965, 1981)은 음악치료 전문성 내에서의 정신역동적 접근을 소개하였고, 영국의 Juliette Alvin(1975)도 정신역동적 접근의 음악치료를 규명하였다. 또한 Mary priestley(1975) 역시 체계화된 분석적 음악치료 모델을 소개하였는데, 영국을 포함한 유럽 전 지역과 북미에서 활동하면서 분석적 음악치료에 대한 훈련을 제공하였다.

정신역동적 음악치료모델에 토대가 된 심리학 이론들로는 대표적으로 Freud 이론과 대상관계(object relations) 그리고 자아심리학(self-psychology)이 있으며, 이 이론들을 중심으로 음악치료 관련 개념들이 개발되었다(Isenberg-grezeda et al., 2004).

방어기제는 인간이 불안을 감당하는 과정에서 자신을 보호하기 위해 설정하고 가동하는 전략이라고 볼 수 있다. 이러한 방어기제는 음악적 환경과 과정에서도 보일 수 있으며, 음악이 상징하는 원형에 대한 반응이라고 보고 치료적 접근을 시도한다.

이외에도 클라이언트와 치료사 혹은 그룹의 다른 구성원들 사이에서 전이 및 역전이 현상을 볼 수 있다. 전이(transference)는 치료적인 환경에서 클라이언트가 그의 과거의 의미 있는 관계를 배경으로 그 대상을 치료사나 타 그룹원으로 간주하는 무의식적인 기제를 말한다. 역전이는 반대로 클라이언트를 대상으로 치료사가 재현하는 역동성이라고 볼 수 있다.

정신 역동적 음악치료는 치료사, 클라이언트 그리고 음악과의 관계를 중요시 한다.

클라이언트와 치료사의 관계는 치료에서 매우 중요한 부분을 차지한다. 치료사와 클라이언트의 관계를 관찰하는 것은 매우 중요하기 때문에 전이와 역전이도 의식할 필요가 있다. 치료사는 가능한 한 긍정적인 전이를 형성하고 부정적인 전이를 피하는 치료를 해야 한다. 또한 치료사는 클라이언트의 문제 해결을 통해 클라이언트의 정서적인 성장과 성숙을 유도할 때 지지자(supporter)로 변화한다(Tyson, 1981). 치료사의 의무는 클라이언트의 내적 자아가 표현하고자 하는 것을 클라이언트가 스스로 통로를 발견하고 발전할 수 있도록 돕는 것이다.

클라이언트는 방어기제를 규명하고 본인의 장점을 발견하고, 음악치료를 통해 자각한 잠재된 무의식적 문제가 어떤 것인지를 알아 가려는 마음을 가지고 있어야 한다.

또한 클라이언트는 치료 과정에서 함께 하는 치료사의 역할을 이해해야 하고 수용해야 하며 치료사의 권유에 기꺼이 반응할 수 있어야 한다. 이와 같은 클라이언트와 치료사의 관계가 형성되지 않는다면 클라이언트는 자신의 내적인 감정을 치료사에게 편안하게 표현할 수 없을 것이고, 치료적인 변화를 이끌어 낼 수 없게 될 것이다.

앞에서 제시한 네 가지 기본적인 모델 이외에 음악 교육에서 변형된 오르프 음악치료, 달크로즈 음악치료, 킨더뮤직 음악치료와 분석적 음악치료, 신경학적 음악치료에 대해 다루어 보도록 하겠다.

(1) 오르프 음악치료

오르프-슐베르크의 중심에는 두 가지 기본 전제가 있다. 모든 사람은 음악에 참여할 수 있고 교실에서 사용되는 음악은 기초적이어야만 한다는 것이다. 능력이나 장애와 상관없이 모든 아동은 오르프 합주에 참여할 수 있다. 이것은 말, 노래 부르기, 기악연주, 동작의 형태로 나타난다.

오르프 지침의 핵심은 기초 음악(elemental music)이다. 이 음악은 본질상 '기초적(elemental)'이며 말, 댄스, 동작의 요소들을 통합한다. 이 기초 음악의 음악적 결과물은 즉흥연주를 통하여 언제나 변화할 수 있는 과정에 놓여 있다.

오르프 음악치료는 1960년대 독일에 설립된 소아과 Kinderzentrum Minchen을 중심으로 Gertrud Orff에 의해 시작되었다. Gertrud Orff는 의사, 심리학자, 특수교육자 그리고 많은 환자들과의 여러 해 동안의 협동작업을 통하여 오르프 음악치료의 기초이론과 실제를 확립하였으며, 1963~1973년 사이에 독일과 스위스 그리고 미국의 장애아동을 위한 연구소 및 특수교육기관에서 오르프 음악치료의 실제적인 임상 실현을 하였다.

오르프 음악치료는 다른 사람들과 함께 음악 만들기를 경험하는 것을 목표로 하였다. 그것을 통해 사회적 상호작용에서의 표출을 가능하도록 하는 데 중점을 두었다. 즉, 음악적 자극을 통해 자신의 감각을 지각하고 인지하며 자신을 느끼고, 자신을 둘러싼 주위환경과 사물, 공간을 인식하고, 타인과의 음악적 경험을 통해 사회적 상호교류를 경험하고 사회적 기술들을 학습해 가는 과정이라고 할 수 있다.

오르프 음악치료는 오르프 음악교육의 기본개념과 요소들을 바탕으로 발전하였기 때문에 어린이를 위한 음악 교수·학습방법을 통해 음악의 추상적인 개념이 아닌 구체적 표현 요소인 말하기, 동작 그리고 춤이 하나로 결합된 통합적 개념 형성을 돕고자 한다. 이것은 마치 원시시대의 음악 형식과 유사하다. 이러한 형태의 음악은 모든 사람들의 참여를 유도하고 결집시키는 음악으로, 여러 가지 표현 양식들이 음악의 기초적 요소, 음악적 요소, 악기 요소, 말 요소 그리고 동작 요소로 작용하여 하나의 영역 안에 결합되어 있는 형태이며, '기초 음악(elemental music)'이라고 한다. 오르프 교수법에서의 음악은 이러한 개념에서 '기초 음악'이라고 설명되며 여러 표현 양식들이 음악 안에서 학습 매체로 사용된다. 어린 아동들의 자연스런 음악활동을 살펴보면 원시시대의 음악과 유사하게 리듬과 동작을 중심으로 음악과 동작, 말하기가 자연스럽게 함께 이루어지고 있다. 따라서 오르프는 어린이를 위한 이상적인 교수·학습방법을 치료적인 요소로 발전시켜 사용하는 밑거름이 된 것이다(Warner, 1991).

오르프-슐베르크의 핵심요소인 말, 노래 부르기, 동작, 악기 연주는 다감각적 접근 방식을 구체화한다. 악기연주에서는 촉각, 시각, 청각, 운동 감각 단계에서 클라이언트에게 다가갈 수 있다. 클라이언트는 악기의 촉감이나 무게, 크기나 색깔, 음색, 혹은 소리를 유발시키는 데 필요한 움직임에 반응할 수 있다(Orff, 1974).

또한 오르프는 탐색과 경험을 강조한다. 음악의 기본적인 요소들을 탐색을 통하여 익히고 체험하며 점차 복잡하고 어려운 요소까지 경험을 확대한다. 오르프에서 음악 교육은 아주 쉽고 자연적인 활동에서 점차 음악적으로 발전된 학습으로 전개된다. 오르프 교수법은 아동들이 좋아하는 활동들에서 노래, 낭송, 박수, 춤, 사물 두드리기 등을 활동의 기초로 삼고 있다. 이러한 활동들은 먼저 음악을 듣는 것에서 시작되어 음악을 만드는 과정으로 유도되고, 그 다음에 음악을 읽고 작곡하는 학습으로 연계된다. 오르프 음악치료는 이러한 오르프 교수법의 특징을 토대로 아동들이 좋아하는 활동을 기초로 다양한 표현 양식을 활용하여 아동의 직접적인 체험을 부분에서 전체로 단순한 것에서 복잡한 것으로 전개하는 원리에 따른다. 아동들은 이러한 음악체험 과정을 통해 자기 자신을 변화, 발전시키게 된다.

오르프 합주에 참여하는 것은 아동에게 자신의 존재가 합주에 필요하다는 것을 알려 줌으로써 정체성을 부여한다. 치료는 소속감과 더 큰 어떤 것, 즉 총체적인 음악 작품에 기여한다는 느낌을 창조하는 자극으로서 작용한다(Orff, 1974). 이러한 합주 속에서 협동과 순서 기다리기에 대한 필요는 타인을 인내할 수 있는 능력을 키운다. 이러한 합주에 참여하는 것은 타인에 대해 반응하고 그들과 상호 작용할 수 있는 아동

표 3-1 표적 행동들을 위한 오르프 활동

목적	구체적 행동	오르프 활동
사회성	순서 기다리기 지시 따르기	모방, 독주/합주 오스티나토, 리듬적인 댄스
의사소통	말 사용하기 묻고 답하기	찬트, 오스티나토 주고받기 활동
운동	동작 모방 손바닥으로 움겨쥐기	신체 타악기 모방/오스티나토 악기 채 잡는 위치와 그 사용
인지	감상 기술 이름 기억	합주 부분을 암기로 가르치기 다양한 이름의 게임과 찬트
심리	스트레스 해소 자기-통제	즉흥연주, 자유로운 동작 창작 선택, 참여 수준
자기 지각	자기에 대한 언어적 표현 신체 언어 제시	자기를 묘사하는 찬트 창조 편안한 느낌을 증가시키는 동작
현실 지각	이름 기억 일상적으로 진해오디는 사건들을 　차례로 나열하기	주제와 변주 : 아동과 정보 작곡된 노래에 반주 만들기
정서	감정 표현 감정 구분하기	즉흥연주, 작곡, 노래 부르기 감정에 기초한 작품 창조하기
시각	시각적 추적하기 상징/문자 구별	리듬/가사 차트 읽기 시각적 도구를 사용한 론도 활동
청각	청각적 구별하기 또래 상호작용	작품 속에서의 환경적 소리 합주 연주
음악	모든 것	모든 것

의 능력을 향상시킬 수 있다.

오르프 수업에서 사용되는 오르프 악기는 음악 수업에 중요한 도구로 사용되며 아동들이 쉽게 음악을 만들 수 있도록 제작된 것이다. 오르프 타악기들은 두드리거나 치기를 좋아하는 인간의 본능적 특성과 부합되며, 아동들의 신체적 발달 특징과 연주 기능을 최소화하여 아동들이 쉽게 연주하여 음악을 만들 수 있도록 고안되었다.

오르프 음악 학습의 기초는 리듬이라 할 수 있다. 리듬은 가장 원초적이고 자연적인 특성을 가지고 있으며, 음악, 동작, 언어에 모두 내재되어 있는 음악의 기본 요소다. 따라서 오르프에서는 음악교육이나 훈련 경험이 없는 아동들에게 신체 소리와 몸짓(physical sound)을 통한 리듬 교육을 선행하고, 사람의 음성(voice)을 가장 근본적이고 자연스러운 악기로 이용하고 있다.

오르프 음악치료의 단계를 나열하면 탐색단계, 모방단계, 즉흥단계, 창작단계로 말할 수 있다. 먼저 탐색은 아동들이 소리와 움직임에서 가능성의 범위를 발견하는 것이다. 아동들은 공간과 소리, 형식의 탐색을 경험하게 된다. 또한 아동은 주위 환경에서 들리는 소리와 여러 가지 악기에서 만들어진 소리 그리고 목소리를 통한 소리들을 탐색하고 음악적 경험을 하게 된다.

다음으로 모방은 창조를 위한 주된 학습방법이다. 나이와 능력에 관계없이 모방은 기초적 기술들을 발전시키는 데 효과적인 방법이다. 모방활동은 신체악기, 타악기, 선율 타악기 그리고 목소리 등의 방법으로 학습되며, 동시 모방, 기억 모방, 중복 모방의 세 가지 단계로 나뉜다(조형임 외, 1999).

모방단계가 익숙해지면 아동은 즉흥단계를 시도한다. 아동은 자신이 참여한 즉흥 기술의 수준을 이용해서 그룹 활동에 참여할 수 있다. 아동은 기능 수준에 따라 자유로운 몸동작 표현을 유도할 수 있고 시각적 자극이나 상상의 이미지를 동작이나 악기로 표현하도록 구조화하는 방법도 있다.

창작단계는 그룹이 탐색, 모방 그리고 즉흥의 영역으로부터 재료를 통합하는 것이다. 이러한 과정을 통해 아동들은 깊게 생각하는 것을 배우며 예술에 대한 유용한 방법에서 자신들의 표현과 반응을 배운다.

Carl Orff가 개발한 접근은 음악치료에 효과적으로 적용될 수 있다. Orff의 근거에서 다양한 표현 양식을 통해 클라이언트들은 자신을 느끼고, 경험하며, 자신을 표현하고, 타인과의 사회적 교류를 경험할 수 있다.

(2) 달크로즈 음악치료

유리드믹스로도 알려진 달크로즈 접근법은 세 가지 요소로 구성되어 있다. 첫 번째 요소는 솔페즈 혹은 청음 훈련이다. 달크로즈는 학생들이 정교한 감상 기술을 학습하고 '내적 듣기(inner hearing)'를 개발해야만 한다고 생각했다.

달크로즈 음악 교육의 두 번째 요소는 즉흥연주다. 교사는 학생들이 즉흥적으로 동작하고, 언어적 자극에 대해 자발적으로 반응하거나, 음악적 특징 안에서 변화하는 동안 피아노를 연주할 수 있다. 반대로 학생들은 다른 학생이 북, 피아노 혹은 노래로 반주할 때 즉흥적으로 동작을 만들 수 있다. 학생들은 곧 그들 자신의 악기들을 가지고 음악적으로 또한 표현적으로 즉흥연주를 할 수 있는 기술을 개발한다.

세 번째로는 달크로즈 기법에서 중요한 핵심이라 할 수 있는 '유리드믹스(eurythmics)'이다. 유리드믹스의 그리스 어원의 의미는 '좋은 리듬'이라는 뜻으로 음악 리듬을 몸놀림으로 표현하는 것이다. 즉, 보이지 않는 소리를 보이는 소리로 바꾸는 과정이며 이것은 춤곡이 아니라 리듬에서 느껴지는 이미지나 아이디어를 몸짓으로 표현해 내는 것이다.

달크로즈 음악교육에 적용된 많은 기본적인 기술이나 원리는 음악치료에도 적용이 되었는데 유리드믹스를 음악치료에 적용했을 때 치료적 목표로는 신체의 자각, 정신 상태의 민첩함과 수용적인 태도, 다른 사람과의 언어적으로나 신체적인 접촉의 향상, 긴장완화와 이완, 개인적 삶에 대한 통제 또는 조절 능력 향상을 들 수 있다.

또한 Dalcroze는 음악치료 철학과 밀접하게 관련된 개념인 전인 아동을 교육시키기 위한 도구로서 음악을 사용하기를 주창하였다. 달크로즈 접근방식의 즉흥연주적인 측면을 Nordoff-Robbins 즉흥연주 기법을 사용하는 음악치료사에게 효과적일 수 있다.

달크로즈의 유리드믹스를 음악치료로 적용할 경우 고려되는 목표는 아래와 같다(Findlay, 1971).

① 근육의 큰 움직임등과 같이 리듬 경험을 분명하게 볼 수 있도록 신체 전체를 움직이도록 한다.
② 리듬 교실에서의 신체, 근육, 운동 협응의 발달은 개인의 움직임을 조절할 수 있는 힘을 길러 준다.
③ 듣고 반응하는 것을 동일시하는 것이 진행될 때, 듣는 습관을 기른다.

④ 율동을 통한 신체, 마음, 감정 경험의 통합

⑤ 자유로운 표현의 향상, 음악적 배움은 창조적인 자극을 준다.

⑥ 인간의 필요로부터 발전할 때 배움은 즐겁고 의미가 있게 된다.

(3) 킨더뮤직 음악치료

킨더뮤직의 목적은 0~7세 아동의 음악에 대한 본질적인 즐거움을 활성화시키는 질 높은 프로그램을 제공하는 것이다. 또한 통합 유아 음악교육 프로그램이다.

킨더뮤직 전문가들에 따르면(Kindermusik, 1999), 다음과 같은 일곱 가지 전제에 기반을 둔다.

① 아동을 위한 음악 교과과정은 아동 중심적이어야 한다. 킨더뮤직 프로그램은 아동이 매우 힘들어하거나 어려워하는 과제들을 수행하지 않게 하면서 아동의 능력과 잠재력을 개발하게 한다.

② 아동을 위한 음악 교과과정은 신체적, 사회적, 정서적, 인지적, 음악적 영역에서 발달적으로 적절해야 한다. 각 회기에서의 활동은 그들의 능력 이상의 것들을 요구하지 않으면서도 아동이 계속적으로 참여하도록 계획된다.

③ 아동을 위한 음악 교과과정은 전인 아동(whole child)에 초점을 맞추어야 한다. 이 킨더뮤직의 과정은 비음악적 영역에서의 기술 발달을 돕기 위하여 음악을 사용하도록 계획된다.

④ 아동을 위한 교과과정은 결과가 아닌 과정을 강조해야 한다. 아동은 음악 만들기에 적극적으로 참여하지만, 그 초점은 음악적 결과물에 있는 것이 아니다. 킨더뮤직 프로그램은 아동을 음악가로 만들기보다는 노래 부르기, 신체 활동, 악기 연주를 통해 그들이 더욱 성장하고 발달하도록 지지하기 위하여 계획된다.

⑤ 아동을 위한 음악 교과과정은 즐거워야 한다. 즐길 수 있는 활동들은 반복되고 그 기술들은 다른 환경으로 일반화될 수 있는 경향이 있다.

⑥ 아동을 위한 음악 교과과정은 부모가 포함되어야 한다. 킨더뮤직 교사는 부모를 포함하여 교육시키기 때문에 아동의 학습은 가정에서도 지지되고 지속될 수 있다.

⑦ 아동을 위한 교과과정은 질 좋은 재료들을 사용해야 한다. 훌륭한 상태의 재료들은 아동의 성장과 즐거움을 촉진시키는 데 중요하다.

킨더뮤직은 본래 0~7세까지의 장애가 없는 일반 아동들을 위해 개발된 유아음악 프로그램이다. 그러나 킨더뮤직 프로그램의 철학이 아동을 위한 음악치료 철학과 유사한 점이 많고 그 활동들이 장애아동들의 치료에 유익하다고 생각한 일련의 음악치료사들이 그들의 임상에서 킨더뮤직 프로그램을 사용하기 위해 킨더뮤직 교사 자격증을 취득하게 되었다.

킨더뮤직 프로그램을 장애아동에게 치료적으로 사용할 수 있는 첫 번째 근거는 킨더뮤직 프로그램이 발달적 접근방식을 취하고 있기 때문이다. 음악치료사들은 아동의 발달연령을 중요시 여기고 모든 음악치료 활동을 아동의 발달연령에 맞도록 계획한다.

또한 킨더뮤직 프로그램이 치료적일 수 있는 이유는 모든 킨더뮤직 활동들이 장애아의 필요를 고려하여 수정될 수 있기 때문이다(Pasiali, De L'Etoile, & Tandy, 2004). 킨더뮤직의 전체 교과과정과 활동들은 융통성과 개별화를 강조한다(Kindermusik International, 2003).

킨더뮤직 프로그램이 치료적일 수 있는 또 하나의 근거는 이것이 음악을 사용하여 아동의 음악적 기술을 향상시키지만 그 외에도 비음악적 영역들의 발전을 강조하는 통합적 접근방식을 취하기 때문이다(Kindermusik, 2004). 이러한 접근방식은 음악치료와 유사하다. 음악치료는 음악을 매개로 사용하여 비음악적인 기술을 습득하는 것을 그 목표로 한다.

세 번째 킨더뮤직 프로그램이 치료적일 수 있는 근거는 이것이 결과 중심적이 아니라 과정 중심적 접근양식을 취하기 때문이다(Pasiali, De L'Etoile, & Tandy, 2004).

킨더뮤직 프로그램은 발달적·통합적·과정 지향적 접근방식을 지향하고 있고 또한 부모와 자녀의 관계 형성을 촉진하기 때문에 다양한 장애를 가진 아동들도 킨더뮤직 수업에 참여할 수 있다.

아동들은 자신의 발달 단계에 따른 킨더뮤직 프로그램에 참여함으로써 음악적 기술을 학습할 뿐 아니라 이를 통하여 신체, 정서, 인지, 사회적 기술들을 향상시킬 수 있다. 이러한 발달적, 통합적 접근 방식을 강조하는 킨더뮤직의 교육철학이 음악치료의 그것과 유사하기 때문에, 킨더뮤직 교과과정은 장애아동들을 위해서 이용될 수 있다.

(4) 분석적 음악치료

분석적 음악치료(analytical music therapy)는 음악치료 분야에서 중요한 방법 중 하나로 1970년대 이후 현재 유럽, 미국, 캐나다, 일본, 이스라엘 등지에서 AMT 훈련을 받은 음악치료 임상가, 교육자, 연구자들이 널리 사용되고 있다.

분석적 음악치료는 1970년대 초 영국에서 시작되었다. 이론은 Mary Priestley와 Peter Wright, 그리고 Marjorie Wardle에 의해 연구되었다. 그 후 Priestley는 임상적으로 이 치료를 확장하는 데 공헌했고 분석적 음악치료의 창시자로 알려졌다. 이 치료는 내담자와 치료사가 내담자의 내면을 탐구하고 성장을 제공할 목적으로 말과 상징적 음악을 즉흥 창작하여 사용하는 것이다. 이 모델의 특징은 내담자의 즉흥연주가 표제 음악의 표제에 의해 자극되고 이끌어진다는 점이다.

'분석적'이란 용어는 클라이언트의 통합된 감정, 즉 신체적 인식과 인지적 통찰을 위한 즉흥연주의 언어적 과정을 의미한다. 이 과정은 회기에서 연주한 녹음된 음악 테이프를 클라이언트와 음악치료사가 함께 청취함으로써 이루어진다. Priestley는 클라이언트의 허락하에 이루어진 오디오/비디오 녹음이 클라이언트의 회기과정, 회기 후 그리고 다음의 회기를 위해 필수적이라고 했다.

본질적으로 Priestley는 클라이언트가 의식적 혹은 무의식적으로든, 미술치료에서와 같이 언어로 표현하기는 어렵지만 상징적 형태로는 표현 가능한 감정, 이미지, 생각 등을 표출하기 위하여 음악을 사용할 수 있다는 사실을 자주 언급한다. 음악은 음악 자체 그 이상의 의미를 가지고 있으며, 클라이언트의 의식적 혹은 무의식 요소들을 탐구하기 위하여 Priestley가 서술한 방법들에는 다양한 기법이 사용된다(Bruscia, 1987, pp. 130~135). 그중 하나는 클라이언트의 꿈에서 가장 중요했던 상징 중 한 가지 혹은 그 이상을 즉흥연주로 표현하는 것이다. 또 다른 방법은 클라이언트가 즉흥연주를 하는 동안 자유 연상을 하거나 마음속에 떠오르는 이미지, 사람 등의 어떤 소재에 집중하도록 하는 것이다. 즉흥연주에서 이러한 상징적 표현의 사용은 매우 효과적이며, 상징은 클라이언트의 내면세계와 현실세계의 매개체가 된다.

분석적 음악치료는 원래 성인을 위해 개발된 것이고 다양한 심리적 장애를 치료하는 데 사용되었다. 이 치료는 개별 치료, 2인 1조 치료, 집단 치료로서 사용될 수 있다. 내담자의 개인적 성격 때문에 개별 치료 모임이 가장 일반적이다.

분석 음악치료의 주된 목표는 내담자가 자신의 완전한 잠재력을 실현하지 못하고 개인적 목표를 달성하는 데 있어 방해되는 장애물을 제거하는 것이다. 이러한 장애물을 제거하는 일에는 무의식적 소재에의 접근, 통찰력 획득, 방어적 에너지 풀어주기와 이를 긍정적 목표로 재조정하기, 그리고 균형과 창조성 발달시키기 등이 관련된다. 2인 1조 치료에서 그 목표는 성장과 발달에의 장애를 탐구하면서 관계를 유지하는 것이다.

이 모델을 사용할 자격이 있는 치료사는 정신분석 치료와 분석 음악치료에서 충분한 훈련과 경험을 가지고 있는 치료사들이다. 내적 치료는 사용되는 훈련 방법에서 분석되어지고, 이를 알기 위해서는 자격을 갖춘 슈퍼바이저(supervisor)가 있어야 한다.

개별 치료, 2인 1조 치료, 집단 치료 모임 어디에서든 내담자는 자신의 악기를 치료적 즉흥연주의 표제에 따라 직접 선택한다. 광범위한 악기가 사용 가능하다. 내담자들은 대개 치료사의 반주를 받는다. 치료사는 대개 피아노를 연주하지만 내담자의 필요나 소망에 따라, 또는 수행해야 할 역할에 따라 악기를 고를 수 있다. 치료 전반에 걸쳐 토의가 사용된다.

대부분의 경우 내담자와 치료사가 함께 즉흥연주를 하지만 때로 내담자가 조사의 목적에 따라 혼자서 즉흥 연주하는 경우도 있다. 역할은 쟁점의 어떤 측면이 탐구되거나 또는 명시되어야 하는가, 그리고 내담자가 치료사에게 어떤 지원을 필요로 하느냐에 따라 규정짓는다.

내담자가 즉흥연주를 할 때 내담자의 '내적 음악'이 드러난다. 내담자의 즉흥연주는 자신의 성격에 따른 것일 수도 있고 즉흥연주의 표제, 시간제한, 구체적인 음악적 아이디어, 소재, 구성에 따른 것일 수도 있다. 분석음악 치료사는 내담자에게 반주해줄 때 자신의 음악적 감정이입, 음악적 능력, 직관, 감수성에 의존한다. 치료사는 내담자의 감정에 대한 기대효과에 따라 다양한 음악적 요소를 사용한다.

(5) 신경학적 음악치료

신경학적 음악치료(Neurologic Music Therapy : NMY)라는 과학적 모델은 콜로라도 주립대학교 내 생의학적 음악연구소의 Michael Thaut 박사와 그의 동료들이 개발하였다.

신경음악치료는 음악이 가지고 있는 모든 요소들, 즉 리듬, 박자, 멜로디, 강약, 하모니, 악기의 기능 등을 사용하여 뇌손상 환자의 인지, 언어, 그리고 신체적 기능을 향상시키려는 목적을 가지고 있다. 특히 신경음악치료는 물리치료사와 함께 병원이나 재활센터에서 뇌졸중, 파킨슨 증후군, 외상성 뇌손상, 뇌성마비 등 뇌손상 어른과 어린이 클라이언트들의 신체 재활치료에 많이 사용되고 있다.

리듬이 신체 음직임에 영향을 미친다는 많은 연구결과에 따라, 음악치료사들은 리듬을 신체 재활 운동이 필요한 클라이언트들을 위한 치료를 목적으로 사용하고 있다. 여기서 음악치료사는 클라이언트의 신체 재활을 위해 주로 세 가지 테크닉을 사용한다. 이 세 가지의 테크닉은 리듬 청각 자극(Rhythmic Auditory Stimulation : RAS), 패턴화된 감각 증진(Patterned Sensory Enhancement : PSE), 치료목적을 위한 악기연주(Therapeutic Instrumental Music Performance)다.

리듬 청각 자극 NMT 훈련 편람에 따르면(Thaut, 1999b), RAS는 걷기처럼 반복되는 패턴 속에 내재된 리듬적인 동작을 촉진시키는 기법이다. 이 기법은 신체동작을 시간에 맞추어 조절하기 위하여 음악을 외부적 시간 신호로 사용한다. 치료사는 RAS를 이용하여 클라이언트의 보행 파라미터를 진단하고 메트로놈이나 다른 장치를 사용하여 리듬적 신호를 가지고 보행 속도를 맞춘다. 외부 리듬적 신호는 운동 반응을 조직화하고 그 결과 기능적 운동 결과를 향상시키게 된다(Thaut, 1999b). RAS는 뇌졸중 재활에 집중적으로 사용되지만, 발달장애, 신체적으로 허약한 성인, 말기 치매 환자, 그 외 다른 활자들을 위해 사용될 수 있다.

많은 연구가들은 RAS가 보행장애(gait disorder) 클라이언트의 보행 운동에 효과적으로 사용할 수 있다는 사실을 입증하였다. 파킨슨 증후군의 보행 재활에 관한 연구에서는 클라이언트 걸음걸이의 속도, 보폭, 뒤축 딛기, 균형의 향상, 보조의 감소에 RAS를 효과적으로 사용할 수 있음을 보여 주고 있다(McIntosh et al., 1997; Miller et al., 1996; Richards et al., 1992; Thaut et al., 1996; Thaut et al., 1993. 또한 뇌졸중이나 파킨슨 증후군 만큼 많은 연구는 없지만, RAS를 외상성 뇌손상 환자, 헌팅턴 증후군(Huntington's disease) 환자 그리고 뇌성마비 어린이의 보행 운동에 사용한 연구결과, 클라이언트의 보행이 향상되었음을 보여 주고 있다(Hurt et al., 1998; Thaut et al., 1997; Thaut et al., 1996; Thaut et al., 1998; Kwak, 2000).

패턴화된 감각 증진(Patterned Sensory Enhancement : PSE)은 "기능적인 동작을 구조화하고 신호를 주기 위한 시간적, 공간적, 힘의 패턴을 제공하기 위하여 음악의 리듬, 선율, 화성, 역동적 소리 요소를 사용하는 기법"으로 정의된다(Thaut, 1999b).

PSE는 팔, 손, 상체 혹은 전신에서 리듬적이면서 불연속적인 동작을 구조화하기 위하여 사용될 수 있다. PSE는 리듬이 타이밍을 구조화하고 시간의 지속이 동작의 범위를 인도하며, 음정이 공간 속에서 방향성을 설정하고, 다이내믹과 화성은 불연속적인 동작들의 힘의 양을 인도하는 개별적 음악 패턴에 적용된다. 이러한 음악적 패턴은 팔을 연장하여 뻗고 손을 오므려 잡는 것과 같은 기능적 동작 패턴을 형성하는 연속으로서, 동작을 인도하는 시리즈와 연합된다.

PSE는 본질적으로 리듬적이지 않는 동작(예 : 먹기, 옷 입기를 위해 필요한 손과 팔 동작들, 또한 앉기에서 서기로 전환할 때 필요한 신체 동작)을 촉진시키며, 단순한 시간적 신호가 아닌 신호의 폭넓은 범위를 제공하기 때문에 RAS보다 폭넓게 적용된다(Thaut, 1999b).

PSE는 RAS와 함께 신체적 재활운동에 사용되며, 효과적인 PSE 치료를 위해서는 음악이 가지고 있는 공간적, 시간적 그리고 힘의 신호들을 사용하여 클라이언트의 운동 패턴에 알맞게 맞추어 주어야 한다.

치료 목적을 위한 악기 연주 TIMP(Therapeutic Instrumental Music Playing)는 신체 훈련의 참여를 촉진시키고 운동치료에서의 기능적 동작 패턴을 자극하기 위한 악기 연주의 사용으로 정의된다. TIMP에서 악기는 치료 잠재력에 맞추어 선택되고, 동작의 증가된 범위, 지구력, 힘, 기능적 손동작과 손가락의 기민함, 근육 운동의 협응을 촉진시키기 위하여 사용된다.

음악 반주는 동작을 위한 구조를 제공하기 위하여 사용된다.

- 팔꿈치 구부리고 펴기

  팔을 펼 때 악기를 치게 한다.

- 균형운동(일어섯 몸통 돌리기)

  두 개의 드럼이나 건반악기를 팔을 교차하여 연주한다.

- 손목을 양 옆으로 돌리기

  실로폰이나 비브라폰의 가장자리 건반을 연주한다.

- 다리 올리기

  드럼이나 탬버린을 다리로 연주한다.

- 발가락 올렸다 내리기

  캐스터네츠를 내담자가 발가락을 사용하여 리듬신호에 맞추어 연주한다.

신경학적 음악치료는 말과 언어의 장애를 개선하거나 치매나 파킨슨병과 같이 점점 쇠약해 가는 질병을 가진 환자의 언어 능력을 유지시키기 위한 여러 기법을 가지고 있다. 표준화된 기법으로는 다음과 같은 것들이 있다.

- 선율 억양치료(Melodic Intonation Therapy : MIT)
- 말하기 자극(Speech Stimulation : STIM)
- 리듬적인 말하기 신호(Rhythmic Speech Cueing : RSC)
- 목소리 억양 치료(Vocal Intonation Therapy : VIT)
- 치료적 노래 부르기(Therapeutic Singing : TS)
- 구강 운동과 호흡 훈련(Oral Motor and Respiratory Exercises : OMREX)
- 음악을 통한 발달적 말하기와 언어 훈련(Developmental Speech and Language Training Through Music : DSLM)
- 음악을 통한 상징적 의사소통 훈련(Sumbolic Communication Training Through Music : SYCOM) (Thaut, 2001)

4. 음악치료의 과정

음악치료의 과정은 치료사의 철학이나 내담자의 문제에 따라 차이가 있을 수는 있으나, 대략 큰 틀을 말하자면 사정, 치료, 평가로 볼 수 있다.

1) 사정

치료과정의 첫 단계는 사정단계이다. 사정은 음악치료를 받을 대상자 개인의 기능상황을 파악하는 과정이다. 의사소통 능력, 인지 능력, 신체 능력, 음악적 능력, 정신·사회적 능력, 정서적 능력, 기타 관련 능력에 대학 파악은 적절한 진단도구를 사용하여 판단하거나 관찰 및 면담을 통해 이뤄져야 한다.

치료자는 사정과정에서 대상자에 관해 기술된 음악적인 경험들을 사용한다. 다시 말하면, 음악적 조건, 치료에 대한 요구, 음악적 능력, 음악 선호도 등을 자료로 사용한다. 사정은 치료자가 효율적인 치료계획과 관련 목표를 이상적으로 형성할 수 있도록 하며, 치료자가 대상자를 이해할 수 있도록 도와준다. 때때로 처음 몇 회기에서 수행된 과정이 사정에 사용되기도 하며 또 다른 경우는 치료와 평가가 밀접하게 연결된 계속되는 관찰의 과정이 되기도 한다. 무수히 많은 진단적 접근이 있다. 대상자의 현재 기능수준이나 연령에 합당한 진단활동이 이루어지는 것이 필요하다.

사정은 치료 전에 이루어지지만 가끔은 치료 진행 중에 치료사가 첨가적인 정보를 얻기도 한다. 사정절차들은 질병과 관계된 개인적, 환경적 그리고 문화적 요소들, 스트레스의 정도 그리고 클라이언트나 그의 가족들이 사용하는 대처기제들의 타입(type)을 알아내는 데 기여한다.

치료사는 면담을 통해서 클라이언트의 생활상황, 가족구성, 음악적 능력, 교육, 사회적 상태, 직업경험의 정보를 얻는다. 그리고 사정절차에서 얻어진 자료들과 면담을 통해 얻은 정보를 근거로 음악치료 프로그램을 선택하게 되는 것이다.

사정의 7가지 측면

- 의사소통능력(communication) : 언어적 표현과 비언어적 표현, 수용언어와 표현언어
- 인지능력(cognitive) : 사고, 처리과정, 학습형태
- 신체능력(physical) : 포괄적인 신체적 건강상태, 즉 듣기, 보기, 인식하기, 접촉하기, 냄새 맡기, 움직이기 등을 포함한 감각운동 및 인지운동능력
- 음악적 능력(musical) : 흥미, 반응, 선호도, 성악실력 및 악기연주능력, 음높이 식별능력, 리듬인지능력, 창조성
- 정신·사회적 능력(psycho-social) : 주의력, 자기인식, 자아정체감, 자기존중, 참여능력, 협동심, 친절, 치료사와의 관계성, 대인관계 형성능력, 타인과의 교류기술
- 정서적 능력(emotional) : 정서와 감정
- 기타 관련 능력(other relevant areas) : 심리적·교육적 필요사항, 일상생활 관련 기술, 개인적인 조정능력, 여가생활, 직업적·종교적 필요사항

2) 치료

치료는 사정단계에서 수립된 치료계획과 치료목적에 따라 진행된다. 치료자는 음악을 개입의 수단으로 사용한다. 여기에는 기법에 따라 다양하게 음악적인 경험이 제공될 뿐만 아니라, 활동적인 음악 만들기, 음악감상 혹은 음악 관련 활동들을 내담자에게 제공한다.

치료목적 진단평가를 통해 수집된 여러 정보들과 음악치료에 의뢰된 원인 등을 기초로 하여, 문제행동영역과 관련하여 기대되는 결과를 일컬어서 치료목적(goals)이라고 정의할 수 있다. 이러한 치료목적 설정과정은 치료성과를 좌우할 뿐만 아니라, 치료방향을 설정해 준다는 의미에서 중요한 역할을 지닌다.

치료목적을 선정할 때는 다음 사항들을 고려해야 한다.

- 가치성 : 이 부분이 반드시 변화되어야만 하는가?
- 선행조건 : 치료 목적으로 잡는 것이 내담자의 현재 행동과 너무 괴리감을 가져오지 않는가?
- 방해요인 : 치료목적을 성취하는 데에 혹시 방해되는 부적절한 사회적 행동이 내담자에게 있는가?
- 진단평가 : 치료사가 세운 목표적 행동은 관찰 가능한 것이며, 여러 번에 걸쳐 측정될 수 있는 성질의 것인가?
- 의뢰 : 내담자가 예전에 다른 치료를 받은 적이 있는가?
- 동의 : 내담자를 담당하고 있는 다른 치료사와 내담자 자신이 음악치료사가 세운 이와 같은 목적들이 가장 적절하다고 인정하는가?
- 목적성취 가능성 : 이같은 문제행동이 앞으로 변화할 수 있겠는가?
- 기초 자료 : 내담자의 문제행동이 분명히 변화될 수 있다는 어떤 증거자료가 있는가?
- 효율성 : 음악치료가 가장 적절한 치료라고 생각하는 이유가 있는가?

목표 '치료목적(goal)'을 광범위하고 일반적인 용어로서 정의하는 반면, '치료목표(objective)'는 항상 분명하고 관찰 가능한 용어로서 행동결과를 기술하게 된다.

음악치료사들이 치료목표를 정의하는 과정에서 작성해야 할 것이 또 하나 있다. 내담자의 행동이 음악적 맥락 속에서 관찰되기 때문에, 목표를 세울 때는 음악치료 상황과 내담자가 좀 더 편하게 느끼는 외부적 상황을 동시에 고려해서 수립해야 한다. 음악치료 속에서 치료목표가 수립되기는 하지만, 만약 내담자의 행동이 음악이라는 제한된 환경을 넘어서 일반화하는 데 실패한다면, 내담자가 보인 행동변화의 가치가 낮게 평가받을 수 있다. 따라서 2개의 목표를 동시에 수립함으로써, 치료목표를 달성하기 위해 노력하는 것처럼, 그 달성된 결과를 일상생활에서도 일반화될 수 있도록 해 줄 수 있다.

치료의 수행 음악에는 힘이 있다. 비언어적 의사소통방법인 음악은 건강을 유지하기 위해 표현해야만 하는 감정을 드러내는 데 매우 유용하게 쓰인다. 음악은 항상 사람들을 위해 무언가를 대신해 주고 또한 언어로는 표현할 수 없는 것을 대변해 준다(Gaston, 1968).

실제 음악치료에 사용되는 구체적인 방법으로 연주, 즉흥연주, 노래, 감상, 동작, 음악 드라마 등이 있다.

음악적 경험이 많은 사람들은 악기 연주에 거부감을 느끼지 않지만, 그렇지 않은 사람들의 경우 단순한 악기 연주인데도 불안해하고 자신없어 하는 경우가 흔하다. 따라서 음악치료실에서는 다양한 클라이언트의 수준에 맞춰서 단순한 방법으로 연주할 수 있도록 소리가 나는 다양한 리듬악기와 타악기 종류, 어느 정도의 음악적 지식이 있어야 연주할 수 있는 건반 악기 종류 등 다양한 악기를 구비하고 있다. 그래서 클라이언트가 자신의 수준에 맞게 악기를 선택하고 연주할 수 있는 기회를 제공한다.

❶ 즉흥연주

즉흥연주란 음악적 지식이나 경험 여부에 상관없이 리듬악기나 타악기를 이용해 언어 대신 악기로 자신의 내면의 이야기를 풀어내는 음악치료의 한 기법이다. 즉흥연주는 다양한 치료적 목적을 가지고 있는데, 우선 연주에 참여하는 사람들과의 친밀함을 향상시킨다. 그리고 자신을 표현하는 효과적인 방법을 터득해 자신의 생각이나 느낌을 표현하는 데 자신감을 얻을 수 있으며, 감각능력을 발달시키고 창조성, 즉각성, 표현력을 향상시키는 등 많은 역할을 담당한다.

❷ 노래

내담자가 노래를 얼마나 잘 부르냐보다는 노래 활동에 참여한다는 자체의 의미가 있다. 노래 부르기는 말로 표현하는 것과는 다른 종류의 언어이다. 클라이언트가 노래를 부르는 동안, 노래에 표현되어 나오는 감정, 느낌, 정서상태 등을 통해 듣는 사람은 단순히 말로 대화할 때보다 상대방에 대한 공감과 이해를 하게 된다.

❸ GIM

Helen Bonny에 의해 만들어진 GIM은 Guided Imagery and Music의 약자로, 음악 감상을 통해 일상의 의식 상태 이상을 경험함으로써 카타르시스의 감정을 느끼게 하고, 긍정적인 마음의 상태, 편안함, 진정한 자신과의 만남 등을 경험하게 해 준다. 이때 사용하는 음악은 프로그램으로 구성된 고전 클래식 음악을 많이 사용하며, 이 음악을 통해 지속적으로 무의식과 계속 대화를 하게 되는 동기를 얻게 된다.

❹ 음악 게임 활동

교육 현장에서 가장 흔한 음악의 사용이 싱어롱인데, 주로 동작과 연결하여 사용한다. 연구자는 회기 초기에 그룹원들 간의 친밀감 형성과 치료자와의 라포르를 위해 간단한 '노래제목 맞히기', 'movement 싱어롱'을 사용한다.

❺ 가사 분석

노래를 듣고 그 노래에 대한 개인의 생각이나 느낌을 함께 나누고 이슈가 되는 문제들을 분석하는 활동이다. 연구자는 아동의 연령에 맞는 문제들을 분석하는 활동을 하며 아동의 연령에 맞는 노래들을 선택하여 친구, 가족, 자기 자신(self) 등의 주제에 관해 가사 분석을 하도록 한다. 가사 분석을 통해서 아동은 자신이나 주변에 대해 인식하게 되고 통찰력을 갖게 된다.

❻ 노래 듣고 그리기

노래 듣고 그리기는 아동이 음악을 듣고 자신이 느낀 점이나 떠오르는 것들을 그림으로 표현하게 하는 것이다. 이석원(1997)은 언어와의 유추를 통해 음악적 의미전달의 과정을 분석한 바 음악을 의사소통의 매체로 본 것처럼, 자연스럽게 그림과 대화가 연결될 수 있는 경로가 되어 심리적 갈등이나 내적 감정을 언어로 표현하기에 이르게 된다고 했다.

❼ 노랫말 만들기

음악치료 회기에서 치료사가 네 마디 또는 여덟 마디의 간단한 노래를 만들어 노래를 통해 질문하고 내담자의 답을 듣는 방법을 사용한다. 노랫말 만들기를 통해 아동의 관심을 드러내게 하여 자신을 타당화하고, 노랫말 만들기 이행으로 자아존중감을 증진시킨다.

3) 평가

음악치료 프로그램을 평가하기 위하여 많은 음악치료사들이 사용한 전통적인 방법으로 사례 발표가 있으며, 이외에 기록들을 평가하거나 음악치료 활동을 비디오테이프나 오디오테이프로 분석하는 방법, 또는 프로그램의 목표를 설명하는 방법 등이 있다. 또한 음악치료 효과를 표준화된 성격검사로 평가과정에서 사용되기도 한다.

원래 설정된 목표가 달성되지 못하여 효과가 없을 때는 또 다른 내용의 음악치료를 연결시켜 준다. 즉 다시 처음 단계로 피드백한다.

음악치료 시작 전부터 전 과정에 걸쳐 대상자의 행동에 대한 평가가 필요하며 여기에는 치료사의 관찰이 중요하다. 행동의 평가는 단순히 외면적인 것뿐만 아니라 내면적인 변화도 관련지어 파악해 나가야 한다.

5. 음악치료 사례

집단음악치료가 정신과 보호병동 입원 환자들의 우울, 불안, 대인관계에 미치는 영향
The effect of mental hospital patient's depress, anxiety, and relationships by group music therapy

본 연구는 정신과 보호병동에 입원한 정신질환자들을 대상으로 집단음악치료를 실시하여 우울, 불안 증상의 감소와 대인관계에 미치는 영향을 알아보는 것을 목적으로 하고 있다.

연구대상은 S정신과 보호병동에 입원 중인 환자 중 실험집단 13명, 통제집단 13명으로 구성하여, 음악치료를 2006년 7월 11일부터 2006년 9월 20일까지 총 15회기(주 1~2회, 60분)로 진행하였다.

음악치료의 효과를 알기 위해 두 집단에게 우울척도(Beck's depression Inventory : BDI), 상태-특성 불안척도(State Trait Anxiety Inventory : STAI), 대인관계 변화척도(Relationship Change Scale : RCS)를 사용하여 사전, 사후검사를 실시하여 검사결과를 공변량분석으로 측정하였다.

최종분석대상은 퇴원으로 인해 실험집단 10명, 통제집단 9명으로 구성되었다. 연구결과는 실험집단이 통제집단보다 우울, 불안이 유의한 차이로 감소하였고 대인관계의 영역에서는 민감성과 의사소통에서는 유의하지 않았지만 대인관계 전체 척도상의 평균이 유의한 결과를 나타냈다.

1) 연구대상

본 연구대상은 전주시 소재 S병원 신경정신과 보호병동에 입원한 정신질환자 26명을 대상으로 입원 실험집단과 입원 통제집단에 각각 13명씩 배치하였다. 음악치료 실시 기간 중 퇴원으로 인해 7명이 제외되어 최종 분석대상은 입원 실험집단 10명, 입원 통제집단 9명으로 총 19명을 연구대상으로 하였다. 음악치료는 2006년 7월 11일부터 2006년 9월 20일까지 총 15회기로 주 1~2회 60분으로 진행되었다. 음악치료에 참여한 실험집단은 주치의와 사회복지사로부터 약 1시간 동안 진행될 음악치료에 참여 가능한 자로 연령이 20세 이상 55세 이하인 자이며 학력이 중졸 이상인 자로 질문지 내용을 이해할 수 있고 언어적 의사소통이 가능한 자를 선정하였다.

집단 구성에 있어서 남녀 비율은 거의 비슷한 비율로 설정하였다.

2) 연구설계

본 연구의 실험설계는 2집단 사전사후 측정실험설계이고, 실험처리 효과를 보기 위하여 통제집단과 실험집단을 대상으로 공변량분석(ANCOVA)을 실시하였다.

3) 측정도구

우울척도 우울척도(Beck's Depression Inventory : BDI)는 Beck(1967)이 우울의 정서적, 인지적, 동기적, 생리적 증상을 측정하기 위해 개발한 자기 보고형 검사이다.

21문항, 4점 척도(0~3점)로 구성되어 있으며, 각 문항의 점수를 합산하여 우울 점수로 사용하였다. 총점은 0~63점으로 0~9점은 정상, 10~15점은 가벼운 우울증, 16~26점은 중정도의 우울증, 24~63점은 심한 우울증으로 분류하며, 점수가 높을수록 우울 성향이 높아짐을 의미하고 Cronbach의 신뢰도 계수(a)는 .84이었다.

상태-특성 불안척도 상태-특성 불안척도(State Trait Anxiety Inventory : STAI)는 불안을 측정하기 위한 도구로서 Spielberger(1970)가 제작하고 김정택(1978)이 번안한 것으로 정신장애가 없는 정상적인 성인의 불안 상태를 측정하는 도구이다. 그러나 임상적으로 정신과 환자의 불안 및 불안한 집단의 불안을 판별해 주는 유용한 도구로도 활용되고 있다. 총 40개 문항으로 구성되어 있고 4점 척도(1~4점)이며 ,상태불안을 측정하는 문항 20개, 특성불안을 측정하는 문항 20개로 나누어져 있으며 점수가 높을수록 불안수준이 높은 것을 의미한다. Cronbach의 신뢰도 계수는 .83이었다.

대인관계 변화척도 대인관계 변화척도(Relationship Change Scale : RCS)는 Schlein와 Guerney가 대인관계에 있어서의 변화를 측정하기 위하여 개발한 자기 보고형 검사로서 총 25개 문항으로 구성되어 있다.

본 연구에서는 문선모(1980)가 번안한 척도를 사용하였다.

하위 척도로는 친근감, 민감성, 만족감, 의사소통, 개방성, 신뢰감, 이해성 등의 7개 영역이 있고 5점 척도이며 점수가 높을수록 대인관계가 원만한 것을 의미하고 신뢰도 계수는 .83이었다.

4) 음악치료 프로그램의 목표 및 구성

음악치료 프로그램의 구성 음악치료 프로그램을 시작하기 전에 실험집단과 통제집단을 각각 우울, 상태-특성 불안과 대인관계 기술에 대한 검사를 실시하였다. 음악치료는 총 15회기로 진행하도록 구성하였다.

제1~3회까지를 초기 단계로 보고 치료사와 내담자들 간의 라포르 형성 및 그룹간의 신뢰감 형성을 목표로 삼았다.

제4~9회까지를 중기 단계로 보고 목표는 자기 자신을 스스로 지각하는 과정에서 자기 표현 능력을 향상시켜 자존감이 향상되는 것을 목표로 삼아 궁극적으로는 우울

표 3-2 표적 행동을 위한 오르프 활동

구분	회기	목표/목적	활동 내용	준비물
초기 단계	1회	치료사와 그룹원의 라포르 형성	• 음악치료에 대한 설명 • 그룹원들 소개 • 음악선호도 조사	Water CD, CD Player, 필기도구
	2회	그룹원들 간의 관계 형성/신뢰감 형성	• 신체이완(릴렉스) • 에그쉐이커 돌리면서 그룹원 이름 외우기 • '만남' 노래 부른 후 의미 있는 만남에 대해 대화 나누기	Bluewater CD, 에그쉐이커, 키보드, 만남 노래악보
	3회	자각능력 향상	• 음악치료에 쓰이는 악기소리를 들려주고 사용법 설명 • 자신을 대표할 수 있는 악기 선택후 연주하기 • 악기로 표현했던 것을 언어로 표현한 후 함께 즉흥연주 • Egg Pass game을 한 후 벌칙으로 춤추기	게더링드럼키즈드럼, 오션드럼, 마라카스, 귀로, 카바사, 클레터필러, 션더튜브, 패들드럼, 핑거심벌, 핸드벨 등
중기 단계	4회	자신감 향상 표현기술 향상	• 신체이완(릴렉스) • '내가 만일' 노래 부른 후 가사 개사하기 • 개사한 노래 부른 후 악기로 표현하기 • 연주 후 피드백 나누기	내가 만일 악보, 키보드, 필기도구
	5회	감정표현 능력 향상	• 음악감상할 곡에 대한 설명 • 음악감상하면서 느낌 적기 • 한 사람씩 느낌 발표하기	The Power of love, Iwillbe there 물의 요정, Waltz op.410
	6회	자존감 향상/불안감과 긴장감 완화	• '넌 할 수 있어' 노래 부른 후 가사 개사하기	'넌 할 수 있어' 악보, 키보드, 핸드벨,지휘봉

(계속)

표 3-2 　표적 행동을 위한 오르프 활동 (계속)

구분	회기	목표/목적	활동 내용	준비물
	6회		• 개사한 노래 부른 후 피드백 나누기 • 핸드벨 연주하기 • 그룹원들 앞에서 지휘하기	
	7회	스트레스조절기술 향상/우울 감소	• 명상음악 감상하기 • 음악감상하면서 느낌적기 • 서로의 느낌 공유하기	명상음악
중기 단계	8회	입원에 대한 내관증진 현실 인식/우울증상의 완화	• 국악명상음악 감상하기 • 세상에서 가장 아름다운 사람을 색종이에 이름 적기 • 종이비행기 접어 한 사람씩 날려 보내기 • 치료사는 누구를 적었는지 동기 나 이유 물어보기	국악명상음악(아리랑, Emptiness 세상에서 아름다운 것들), 색종이
	9회	운동능력 향상/불안 감소	• 신체이완 (릴렉스) • 음악에 맞춰 오이리트미 동작하기 • 피드백 나누기	키보드, Bach Preludio I
	10회	자아성찰/만족감 증진	• 신체이완 후 음악감상 • 표현하고 싶은 낱말카드 고르기 • 치료사와 함께 즉흥연주 • 피드백 나누기	Yanni의(Once uponatime, Oneman's dream), 낱말카드
	11회	사회성 향상/의사소통 능력 향상	• 음악감상할 곡에 대한 설명 • 가요감상 후 가사 토의하기 • 자신의 소감 발표하기	'꿍따리샤바라' '바꿔' '어머나' '사는 게 뭔지'
종결 단계	12회	문제해결 능력 향상/이해성 증진	• 명상음악 감상하기 • '빈의자기법' 사용하기 • 악기로 표현하기 • 지금의 느낌 말하기	자연명상음악 음악치료악기
	13회	대인관계 능력 향상/개방성, 친근감	• 신체이완 • '희망사항' 노래한 후 그룹원 이름 넣어 가사 만들기 • 서로의 장점 말하기	'희망사항' 악보, 키보드

구분	회기	목표/목적	활동 내용	준비물
종결단계	14회	자기 문제 인식/만족감 증진	• '나는 문제없어' 노래 부르기 • 노래가사 토의하기 • 지금의 느낌 간직한 채 사랑하는 사람에게 편지 쓰기 • 한 사람씩 낭독하기	'나는 문제없어' 악보, 키보드, 편지지, 필기도구, 연주음악
	15회	긍정적사고능력향상/대인관계능력향	• 음악치료시간의 느낀 점 말하기 • 자신의 장점들 말하고 음악치료시간에 경험한 것을 적용하도록 약속하기 • '내일을 향해'를 힘차게 부른 후 마지막 회기 종결하기	'내일을 향해' 악보, 키보드

표 3-2 표적 행동을 위한 오르프 활동 (계속)

과 불안이 감소될 수 있도록 하였다.

종결단계는 10~15회까지로 보고 자신에 대한 정체감을 확립시켜 자신감을 갖게 되어 대인관계 능력을 향상시킬 수 있도록 하였다.

 참고문헌

이승현, 음악치료가 자폐아동의 상호작용에 미치는 효과, 이화여자대학교 교육대학원 석사학위 청구논문, 2000.

정현주, 음악치료학의 이해와 적용, 이화여자대학교 출판부, 2005.

최병철, 음악치료학, 서울 : 학지사, 1999.

최애나, 음악치료가 정신질환자의 대인관계 기술과 정신병적 행동에 미치는 영향, 이화여자대학교 교육대학원 석사학위 청구논문, 2000.

최애나, 예술심리치료의 이해, 창지사, 2008.

Boxill, E. H., Music Therapy for the Developmentally Disabled., Rockvills, Md : An Aspen Publication, 1984.

무용동작치료

1. 무용동작치료 개관

> 신체의 변화 및 반응을 통하여 심리적 변화를 관찰할 수 있고, 또한 신체의 변화를 유
> 도하고 유발시켜서 심리적 변화를 촉발시키는 진단적, 치료적 도구로 사용할 수 있다.
> – 원상화, 2004

무용동작치료의 키워드를 한 마디로 말한다면, 바로 인간에 대한 애정 어린 관심이다. 그것을 바탕으로 인간의 신체를 주목하고 그 움직임을 관찰하여 심리와의 관계에 있어 최적의 조건을 도출하려고 하는 것이다.

육체와 정신의 관계에 대한 문제는 인간발달사에서 끊임없이 연구되어온 중심과제이다. Platon의 '정신 우위론적 견해', Descartes의 '육체·정신의 이원론적 견해' 등 양자의 관계에 대하여 그 시대를 주도했던 견해들은 실천학문인 교육과 치료이론 및 기법의 발달에 지대한 영향을 주었다.

신체는 '나-자아'발달의 출발점이다. 신체는 감각하고 느끼면서 외부세계(환경)를 수용하고 조정하며 상호작용의 관계를 가진다. 독일어로 신체의 의미는 'Leib'로 삶이란 뜻을 지닌 'Leben'이란 단어와 유사하다. 또한 신체는 어떤 사람 자신이란 개체 중심적 의미를 내포함으로써 매우 개인적인 의미를 가지고 있는 개념이다. 이러한 개

인적인 자신은 감각적이며 우선적인 성향을 지니며, 또한 현실계의 현실적인 측면에서 인정되고 확인되는 '개인 자아'라는 존재의 매개물적 의미를 갖는다. 신체는 의미상으로도 '경험하고 인식하며 살아가는 나'라는 복잡하고 다층적인 존재론적 복합성을 가지고 있다. 즉, 신체는 단순하게 현실 물리계에서 인지되는 물질적 속성으로서의 육체와는 달리, 위와 같이 다층적이며 존재론적으로 주관성을 지니는 복잡한 존재이다.

'움직임을 통한 치료', '동작치료'를 표방하는 연구의 근간에는 '신체'라는 주제가 항상 전제된다. 또한 '신체'는 '나'라는 개념으로 치환될 수 있다. 여기서의 '나'라는 개념은 다양한 복합성과 다층적 의미를 함축하여 내포하고 있는 복합적인 '나'이다.

신체는 심리적 변화의 과정을 표출하는 실제의 기능적 수단이 된다. 이것이 바로 '무용동작치료', '움직임 치료', '운동치료' 등 '신체를 통한, 즉 신체를 매개로 한 심리/정신적 치료이론'들의 근간이 되는 출발점인 것이다. 그 대표적인 분야로는 무용동작치료를 들 수 있다.

무용동작치료는 심신이론을 기반으로 하고 있으며, 그 연원을 본다면, 첫째는 심리학의 발달이고, 둘째는 20세기 초반의 체조와 무용의 개혁운동에서이다.

심리학과 관련하여 '정신분석'은 1895년경부터 시작되어 1930년대 초반 Reich와 Ferenczi에 의해 신체와 연관하여 심리적 문제를 중재하려는 시도로 이어졌다. Ferenczi가 정신분석에서 신체의 치료적 의미를 연구하는 동안, Reich는 신체·심리치

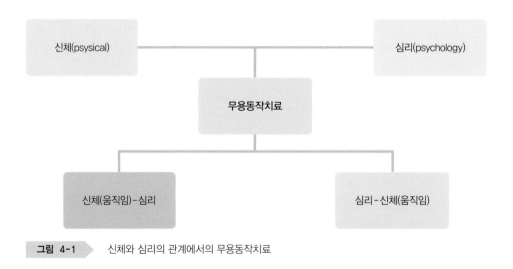

그림 4-1 신체와 심리의 관계에서의 무용동작치료

료를 하나의 단일 학문으로 발전시켰다. Freud, Jung, Adler, Sullivan의 이론을 통해 무용동작이 무용동작치료로서의 이론적 체계를 확립하였다는 데 의미가 있다.

20세기 초반의 무용의 개혁을 논하자면 Isadora Duncan을 빼놓을 수 없다. 무용수였던 Duncan은 1900년대 '자유로운 표현'을 강조하는 표현무용 발달에 대단한 기여를 했는데, 그 당시 정형화되고 형식화된 무용움직임에서 자신의 내면에 중점을 둔 표현중심의 표현무용으로 발전시켰다는 평가를 할 수가 있다.

"나의 감정에 충실하고 이것을 외부로 표현한다(Mueller, 1993)."라는 '표현무용'의 슬로건은 신체와 심리의 일치를 의미하는 것으로서, 그 내면에 치료적인 요소를 다분히 내포한다고 볼 수 있다. 여기서 중요한 것은 이러한 표현무용이 무용이 교육적 역할뿐만 아니라 치료적 기능을 할 수 있다는 가능성을 열어 주었다는 것이고, 또한 직접적으로 무용동작치료의 시작점이 된다.

실제 초기의 무용동작치료는 교육적 성격을 강하게 가졌으며, 자유로운 표현 활동 자체에 중점을 두었다. 그리고 점차적으로 이러한 활동들이 여러 연구자들을 통해 심리학 이론들을 바탕으로 표현활동의 의미를 부여하게 되었고, 그러한 과정을 통하여 체계적인 기법으로 정리되어 결국 심리치료의 한 영역으로 자리를 굳히게 된다. 종합해 보자면, 무용동작치료는 심리학의 발달과 신체문화 변화의 두 가지 흐름에서 출발하였고, 인간의 심리를 변화, 유지시키는 데 있어서 신체와 그 신체를 통해 표출되는 움직임을 그 주된 매개체로 삼아 전폭적인 관심을 쏟고 있는 것이다. 한 가지 예를 들어보자면 "습관화되고 자동화된 움직임을 새롭게 구성하고, 이것을 수행하는 데 있어서 어려움의 원인을 심리학적 측면에서 파악하여 인지하도록 함으로써 문제를 극복하고 건강상태를 유지한다."는 것이다.

무용동작치료는 정신과 신체의 조화를 추구하여, 현대물질사회의 병폐 속에서 정서적 안정을 추구하고 자신을 자유롭게 창조할 수 있는 기회를 제공해 줄 수 있다. 또한 타인과의 긍정적 관계형성을 움직임 속에서 경험하게 하여, 일상생활에 있어서 일반화할 수 있는 자극제의 역할을 담당할 수 있다. 즉, 무용동작치료는 현대인의 정신건강을 위한 예방적, 치료적, 재활의 역할을 담당할 수 있는 중요한 분야라는 것이다.

무용동작치료는 정신과 병동, 특수학교, 복지관, 심리치료연구소 등의 기관에서 광범위하게 활용되고 있다. 실제 그 적용대상이 유아에서 노인에 이르기까지 인간의 전 생애주기에 따라 적용되고, 개인의 특성 및 장애를 반영하여 다양한 연구 및 치료 활동이 전개되고 있다.

이 단원에서는 무용동작치료의 활용을 확대하기 위함을 목적으로, 무용동작치료의 이론과 실제라는 주제로 무용동작치료의 형성과정 및 원리에 대한 이론들이 다뤄지며, 무용동작치료의 실천적 적용에 대한 것들로 내용이 구성되었다.

2. 무용동작치료의 이론

1) 역사적 배경 및 이론적 기반

> "말하는 것만으로는 부족하니 한숨을 지어 탄식한다. 한숨을 지어 탄식하는 것만으로 부족하니 노래를 부른다. 노래를 부르는 것만으로는 부족하니 손과 발로 춤추게 한다."
>
> -왕극분; 고성길, 1991 재인용

미국과 유럽의 연구의 교류를 기본 베이스로 하여, 미국을 출발점으로 '무용동작치료'라는 개념이 도입되면서 학계에 주목을 받았다. 이 개념은 새로운 무용인 모던댄스(modern dance)에 대한 관심을 토대로 하여, 무용을 통해 인간의 심리적 문제를 개선하고 치료한다는 것이었다. 그때까지의 무용에 대한 일반적인 태도는 무용을 이른바 우아하고 형식화된 음악과 불가분의 존재인 약간은 음악 종속적인 속성을 지닌 예술로서 다루는 것이었다. 그러나 모던댄스의 탄생과 함께 신체 내의 리듬을 인지하고 이를 무용동작에 반영시키므로 인하여, 무용을 음악과 분리하여 드디어 하나의 독립된 표현예술로서 인식하게 되었던 것이다. 이것은 전혀 외부적인 것을 배제한 상태에서 인간의 신체 움직임 그 자체에 주목을 하였다는 것에 큰 의미를 부여할 수 있다. 또한 이것은 신체의 움직임 자체만으로도 충분한 미적, 예술적 가치를 부여할 수 있다는 것을 뜻하기도 한다. 이러한 개념적 변혁은 새로운 관점에서의 인문학적 발달과 그에 따른 사회적 제(諸) 현상들이 그 동인(動因)의 일단을 형성한 것이 사실이다.

독일에서는 그 당시 새로운 표현 형식의 무용 예술이 관중들의 획기적인 찬사를 받으며, 결국 전통적 발레학교들이 개혁을 요구받는 상황에까지 이르렀다. 여기서 한 가지 중요한 점은 현재까지 무용뿐 아니라 전반적인 예술계의 개혁을 이루어 낸 원동력은 바로 '생각 방식의 변화'였다는 것이다. 서양에서는 본래적으로 신체와 정신(심리)을 구별해서 학문을 전개시켜 왔다. 그러나 1800년대 후반부터 학자들은 이원론적인 사고의 한계를 느끼기 시작하면서 그 대안으로 다른 문화권의 사상들에 관심을 가지게 되었다. 이러한 배경에서 신체와 정신 간의 일치성 및 연관성을 찾으려는 데 중점을 두는 학문들이 대두되었으며, 무용계에서도 '무용동작치료'라는 새로운 분야를 발전시킬 준비가 점차적으로 이루어져 왔다. 이것도 역시 인간의 신체 움직임과 심리작용 간의 연관성을 인정한다는 전제가 기본바탕이 되는 것이다. 무용동작치료 분야는 우선 신체의 표현 형식의 다양성을 인식한다. 이와 같은 관점에서 무용동작치료가 형성된 과정을 이해하기 위해 역사적 관점에서 무용동작에 대한 일반적 이해와 무용동작치료의 형성과정에 대한 역사적 고찰을 통해 그 근원 및 원리파악을 위한 이해를 돕고자 한다.

(1) 무용동작에 대한 이해 : 사회적 기능과 심리적 기능

무용동작은 문화의 발달과 그에 따른 사회구조적 변화에 따라 그 개념이 넓혀지고 혹은 제한되기도 하였다. 하지만 과거의 원시적 형태에서 현대의 무용 예술에 이르기까지 변하지 않는 것은 무용의 기능이 '인간 내면 세계의 표현'이라는 것이다. 시경의 대서와 Augustinus의 글을 보면, 무용을 인간 내면 세계를 표현하는 일련의 매체로서 인식하여 무용의 심리적 측면을 서술했다. 그리고 무용을 카타르시스적 작용의 수단으로 이해하였다.

"말하는 것만으로는 부족하니 한숨을 지어 탄식한다. 한숨을 지어 탄식하는 것만으로 부족하니 노래를 부른다. 노래를 부르는 것만으로는 부족하니 손과 발로 춤추게 한다."(고성길, 1991)

또한 Aurelius Augustinus는 "나는 무용을 찬송한다. 무용은 공동체 안에서 개인으로서의 어려움에서 인간을 자유롭게 한다. 나는 건강과 맑은 정신을 갖도록 이끄는 무용을 찬송한다. 인간은 항상 좌절의 위험을 가지고 있고 무용은 공간과 시간을 변화할 수 있는 능력으로 이 시기를 돕는다. (중략) 무용은 자유로움을 요구한다. (중략) 무용을 배우라. 그렇지 않으면 하늘의 천사가 너와 함께하지 않을 것이다(Klein, 1993)."라고 무용을 격찬하였다.

위와 같이 동·서양의 옛 문헌에는 이미 무용의 심리치료적 기능을 어느 정도 인지하고 있었던 것이 아닌가 하는 흔적들을 곳곳에서 엿볼 수 있다.

실제 원시시대에는 무용이 여러 가지 형태의 질병 치료에 있어서 직접적 참여의 수단으로 작용했다. 원시시대의 무용은 종교적, 오락적, 정치적, 사회적 측면에서 절대적 위치를 차지하였다. 어떤 집단에 있어서 그들에게 무용은 삶 그 자체였다. 이와 같은 원시무용은 주술사에 의해 행해지는 인신(人神) 교류의 중요한 매개체였고, 또한 그런 의식과정에서의 중요한 수단으로 널리 사용되었다. 제 의식 안에서 춤은 탄생, 성인식, 결혼, 죽음과 같은 인간의 삶과 함께하는 사회적 통합의 수단이기도 하였으며, 다른 측면에서는 모든 사람들이 함께 모여 춤을 추고 같은 리듬을 공유하는 점에서 집단 치유적 요소가 내포되어 있기도 하였다. 이와 같은 무용의 절대적 권위는 문화의 발달과 함께 윤리, 도덕의 체제 안에서 점점 그 성격을 달리하게 된다.

유럽 무용사를 보면 고대 그리스의 철학자들에 의해 사회 조화와 공동체의 단결을 위한 수단으로 무용의 교육적 측면에서의 필요성이 강조되었다. 예를 들어 Platon에게 있어 리듬감 있는 조화된 움직임은 심리적 덕성의 표현이었다. Platon은 무용을 체조적 측면에서 어린이 교육의 한 분야로 강조하였다. 또한 리듬감과 조화된 음악적 감지능력은 윤리성을 바탕으로 한 미적 감각의 발달에 영향을 준다고 보았다. 이 시기의 무용의 사회적 작용은 조화된 인간 육성이라는 교육적 측면과, 그들의 각 행사(추수, 예식 등)에 동반되는 오락적 형태의 무용, 즉 인간의 기쁨, 슬픔 등의 심리의 표현과 심리적 만족을 위한 측면에서 행해졌다.

문명의 발달과 함께 무용은 심리적 측면에 있어서의 카타르시스적 수단으로 이용된다. 현재에도 세계적으로 많은 미개 지역에서 무용이 주술사에 의한 치료의 수단으로 쓰이고 있는 것을 볼 수 있다. 무용은 고대, 중세, 르네상스, 현대에 이르기까지 그 시대에 지배했던 윤리적, 미적 관념의 차이에 따라 그 형태의 차이를 보이지만, 무용의 카타르시스적 기능과 정서표현의 기능 등의 심리적 측면은 오늘날에도 그대로 지금까지 이어지고 있다. 또한 무용은 개인과 사회를 이어주는 중계자의 역할을 한다. 사회 현상을 무시한 무용은 존재할 수 없으며, 개인의 개성과 감성적, 심리적 측면을 무시한 무용은 진정한 무용이라고 할 수 없다. 이와 같은 관점들을 근저에 포진시키고 무용이 무용동작치료로서의 이론적 실제적 틀을 갖추게 되는 과정을 살펴보고자 한다.

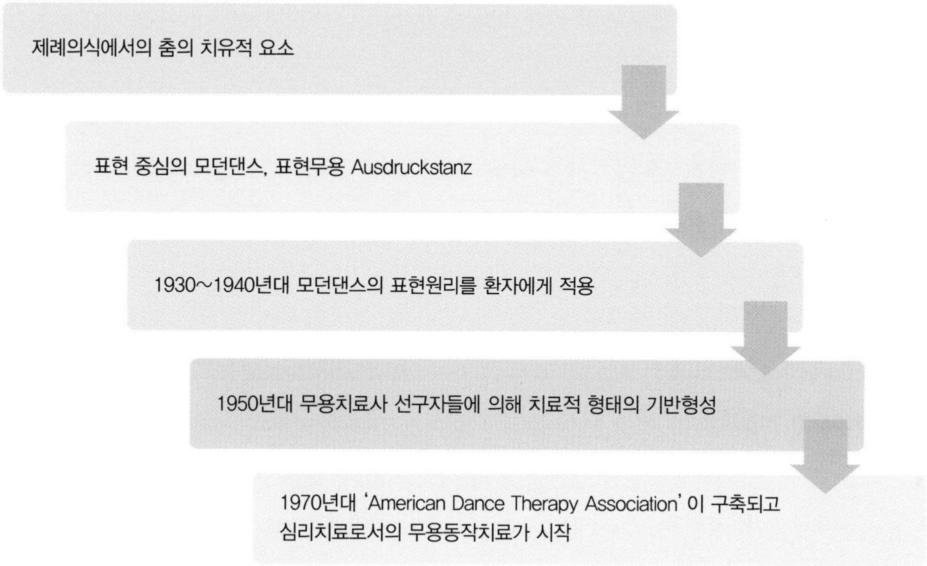

| 제례의식에서의 춤의 치유적 요소 |
| 표현 중심의 모던댄스, 표현무용 Ausdruckstanz |
| 1930~1940년대 모던댄스의 표현원리를 환자에게 적용 |
| 1950년대 무용치료사 선구자들에 의해 치료적 형태의 기반형성 |
| 1970년대 'American Dance Therapy Association'이 구축되고 심리치료로서의 무용동작치료가 시작 |

그림 4-2 무용동작치료의 생성과정

(2) 역사적 측면에서의 무용과 신체 움직임

무용은 신체를 표현의 매개체로 한다. 그런 점에서 각 시대별로 신체를 보는 시각이나 관(觀)—그것이 철학적인 것이든 혹은 종교적인 것이든 간에—에 의존하면서, 또는 사회구조와 밀접한 연관을 맺으면서 발전과 쇠퇴를 거듭하였다.

고대 서양 철학자에게 있어서 신체는 하나의 연장이나 기구와 같은 도구로 해석되었고, 이 도구는 정신을 통하여 지배되어야 한다고 생각했다. 이러한 사고의 틀 속에서 Socrates를 비롯한 철학자들은 정신과 신체의 균형을 찾기 위한 수단으로 미술, 음악, 무용, 운동의 중요성을 교육적인 면에서 강조했다. 그리고 질서와 정(靜)을 상징하는 아폴로적 그리고 자유롭고 활동적이며 엑스터시의 경향을 상징하는 디오니소스적 예술 형태가 성립되었다.

유럽의 경우 중세로 들어서면서 신(神) 중심의 사회에서 신체는 더욱 경시되었고 '무용 금지령'이 내려졌으며 유럽에 잔존해 있던 디오니소스류의 엑스터시적 무용 형태는 철저히 금기시되었다. 그러나 신 중심 세계에서 인간 중심의 세계관을 형성하려는 르네상스의 시기를 맞이하면서, 인간의 신체는 인간의 이성을 나타내는 수단으로 새롭게 재인식하게 되었다. 이에 따라 신체의 미에 대한 관심이 사회문화 전반에 걸쳐 고조되기도 하였다. 이 시기의 과학의 발달은 모든 사물과 우주의 질서를 이성적으로 탐구하려는 시도와 함께, 예술 분야에서도 베르사유의 정원과 같이 기하학이 도입되기도 하였다.

18세기에 접어들면서, 유럽에서는 사회, 문화 등에 있어서 새로운 격변의 시기를 맞이한다. 대표적으로는 Rousseau의 자연주의의 이론이 교육 분야에 새로운 변혁을 제시하였고, 무용계에서는 왈츠의 탄생이 이루어진다. 이 왈츠는 무용이 내면세계의 표현 예술로서 발전하는 데 하나의 원동력이 되었다. 왈츠의 터닝은 엑스터시적 신체 동작의 디오니소스적 자유로움으로 해석되었고, 가까운 신체접촉을 기본으로 한 정형적인 자세는 내면세계의 정열을 나타내는 수단으로 사용되었다. 이와 같은 배경을 바탕으로 미뉴에트가 센세이션을 일으켰듯이 왈츠는 유럽 전역에 단시간에 파급되었다. Noverre는 왈츠를 경험하면서 "무용수들은 왈츠 스텝을 배우려 힘쓰지 말고 그 속에 들어 있는 열정과 감동을 배우기에 힘써라."(Sorell, Walter, 1985)라고 하였다. 이 시기를 통해 무용이 인간의 내면을 표현한다는 심리적 측면이 강조되기 시작하였다.

20세기 초반의 사조는 철학, 심리학 분야에 '개인, 개성'이 주요 관점으로 풍미하여 개성적이고 새로운 예술이 요구된 시기이다(Brandstetter, 1995). 이와 같은 요구는 무용에도 반영되어 개인적이고 개성적인 표현으로서의 신체는 자연과의 조화 안에서 최대의 기능을 발휘할 수 있다는 관점에서 표현양식의 변화를 가져왔다. 즉, '자유로운 신체의 움직임', '자연을 표현하는 신체' 등의 슬로건과 함께 무용은 다음의 네 가지 경향을 가지고 발전한다.

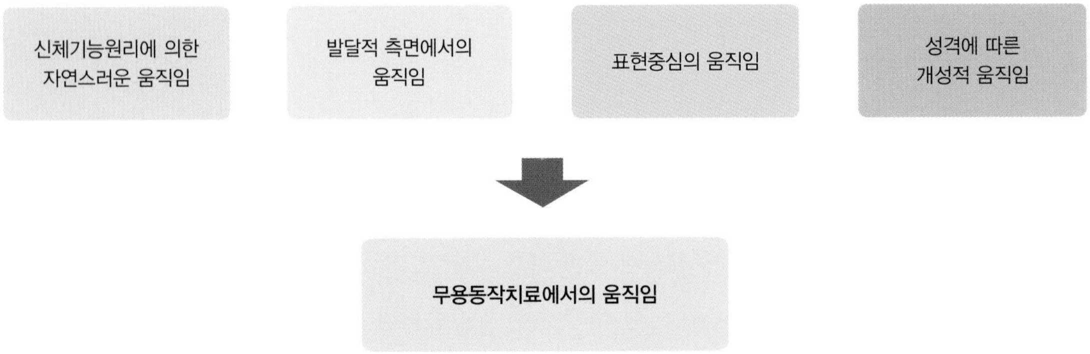

신체기능원리에 의한 자연스러운 움직임	발달적 측면에서의 움직임	표현중심의 움직임	성격에 따른 개성적 움직임

무용동작치료에서의 움직임

그림 4-3 ▶ 무용동작치료에서의 움직임에 대한 이해

- 신체의 기능적 원리에서의 자연스러운 움직임
- 발달적 측면에서의 움직임
- 인간움직임에서의 표현과 표현의 수용
- 성격 성향에 따른 개성적 움직임

이러한 동향은 무용의 순수 예술적 측면에서의 발달뿐 아니라, 건강과 연관된 무용교육 및 무용치료의 발달도 함께 연계해서 이어진다. 이러한 흐름은 무용예술뿐만 아니라 체조에서도 단순히 물리적인 신체단련의 측면에서 확장 발전하여, 움직임 인식과정을 주 관점으로 '심리적 변화가 신체의 변화를 가능하게 한다'는 관점으로 변환되는 계기가 되었다. 이러한 동향은 Delsarte에 의해 구체화되었다. 그는 잘못된 교수법에 의해 자신의 성대에 상해를 입게 되고 이를 계기로 신체와 신체 움직임의 표현에 관한 연구를 시작한다. 그는 자신의 신체뿐만 아니라 어린아이와 그를 양육하는 엄마의 움직임을 관찰하면서 자세, 호흡, 제스처의 '자연스러운 움직임'과 건강의 관계를 발견하게 된다. 자연스러움이 회복된 신체는 자신의 목소리를 돌려주었고 더욱더 표현력이 풍부하게 되는 변화를 경험하였다. 그는 이러한 현상을 이해하고자 신체를 머리와 관절로 나누고, 크고 작은 움직임이 이루어지는 각각의 동작활동들을 단순한 신체 움직임으로 보지 않고 정신적, 심리적 일치 등으로 인식하여 '움직임'의 개념을 넓혔다.

표현체조 발달과 표현무용에 영향을 주었던 Delsarte의 제자였던 Stebbins는 Delsarte의 이러한 이론을 심화시키고 구체화하였다(Hoermann, 1991). 그는 인간의 표현 욕구에 동기를 부여하고, 그 욕구를 충족시키며, 그것을 신체를 통해 표현할 수 있는 메커니즘을 연구했다. 그의 연구는 결론적으로 '신체의 자유를 유도'하는 교육을 의미한다. 즉, 자연스러운 신체의 기능을 유지하는 것을 의미하기도 한다.

이러한 Stebbins의 자연스럽고 자유로운 움직임에 대한 중요성의 인식은 Isadora Duncac, Ruth, St. Deins 등의 현대무용 탄생의 기반이 되었다. 또한 유럽에서 Laban에 의해 신체 움직임의 연구가 심화되었으며, 이는 Wigman의 표현무용의 탄생으로 이어졌다.

Wigman의 표현무용은 무용치료사인 Espenak, Whitehouse, Evan 등의 무용치료 발전의 원동력이 되었다. 그와 같은 심리와 신체를 주제로 한 흐름 속에, 신체 움직임의 체조적 측면에서 심리의 연관관계를 주제로 한 '신체요법'이 있다. 대표적으로

Feldenkrais, Rolfing 기법, Bartneieff 등을 들 수 있는데, 전술한 신체요법의 공통점은 신체의 긴장, 이완 단계에서 신체의 부적응을 유도했던 잘못된 움직임의 습관을 '인지'과정을 통해 감각으로부터 삭제하여 새로운 신체 습관을 축적하여 가는 것이다. 그러한 신체요법들은 '올바른 신체 사용과 변화는 심리에도 긍정적인 영향을 준다.'라는 가설과 다양하게 조우하며 다채로운 양상으로 발전하였다. 1900년대 중반부터는 무용과 체조의 다채로우며 다양한 형태로의 발전이라는 흐름 속에서 형성된 '신체 중심의 심리치료'라는 분야가 대두되어, 신체와 심리의 상호작용에 대한 착안에 있어서 획기적이며 다양한 형태의 방법론들을 도출하며 발전하고 있다. 이러한 신체표현 연구의 진전은 다분히 육체 중심의 무용 및 체조가 심리학과 만나는 계기를 제공하여, 보다 진화된 이론과 방법론으로 심화 발전하고 있다. 이는 무용동작치료와 다양한 신체요법의 생성 및 발전을 의미한다.

이 시기에 무용에 있어서 새로운 장르들이 형성되었다. 미국에 있어서의 '모던댄스(modern dance)', 독일의 '표현무용(ausdruckstanz)'이 그것이다. 인간의 내면세계를 형태가 자유로운 동작으로 표현한다는 무용의 개념에 대한 전혀 새로운 지평이 열린 것이다. 이러한 기조를 기초로 하여 신체의 움직임은 단순한 근육의 움직임이 아닌, 인간의 심리 상태와 정신세계의 표현이라는 이론이 제시되었고, 인간의 움직임은 심리학자들에게 관심의 대상이 되었다. 이와 같은 맥락에서 '미국의 모던댄스, 독일의 표현무용'은 무용동작치료의 시작을 알리는 움직임이었다.

무용동작치료는 20세기의 심리학에서 Freud를 선두로 Jung, Adler, Sullivan 등에 의해 발전한 정신분석 이론을 토대로 하여, 무대예술로서의 무용 외에 좀 더 새로운 관점을 가지고 접근했던 초기 선구자들에 의해 체계화되었다. 그 대표적인 무용동작 심리치료사는 Marian Chance, Mary Whitehouse, Blanche Evan, Trudi Schoop 등이 있으며, 점차 그 효과가 인식되기 시작하였다. 무용동작치료사는 언어적이고 비언어적인 의사전달 수단을 결합시킴으로써 환자가 자신의 감정을 표현할 수 있게 하고, 인간관계에 참여할 수 있게 하며, 자아 존중감을 증진 시킬 수 있도록 한다. 또한 나아가 자신의 신체 이미지에 대하여 더욱 실질적인 개념을 발전시킬 수 있도록 한다. 드디어는 1966년 미국 무용치료협회(Americal Dance Therapy Association)가 발족되면서 체계적인 무용동작치료사 양성이 가능하게 되었다.

2) 개념 및 정의

무용동작치료라는 개념은 원시시대의 무용에서 절대적 위치를 차지한 주술적 기능으로서의 '치료' 개념과는 다르다. 무용동작치료는 심리학과 교육학에 깊은 연관을 가지며, 신체를 내면세계에 대한 표현의 중재자로서 이해하고, 신체 자세와 표현법의 개선을 다룬다. 또한 신체와 내면세계의 균형을 이루어야 한다는 원리 안에서 성립된 분야이다. 그 대상은 심신 장애인으로 정신분열과 같은 심각한 장기 환자로부터 신경증, 우울증 환자 등 매우 광범위한데, 결국 전 생애주기에서 요구되는 발달과업을 수행하지 못하거나 수행하는 데 장애를 가진 대상자 등 그 적용범위는 바로 '우리'라고 할수 있다.

무용동작치료에서는 예술로서의 무용뿐 아니라, 개인의 움직임, 더 나아가 모든 인간의 움직임에까지 주의를 환기할 필요가 있다. 이러한 관점에서 무용동작치료라는 용어를 사용한다. 무용과 동작이라는 신체적 움직임을 매개로 하여, 그것을 심리적 프로세스와의 관계에 중점을 두며 조절하여, 내담자의 긍정적 변화를 이끌어 내는 것을 그 목적으로 한다.

적자생존론으로 우리에게 너무도 잘 알려진 자연과학자 Darwin의 저서 『인간과 동물의 정서표현(Der Ausdruck der Gemuetsbewegung)』은 심리학 분야에서 있어서 내면세계와 외부의 표현방식에 관한 인간관계에 대한 심리학 연구의 출구가 되었다. William James의 '슬프기 때문에 우는 것이 아니라 울기 때문에 슬프다'는 비유는 인간의 내면세계가 의식적 활동에 의해 영향을 받을 수 있다는 주장으로서, 무용 및 음악심리치료학에 있어 즐거운 음악을 듣고, 뛰며 즐거움을 상징하는 동작 등으로 부정적인 감정 상태를 개선한다는 이론을 뒷받침해 주고 있다.

정신분석학자인 Freud는 시기적 인간의 성에 대한 내재적 발달단계의 체계를 제시하고, 심리적 장애 원인을 인간의 무의식세계와 연관하여 연구하였다. 그의 이론은 무용동작치료에서 신체의 즉흥적 움직임을 이끌어 내어 이를 관찰하고 환자의 무의식세계를 의식화 한다는 이론과 연관된다. 이외에도 C. G, Jung, Harry Stack Sullivan, Abraham Harold Maslow, Jacob Levy Moreno 등에 의해 신체와 심리의 연관관계가 연구되었으며, 이들의 이론을 바탕으로 무용을 통한 건강한 인간이라는 관점에서 예방적, 치료적 재활의 목적을 위한 다양한 기법들이 형성되게 된다.

무용동작치료의 선구자인 Marian Chace의 기본적인 이론은 신체활동의 활동에 대

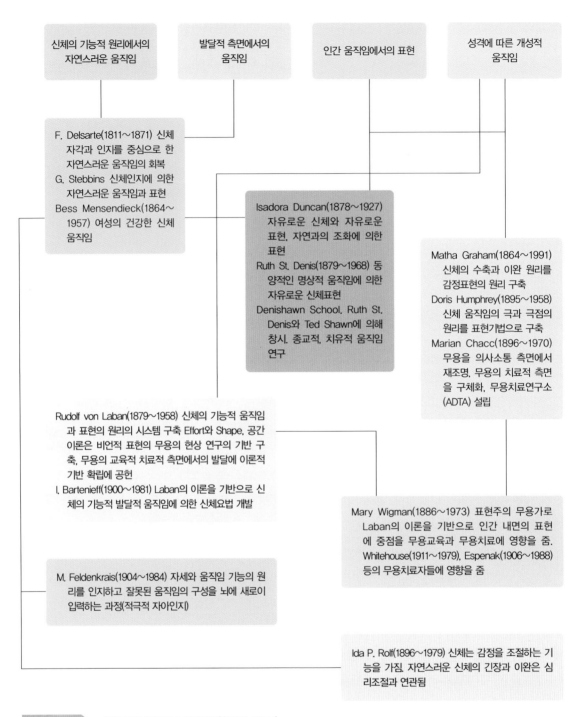

| 신체의 기능적 원리에서의
자연스러운 움직임 | 발달적 측면에서의
움직임 | 인간 움직임에서의 표현 | 성격에 따른 개성적
움직임 |

F. Delsarte(1811~1871) 신체
자각과 인지를 중심으로 한
자연스러운 움직임의 회복
G. Stebbins 신체인지에 의한
자연스러운 움직임과 표현
Bess Mensendieck(1864~
1957) 여성의 건강한 신체
움직임

Isadora Duncan(1878~1927)
자유로운 신체와 자유로운
표현, 자연과의 조화에 의한
표현
Ruth St. Denis(1879~1968) 동
양적인 명상적 움직임에 의한
자유로운 신체표현
Denishawn School. Ruth St.
Denis와 Ted Shawn에 의해
창시. 종교적, 치유적 움직임
연구

Matha Graham(1864~1991)
신체의 수축과 이완 원리를
감정표현의 원리 구축
Doris Humphrey(1895~1958)
신체 움직임의 극과 극점의
원리를 표현기법으로 구축
Marian Chacc(1896~1970)
무용을 의사소통 측면에서
재조명, 무용의 치료적 측면
을 구체화, 무용치료연구소
(ADTA) 설립

Rudolf von Laban(1879~1958) 신체의 기능적 움직임
과 표현의 원리의 시스템 구축 Effort와 Shape, 공간
이론은 비언적 표현의 무용의 현상 연구의 기반 구
축, 무용의 교육적 치료적 측면에서의 발달에 이론적
기반 확립에 공헌
I. Bartenieff(1900~1981) Laban의 이론을 기반으로 신
체의 기능적 발달적 움직임에 의한 신체요법 개발

Mary Wigman(1886~1973) 표현주의 무용가로
Laban의 이론을 기반으로 인간 내면의 표현
에 중점을 무용교육과 무용치료에 영향을 줌.
Whitehouse(1911~1979), Espenak(1906~1988)
등의 무용치료자들에 영향을 줌

M. Feldenkrais(1904~1984) 자세와 움직임 기능의 원
리를 인지하고 잘못된 움직임의 구성을 뇌에 새로이
입력하는 과정(적극적 자아인지)

Ida P. Rolf(1896~1979) 신체는 감정을 조절하는 기
능을 가짐. 자연스러운 신체의 긴장과 이완은 심
리조절과 연관됨

그림 4-4 무용동작 심리치료 성립과정(원상화, 2004)

표 4-1	Marian Chace의 주요기법(Hoermann, 1991)

Marian Chace		
상징	반영	카타르시스
무용은 상징적이란 특성을 살려서 환자들에게 어떤 개념(예를 들어 동물, 식물 등)에 대하여 자유로이 연상하게 하고 이를 표현하게 한다.	내담자의 신체 움직임을 치료사가 모방함으로써 내담자에게 자신의 신체 움직임의 개선점을 의식하게 한다.	원시무용에서 찾아볼 수 있는 집단의 다이내믹, 엑스터시를 이끄는 신체리듬 활동의 활성화를 기본 이론으로 한다.

한 연구의 아버지로 불리는 Wilhelm Reich에게 영향을 받아, 신체 움직임의 불균형 해소를 위해 신체의 균형을 찾기 위한 중재자로 이완작용을 이용하였다. Chace의 무용동작심리치료의 연구내용은 표와 같이 요약될 수 있다.

Espenak은 신체 상태와 개인 움직임의 특성을 해석하는 시스템을 창안하고, Alexander Lowen, Organo Therapy의 신체자각과 이에 따른 신체에너지의 흐름에 대한 이론을 수용하여 신체의 자세, 근육의 긴장 및 이완 상태를 심리상태에 연관하여 무용동작치료의 기본 요소로 삼았다.

Evan은 도시아이들의 움직임의 결핍에서 오는 심리장애에 관심을 기울이고, 어린이 교육에 있어서 창작무용 교육의 중요성을 심리치료적 효과와 연관지어 연구하여, 무용동작치료를 통한 인간심신건강의 예방적 측면의 중요성을 제시하였다.

Schoop은 그녀의 타고난 직관력과 유머로 내담자의 마음을 쉽게 열게 하였고, 내면세계의 완전한 균형 및 조화를 위한 방법을 발전시켰다. 그녀는 한 인터뷰에서 "어떤 학문적 근거를 두고 이론을 발전시켰는가?"라는 질문에, "자신은 학문에 관심이 없으며, 다만 자신은 내담자들의 내면세계를 이해하려고 노력하며 그들의 내면세계의 갈등을 밖으로 표출하게 춤 출 수 있게 도왔을 뿐"이라는 취지의 답변을 하였다. 그녀는 무용동작치료의 선구자로 꼽히나, 실제로 학자들 사이에서는 그녀의 방법론이 어떤 학문적 이론에 근거하지 않는다는 이유에서 그녀의 치료사로서의 명칭에 대해 평가가 갈리고 있다.

Whitehouse는 독일의 표현주의 무용가인 Wigman에게 창작무용법과 Laban의 원리

표 4-2 **Mary Whitehouse의 주요기법(Hoermann, 1991)**

Mary Whitehouse		
극성(가볍고 무거움, 가깝고 먼, 열고 닫기)에 의한 근육의 변화에 중점을 둔 신체활동	상상력을 자극하여 내면세계의 감수성을 신체 움직임의 근원으로 작용하게 하여 억제되고 제한된 무의식 세계를 의식화	자율적인 움직임을 유도. "나는 움직이는(능동적, 의지에 의한) 것이 아닌 나는 움직여진다."

에 관해 배웠고, Jung의 이론에 영향을 받았다. 그녀는 개개인의 내면세계를 운동감각 능력으로 표현할 수 있게 하고, 신체 표현활동에서 사용하지 않는 부분은 강조해서 움직이게 이끄는 것을 심리치료의 방향으로 설정하였다.

이와 같은 무용동작치료의 발전과 함께 미국 무용치료협회(American Dance Therapy Association : ADTA)에 의한 무용치료에 대한 정의를 살펴본다면, '무용치료는 한 개인의 정신과 신체의 통합을 위한 과정으로서 움직임을 정신 치료적으로 사용하는 것'이라고 정의한다. 영국 무용동작치료협회가 규정한 정의는 "개인의 정서적, 인지적, 신체적, 사회적 통합을 발달시키기 위해 개인이 어떤 과정을 참가하여 창의적으로 무용과 동작을 사용하는 것이다."라고 정의한다. 무용동작치료에 포함되는 요인을 중심으로 개념을 정리하면 다음과 같다.

무용동작치료는 신체와 심리의 상호작용에 기반을 둔다.

- 신체가 심리치료의 매체가 된다.
- 창의적 표현활동을 경험하게 한다.
- 치료적 관계 속에서 내적 감정들을 안전하게 표출하게 한다.
- 움직임, 리듬 안에서 사회적 상호작용을 경험한다.
- 심신의 통합을 경험하고 이를 일상생활에 일반화한다.

3) 원리와 방법

무용동작치료는 음악, 미술, 드라마, 문학 등과 함께하는 예술심리치료의 한 분야로 동작을 심리치료의 주 매개체로 사용하여 개인의 감정과 정신, 신체를 통합시키는 것을 목적으로 한다. 즉, 동작을 심리치료적으로 사용하여 개인의 심신을 통합하고 건강함을 느끼게 하는 것을 목적으로 한다는 뜻이다. 이러한 관점에서 무용이라는 용어에 내포되어 있는 예술적 형태형성의 개념을 초월하여, 그 대상을 인간의 모든 움직임으로 확장하게 된다. 심리치료과정에서는 얼마나 잘 표현했는지에 관한 관심보다는 어떻게 무엇을 표현했는지가 중점이 된다. 이러한 관점에서 무용치료라는 용어보다는 무용동작치료라는 용어가 적합하다. 즉, 인간의 모든 움직임인 동작에서 예술적이고 창의적인 무용에 이르기까지 관찰되는 모든 인간의 동작이 심리치료의 매체로 사용되는 분야라는 것이다. 움직임을 통해 일상적인 자각과 무의식적인 정신 과정들의 이해를 돕는다. 또한 치료과정에서 관찰되는 이론적 원리를 정리하면 다음과 같다.

아래의 〈그림 4-5〉를 정리하면 다음과 같다.

- 심신의 상호작용 원리
- 동작은 인간의 과거와 현재와 미래를 표현
- 치료사와 내담자의 효율적인 관계 형성
- 꿈, 그림, 자유연상 등과 같은 것에 대한 동작의 무의식적인 증거
- 즉흥움직임을 통한 창조성의 회복

첫째, 무용동작치료는 심 대 신의 상호작용의 관계를 진단의 관점에서 접근한다. 대표적으로 Laban은 신체의 움직임과 공간과의 관계에서 인간의 심리적 기능들을 파악하려는 동작 분석 시스템을 연구하였다. 무용동작치료에서는 심신의 상호작용관계를

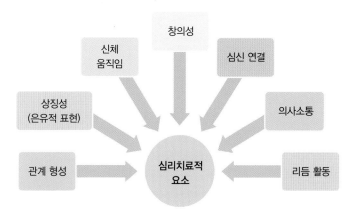

그림 4-5 무용동작 심리치료에서의 심리치료적 요소

규명하여 내담자의 심신 불일치의 요소를 해소하는 역할을 하기도 한다.

둘째, 인간의 움직임은 각각의 성격과 개성을 반영하는 패턴을 가지고 있다. 각기 다른 개성은 움직임의 서로 다른 패턴을 통해서 규정지어진다고 볼 수 있다. 즉, 동작은 개개인의 과거와 현재의 상태 또한 미래의 모습을 설명하고 있다고 볼 수 있다.

셋째, 동작을 중심으로 하여, 치료사는 내담자가 최대한 안정된 상태에서 자신을 표현하도록 도와주고, 지속적인 상호작용을 통해 스스로를 체험하고 자각할 수 있는 조력자의 역할을 한다.

넷째, 동작은 그림이나 글보다 더 근접하게 무의식을 반영한다. 즉, 동작은 감각적 체험이고 이는 즉각적으로 언어 이전의 경험도 체험하게 해 준다. 이를 통해 자신의 현재를 재통합하는 역할을 해 주기도 한다.

다섯째, 치료과정에서 창조적인 자아표현은 자유로움과 근육의 경련 및 회복을 경험하게 한다. 즉, 신경학적 기능과 순환기 작업 등을 통해 자기 의지를 표현할 기회를 좀 더 자유로이 가질 수 있게 하고 나아가서 자아 개념을 촉진시킨다. 이를 통해 부정적인 정서 상태인 우울, 불안을 감소시키며 향상된 신체적·심리적 통합을 가져올 수 있다.

무용동작의 표현적이고 창의적인 요소들을 심리치료적 관점과 연관하여, 치료사와 내담자의 관계에 있어서 치료사는 내담자를 긍정적으로 변화시킬 수 있게 하는 것에 초점을 둔다. 무용동작치료는 집단 안에서 사회적인 역할을 수행할 수 있는 능력을 향

그림 4-6 무용동작 심리치료에서의 창조적 표현요소

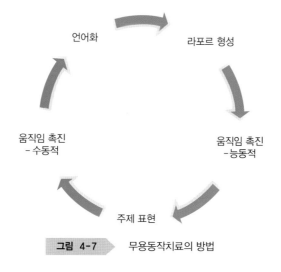

언어화 · 라포르 형성

움직임 촉진
-수동적

움직임 촉진
-능동적

주제 표현

그림 4-7 무용동작치료의 방법

상시킬 수 있는 체험을 제공해 주므로 내담자의 신체상을 재확립시키고, 내담자의 비언어적 요소들을 언어에 재통합되도록 한다.

4) 무용동작치료의 목표

무용동작치료는 예술심리치료의 핵심 개념인 창조적 표현과정이다. 유아기 아동들을 관찰해 보면 그림 그리고, 노래하고, 춤추며 창의적으로 자신을 표현한다. 이와 같은 창의적 표현은 건강의 표현이고, 만족감과 생활의 즐거움을 의미한다. 건강하지 못하다는 것은 창의성을 발휘하지 못하는 상태라고 볼 수 있다.

무용동작치료의 첫 번째 목표는 평소에 경험하지 못한 감각을 일깨워 주고 이를 통해 자신의 문제를 확인하고 직면하며 해소하고 변화를 통한 성장을 경험하게 한다. 이를 경험하게 하기 위해 대상자에 감각 일깨우기, 주제별 표현하기, 주제 발견하기 등의 활동을 전개할 수 있다. 둘째는 움직임을 촉진하여 신체를 활성화하는 것이다. 일상적으로 관찰되는 적응적이지 못하는 사람들을 관찰하면, 과소한 신체활동 또는 과다한 신체활동을 관찰할 수 있다.

무용동작치료에서는 조절된 신체활동을 촉진하고 이를 통해 심신의 통합을 경험하게 한다. 셋째는 개개인의 역할수행능력을 강화하는 것이다. 각자가 처해 있는 위치에서 요구되는 역할수행능력을 촉진하므로 보다 긍정적인 상호작용능력을 증진시킬 수 있으며 궁극적으로 자기 효능감을 경험하게 한다. 넷째는 다양한 감정을 표현할 수 있는 장을 마련해 준다. 이를 통해 자신에게 민감해지고, 타인의 감정을 이해할 수 있도록 하여, 나-너의 본질적인 정서를 표현하고 경험하게 함으로써 행복한 '우리'를 경험하도록 한다.

이외에도 대상의 연령이나 문제유형에 따라서 위의 목표는 세분화되고 구체화되어질 수 있다.

무용동작치료는 신체, 즉 자아와 연관된 다양한 요소들을 파악하고, 이를 바탕으로 하여 자아 통합의 경험을 통한 자아성장의 기능을 할 수 있도록 하는 것이 궁극적인 목표이다. 즉, 개인이 가지고 있는 잠재의식의 심리적 경험을 신체 움직임을 통해 의식수준으로 끌어올리고, 그것을 통하여 스스로의 감정을 관찰하고 이해할 수 있도록 한다. 결국 이 말은 자신의 감정변화를 이해하게 하고, 심신의 조화를 통한 잠재의식의 경험과 현재의 나를 연결시켜 주어 자아의 통합과 성장을 기대할 수 있다는 뜻이다. 이러한 과정에서 자아는 현실에 적응적이도록 순기능적인 역할을 담당하게 되는 것이다.

3. 무용동작치료의 실제

1) 무용동작치료의 진행과정

무용동작치료는 신체를 내면세계에 대한 표현의 중재자로 이해한다. 이러한 이해를 바탕으로 하여, 인간의 신체자세 및 형태와 그 표현 방법의 개선을 유도하고, 그를 통하여 궁극적으로는 신체와 심리의 균형을 이루는 것을 목표로 한다. 예를 들어 누군가 행동장애를 보인다면, 대상자의 신체 움직임과 그 표현 형태를 통해, 그의 신체적 발달 상태와 심리의 불균형을 파악하고, 그에 따라 그 원인을 규명하여 해결책을 제시하게 되는 것이다. 또한 인간의 움직임을 심리적 관점에서 바라보며, 심리를 움직임에 관조함으로써, 심리와 신체 움직임 각자의 경계를 심화 확장시키는 역할을 한다.

무용동작치료에서는 각 개인에게 필요한 표현의 다양화를 돕고, 움직임의 표현 형태를 통해 심리적 상태를 예견하여 심리적으로 안정된 상태를 유지하도록 하는 것을 목표로 한다. 예를 들어 근육의 이완과 긴장과 관련된 흐름의 요소의 강도를 세분화하여 건강한 방향과 불건강한 특정 감정과 긴장흐름 특성의 관계분석은 부정적인 정서적 상태를 극복하는 데 있어서, 내담자에게 자신의 성찰 부분에 대하여 신체체험을 통해 감정을 조절하게 할 수 있다. 또한 치료사의 입장에서는 내담자의 감정의 흐름 상태를 파악하고 예견하여 치료의 과정과 방법을 효율적으로 결정할 수 있다.

그렇다면 과연 무용동작치료 프로그램을 구조화하기 위해서는 어떻게 해야 할까? 다음에 제시된 내용을 생각해 보자.

- 첫째, 어떻게 신체의 움직임이 성립되는가? (움직임의 메커니즘)
- 둘째, 무엇을 어떻게 표현하는가? (움직임의 관찰)
- 셋째, 신체의 움직임이 의도하는 것은 무엇인가? (움직임의 해석)
- 넷째, 신체의 움직임이 언제, 어디서 다르게 변화하는가? (변화의 지점)
- 다섯째, 어떻게 심리–신체 움직임을 분석하여 '의미 있는 움직임'을 도출해 내는가? (분석도구, 방법론 ⟶ 이론의 일반화)
- 여섯째, 어떻게 개개인의 연령과 장애의 특수성을 고려하여 움직임을 진단하고 치료의 계획을 세우는가? (적용 및 치료방법 ⟶ 이론의 개별화)

무용동작치료는 무용에 내재된 심리적 현상을 구성하고 있는 요인을 해석한다. 다시 말하면 과거와 현재를 망라한 관계 속에서 움직임을 통하여 표출되는 심리적 요인을 분석하고 이해하는 것이다. 무용동작치료에서는 움직임 표현을 통한 비언어적 표현의 측면에서 언어로 표현될 수 없는 것들이 표현된다. 특히 이런 측면에서 무용동작치료에서 제시하는 기술들은 방법론적으로 언어적 표현이 부족한 유아나 장애아들의 심리적 장애를 이해하기 위해 매우 유용한 수단이 될 수 있다. 그런 기술들은 무용의 의미해석에서 언어로 표현될 수 없는 신체표현에 내포된 비언어적 표현에 대한 이해를 언어적 형태로 표현하는 가장 유효하고 합리적인 결과를 목표로 하여 방법론적으로 심도 있게 연구되는 것들이다. 이와 같은 움직임의 특성에 따른 의미 분석은 움직임의 요소인 공간, 시간, 힘, 형태, 흐름, 제스처, 자세, 이동형태 등의 움직임의 제 구성요소 전부를 배경으로 하여 이해되고 해석될 수 있다. 이와 같은 무용동작치료의 원리에 대한 이해의 측면에서 그 진행과정 및 구조와 방법을 고려할 수 있다. 이해의 측

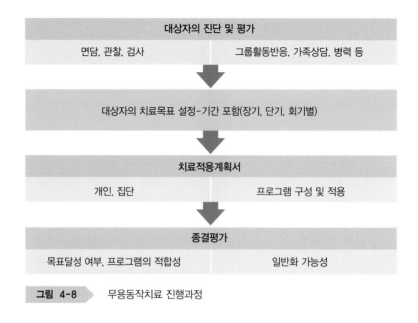

대상자의 진단 및 평가	
면담, 관찰, 검사	그룹활동반응, 가족상담, 병력 등

대상자의 치료목표 설정-기간 포함(장기, 단기, 회기별)

치료적용계획서	
개인, 집단	프로그램 구성 및 적용

종결평가	
목표달성 여부, 프로그램의 적합성	일반화 가능성

그림 4-8 무용동작치료 진행과정

면에서 고려해야 할 것은 다음의 두 가지이다.

첫째, 무용동작치료의 진행과정 및 구조화를 위해서는 무용동작치료 프로그램의 일반적인 진행과정에 대한 이해이다. 둘째, 치료과정의 내용에 대한 구체적인 방안에 대한 이해이다.

심리진단은 일반적 심리치료와 마찬가지로 면담, 관찰, 검사의 과정을 거친다. 그러나 진단과정에서 무용동작을 매개체로 한 심리치료라는 것을 감안할 때, 무용동작과 관련한 진단방법에 대한 이해가 필요하다. 무용동작뿐 아니라 미술치료에서도 그림심리진단이 사용되고 있는데, 이와 같은 예술심리치료에서 매체를 통한 진단은 진단의 기능뿐만 아니라, 치료과정에서 당해 프로그램의 효과에 대한 평가에 있어 준거의 역할을 한다. 즉, 장기목표, 단기목표 설정 및 회기별 목표설정 및 과정에 관찰의 관점을 제시한다.

다음은 치료목표 설정 과정에서 고려되어야 할 점을 도식화하였다.

① 예방과 재활 측면에서의 무용동작치료
   움직임의 유형분석-목표설정-방법 모색
② 치료로서의 무용동작치료
   심리진단-처방(움직임 유형)-치료과정

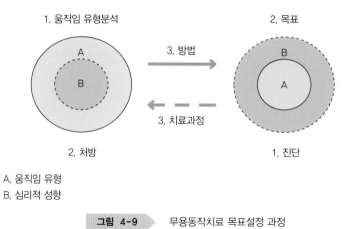

A. 움직임 유형
B. 심리적 성향

그림 4-9 무용동작치료 목표설정 과정

〈그림 4-9〉는 움직임 진단을 통해서 교육과 치료라는 두 가지 측면에서 같지만 한 편 다른 원리에 의해 치료계획이 수립되는 것을 설명하고 있다. 교육적 측면에서는 움 직임 유형이 분석되어 이를 심리적 반응과 연관하여 목표를 세우고 전달방법을 선정 하게 된다. 치료적 측면에서는 대상자의 심리적 상태를 진단하여 움직임 유형을 선정 하여 치료과정을 정한다. 예방과 재활의 의미에서는 첫 번째 방법인 '움직임 유형 분 석-목표설정-방법설정'이 주로 사용된다. 이와 같이 무용동작치료는 심리와 신체의 관계성의 이해를 중심으로 실행되는 것이다.

무용동작치료는 심리적 성향을 이해하기 위해 비언어적 표현요소를 관찰한다. 또한 이러한 비언어적 표현요소는 치료과정에서 주 관찰의 관점이자 변화의 관점으로 해석 된다. 또한 이와 같은 비언어적인 요소들을 분석하기 위한 동작진단방법이 활용된다. 다음 단원에서는 무용동작치료에서의 비언어적인 요소를 파악하고 이를 분석할 수 있 는 동작진단에 대하여 살펴보고자 한다.

2) 무용동작치료에서의 비언어적 진단 요소

무용동작치료는 인간의 모든 움직임을 그 대상으로 심리적 변화와의 상호작용을 연 구한다. 한 개인을 특징지을 때 그 사람의 움직임 특징을 언급하는 경우가 많다. 이는 인간의 움직임은 한 인간의 발달과정에서 형성된 것으로서 한 개인의 과거와 현재와 미래를 지속적으로 설명하고 있다고 볼 수 있다. NLP의사소통모형에서 의사소통의

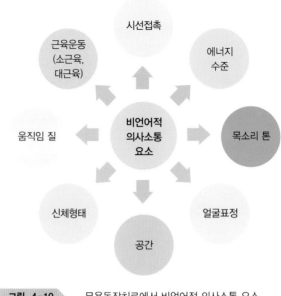

그림 4-10   무용동작치료에서 비언어적 의사소통 요소

요소 중 가장 많은 비율을 차지하는 것이 자세, 제스처, 얼굴표정, 호흡의 속도와 길이에 해당하는 신체적 반응이 75%에 해당하고, 음성의 크기, 바르기, 높낮이 등과 관련된 음성이 38%, 언어를 통한 의사소통은 7%밖에 해당되지 않는다고 한다. 무용동작치료에서는 실제 이와 같은 비언어적 의사소통의 요소들을 개인의 심리를 파악하는 데 있어 주요 관점으로 하고 있다. 무용동작치료에서 비언어적 요소들은 다음과 같다.

위와 같은 비언어적 의사소통을 심리적 변화와 연관하여 좀 더 명확하기 이해하기 위해서 신체요소를 세분화하여 움직임 관찰의 요소를 고찰하고, 움직임의 심리적 변화의 과정에서의 의미를 파악하기 위해 Rudolf von Laban의 움직임 진단이해가 필요하다.

(1) 움직임 관찰을 위한 움직임 이해

움직임은 외부와 내부의 자극에 의해 비언어적 의사소통 요소인 신체의 자세, 제스처가 공간에서 구성되는 것을 의미한다. 이러한 움직임의 구성 원리는 신체가 시간, 공간, 힘, 흐름에서 어떻게 구성되어지는가에서 관찰할 수 있다(Joyce, 1980, Hoermann, 1993 재인용). 〈표 4-3〉은 그것을 정리해 놓은 것이다.

표 4-3	움직임 관찰요소		
신체요소	신체부위	**외부** : 머리, 어깨, 가슴, 팔, 다리, 손, 발 **내부** : 심장, 허파, 근육, 뼈, 관절	
	신체 움직임	**비이동동작** : 밀기, 당기기, 굽히기, 펴기, 흔들기, 돌리기, 떨기 등 **이동동작** : 걷기, 달리기, 뛰기, 구르기, 기어가기, 스키핑, 갤러핑, 미끄러지기 등 **정지** : 신체는 움직이지 않은 상태이지만 의식되는 깨어 있는 상태	
	신체공간 =운동감각	**형태** : 직선의 만곡된　　　　 - 둥근 O 　　　　　　　　　　　　　　 - 오목한 (　　　　　　　　　　　　　　 - 볼록한)	
공간		**동작영역** :　　　　 - 위　　　　　　　　 - 중간 　　　　　　　　　 - 아래　　　　　　　 - 수직의 ⎮ 　　　　　　　　　 - 수평의 ＿　　　　 - 시상면의 ／	
	공간요소	**방향** : 위쪽, 아래쪽, 앞으로, 뒤로, 옆으로, 사선의 등 **범위** : 멀리-가까이, 크게-작게, 높이-깊게, 넓게-좁게 **시선방향** : 정면으로-초점이 불확실하게, 한곳을 직시하는-계속되는 시선의 변화 **자세** : 제자리에, 공간을 이동하는, 누운 자세, 선 자세, 앉은 자세, 무릎으로 앉 　　　은 자세, 쪼그리고 앉은 자세 **동작 수준** : 높은, 중간, 낮은, 수직, 수평, 사선 **행로** : 앞으로 직진, 돌아서 가는, 각지게 가는	
힘	움직임 성향 무게 힘 에너지	날카롭게-부드럽게 무겁게-가볍게 긴장되게-이완되게 에너지 넘치게-지친 듯이	
시간	템포 박자 리듬	빠르게-느리게	
흐름	과정	자유로이-억제된, 부드러운-끊기는 듯한	

위의 움직임 구성요소에 의해 관찰된 비언어적 의사소통의 유형인 움직임의 구성요
소는 '서술-설명-의미'의 단계로 구성된다. '서술'의 단계에서는 위의 움직임 관찰

요소를 중심으로 움직임의 현상을 있는 그대로 서술한다. '설명'의 단계에서는 서술한 내용을 중심으로 각 움직임에서 나타난 특이성들을 체크하고 설명한다. 마지막 단계인 '의미'의 단계에서는 움직임에서 나타난 사항들의 의미를 분석하고, 언어적으로 서술 내지 해석을 하는 단계이다.

요약하면 무용동작치료과정에서 중요시되는 비언어적 의사소통의 이해는 심리적 현상과 움직임에 의한 심리작용에 대한 의미를 알아가는 과정이라 할 수 있다.

(2) 비언어적 요소의 의미 분류

움직임은 여러 가지 기능과 형태를 취한다. 일상생활에서 이루어지는 무수한 무의식적 움직임에서, 미적인 표현의 형태를 추구하는 무용, 또는 보이지 않지만 움직임을 상상하게 해 주는 '음악 움직임'도 있다. 움직임은 움직임을 유발한 동기가 있고 그 원인에 의해 '동작'을 형성하는 것이다. 즉, 인간의 움직임은 각 개인의 발달과 생활형태, 사상을 내포하고 있으며, 움직임을 통해 인간을 이해할 수 있음을 의미한다.

Laban은 이러한 동작의 의미를 유출하여 인식의 변화를 행동양식으로 전이시키는 프로세스를 객관적으로 관찰할 수 있도록 움직임을 시간, 공간, 무게, 흐름의 요소에서 분석하고 그 의미를 연구했다(Laban, 1988). 이러한 Laban의 분석체계는 Judith Kestenberg, Imgard Bartenieff, Marion North, Warren Lamb 등에 의해 심리학과 신체연구가 접목되면서 분석체계는 더욱 심화·확장되었다(Hoermann, 1991). 이 이론에 따르면 신체는 시간, 공간, 무게, 흐름의 4요소에 의해 에너지가 형성되고, 이러한 에너지 요소와 대상과의 관계와 환경과의 접촉의 방식을 의미하는 공간과 이러한 것이 표현되는 형태인 자세나 제스처의 삼각구조를 통해서 동작 의미가 분석된다. 즉, 이 이론은 비언어적 의사소통과 연관하여 움직임의 의미를 분석할 수 있는 설명체계이다.

동작에 대한 의미를 분석하기 위해서는 신체가 공간에서 어떠한 리듬으로 움직여지는지에 관한 에너지의 구성형태 파악이 필요하다. 움직임은 공간에서 시현되는 움직임의 에너지와 이를 나타내는 움직임의 구성에서 그 움직임의 의미가 파악된다. 이러한 과정은 눈으로 관찰될 수 있는 신체의 움직임을 관찰대상으로 하여, 심적 상태와 심상 등의 관찰 불가능한 것을 이해하기 위해 인간의 무의식적 내면세계를 의식화하는 과정임을 의미한다. 움직임 에너지(effort)와 형태(shape)는 심리와 관련된 움직임의

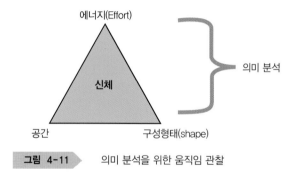

에너지(Effort)

신체

공간　　　　　구성형태(shape)

의미 분석

그림 4-11　　의미 분석을 위한 움직임 관찰

의미를 파악하는 데 주요소이다. 위의 에너지 및 형태와 공간에서의 움직임 의미 분석을 통해 움직임 에너지가 결정되며, 이에 적합하거나 이 에너지를 유도할 수 있는 음악을 선정하고 적절한 시기와 장소를 결정하는 것 등의 적정한 관여를 통하면 바람직한 움직임의 작용을 결정하는 데 도움이 된다.

움직임을 형성하는 에너지를 구성하는 요소는 공간, 무게, 시간, 흐름이다. 이 요소들을 심리적 작용과의 연관관계는 다음과 같다(Laban, 1988).

움직임의 형태와 에너지를 서술·설명·이해하기 위하여 움직임의 요소를 공간, 무게(힘), 시간흐름의 네 가지 요소로 이해한다. 각 요소에 있어서 움직임의 에너지에 관한 의미와 형태에 관한 의미는 다르게 사용된다. 움직임 에너지 형태라는 의미에서 공간은 방향의 형태를 의미하는 것이 아니라, 동작 주체의 주의(목) 공간을 향한 시선의 특징을 의미하며, **직접공간(S)과 간접공간(s)**으로 나눌 수 있다. 이 공간의 요소는 마음속에 무엇을 상상하거나 회상할 때를 말하며, 경우나 상황에 따라 직접공간과 간접공간의 의미가 사용된다.

무게요소는 **W(무거운, 강한)과 w(가볍고, 약한)**으로 표현된다. 무거움, 강함의 의미는 주변 환경에 대처하는 자신의 의지에 의한 힘의 표현이다. 가벼운 요소는 환경에서 소극적으로 예민하게 대처하는 표현이다. 시간의 요소는 T(순간적인)와 t(지속적인)로 표현된다. T(순간적인)의 특징은 느린 동작을 의미하는 것이 아니라 여유로운 상황을 의미한다. t(지속적인)의 특징은 긴박하거나 재촉하는 특성을 가진다. 흐름의 요소는 F(제한된)와 f(자유로운)으로 표현된다(Laban, 1988). f(자유로운)의 상태는 동작의 흐름을 자유롭게 돕는 형태로 이완된 상태와 유사하다. 예를 들어 기분 좋은 상태에서 부드러운 형태로 지휘하는 듯한 움직임을 의미한다. F(제한된)의 상태는 움직임의 흐

표 4-4 움직임 요소와 의미

움직임 요소	공간(S, s)	무게(W, w)	시간(T, t)	흐름(F, f)
내적 참여	주의심	의도	결정	진행
동작의 의미	어디	무엇	언제	어떻게
작용	생각	지각	직관	느낌
움직임 면	수평	수직	사상	
관계	환경	자아		

름을 제한하는 것을 의미하는 긴장과 유사한 상태이다.

이 네 가지 요소를 통하여 움직임의 에너지 형태가 설명되고 움직임의 의미를 예측할 수 있다.

(3) 신체에너지 이해

일반적인 경우에, 어떤 사람이 기차역에 자신이 사랑하는 사람을 기다릴 때를 관찰해 보면, 고요한 상태로 서 있는 것에 상당한 어려움이 있음을 관찰할 수 있다. 그는 자신의 흥분된 감정이 신체로 표출되지 않게 조용히 있으려 하지만, 불가피하게도 그의 감정은 신체를 통해 외부로 표출될 수밖에 없다. 그 전형적인 형태들을 예로 들어보면 다음과 같다. 첫째, 자신도 모르게 역의 위 아래방향으로 끊임없이 걷고 있다. 둘째, 기차가 가까이 왔을 때 정신을 집중하여 자신이 사랑하는 사람의 '신체상'을 찾으려고 애쓴다. 그때 그의 신체는 경직되어 있고 머리는 들어 올린 자세로 기대가 가득한 상태로 두리번거려지게 된다. 셋째, 사람들이 기차에서 내리고 그가 자신의 사랑하는 사람을 멀리서 발견했을 때, 드디어 감정 절제의 필요성은 사라지고 그의 감정은 곧바로 신체로 표출되어 그녀를 향해서 뛰게 된다. 넷째, 그녀와의 간격이 좁혀지면 그는 팔을 위로 들고 그녀 앞에서 온 힘을 다하여 자신의 신체를 던져 그녀를 안는다. 앞의 예들은 하나의 '기다림'의 상황을 움직임과 연관하여 예시해 본 것이다. 앞의 상황들에서 심리상태에 따른 신체의 긴장과 이완의 변화를 예측할 수 있는데, 즉 '기다림'이란 심리적으로 매우 긴장된 상황에서 '만남'이라는 긴장해소 상황으로의 극적인 변화에 따른 신체의 변화를 통해, 그 사람의 감정 상태를 파악할 수 있다는 의미이다.

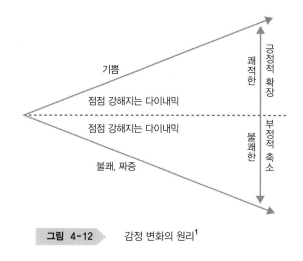

그림 4-12   감정 변화의 원리[1]

이와 같이 어떤 상황에 따른 심리와 신체 간의 상호작용의 형태는 움직임을 통해 관찰될 수 있고, 이를 통해 피관찰자의 상태를 '건강'한 상태, '불건강' 상태로 분류하여 파악할 수 있다. Espenak의 방법론은 이러한 관계를 관찰하고 치료하는 것에 중점을 둔다는 것이며, 그것을 '심리운동적 치료'라 하였다. '심리운동적 치료'에서는 신체와 심리의 행동 관계에 있어서 깨어진 자연스러운 상호작용의 회복에 중점을 둔다(Espenak, 1981). 즉, 움직임의 자연스러운 흐름의 상태를 회복하기 위해 치료 이론과 테크닉을 적용한다는 것이다. 이를 도식화하면 다음 〈그림 4-12〉와 같다.

예시한 예를 시간적 장면을 기준으로 분석해본다면 다음과 같이 할 수 있다.

기차역에서의 기다림 상황 ⟶ (전환) ⟶ 만남의 상황

만남의 상황에서…

사랑하는 사람을 멀리서 본다. ⟶ 그를 만났다는 기쁨이 고조된다. ⟶ 그를 향하여 온 힘을 다하여 뛰어간다. ⟶ 그에게 가까이 왔을 때 팔을 벌려 그를 온 힘을 다해 끌어안는다.

상기한 분석을 가지고 위의 도표에 적용하여 생각할 수 있다.

---

[1] Espenak은 감정에 변화와 신체 움직임의 변화에 따른 심리적, 신체적 변화를 도식화하였다. 본 논문에서는 Espenak이 도식화한 표들을 정리하여 감정의 고조, 성격성향변화(긍정적, 부정적), 신체변화(수축, 이완), 정서변화(유쾌한, 불쾌한)의 형태로 재구성하였다(Espenak, 1981).

상기의 예를 보면 심리상 극도의 긴장상태에서 만남을 통한 극적인 반전 및 전환이 이루어지고, 기쁨이 점점 고조되는 상태로 나아감을 볼 수 있다. 이렇듯 기쁨이 고조되면 될수록 비례하여 에너지가 급증(긍정적 에너지의 증가)되고, 신체는 확장되며, 쾌적하고 긍정적인 상태를 경험한다는 것이 〈그림 4-12〉의 의미이다. 반대로 불쾌와 짜증이 증가(부정적 에너지의 증가)되면 그에 비례하여 물건을 집어 던진다든지 소리를 지르는 등의 부정적 반응이 커지게 된다. 이때는 신체가 긴장되고 축소된 자세를 취하고, 점점 부정적이고 불쾌한 감정이 고조된다. 〈그림 4-12〉의 해석에 따를 때, 불쾌하고 짜증나는 상황을 차단하기 위해서는 점점 고조되는 신체의 긴장상태를 이완시키는 노력이 필요하게 된다.

이와 같이 신체에너지의 변화가 정서에 영향을 줄 수 있다는 것이 Espenak의 치료관점이다. 그러한 관점에서 Espenak은 신체를 분석하고, 그 신체 움직임의 의미를 분석하였다. 방법론에 있어서는 신체의 각 부분에 그 기능에 따라 의미를 부여하였다. 이 것은 Lowen의 생물에너지 연구에 영향을 받은 것이었는데, Lowen에 의하면 생활의 즐거움은 신체를 통해서 고조되나, 생각(머리)이 그것을 지배하여 만일 신체의 반응을 수용하지 않거나 억제하려 할 때에는 신체의 부자연스러움과 긴장을 유발하는 분열의 상태가 된다는 것이다.[2] 예를 들어 머리를 옆으로 기울이는 자세를 하는 사람은 자기 폐쇄와 불신적 성향을 가지고 있으며, 앞으로 숙인 머리는 새로운 관점과 아이디어를 거부한다는 것을 들 수 있다. Lowen은 경직된 머리자세와 어깨자세는 분열적 성격에서 자주 나타난다고 하면서, 신체의 움직임을 상황에 대한 자신의 표현으로 보고 그 동작에 의미를 부여하였다. 이러한 Lowen의 이론에 영향을 받아, Espenak은 신체분석을 체계화하고 이를 진단에 사용하였다.

Espenak은 〈그림 4-13〉처럼 신체를 머리와 어깨, 가슴, 허리와 골반과 신체의 위아래로 분류하여 각 부분에 의미를 부여했다.

머리 머리의 자세에서 환경에 대하여 어떻게 느끼는지에 대한 심리적 태도를 나타낸다. 턱의 위치에 따라 심리적 상태가 표현된다. 예를 들어 공격적인 방어, 불신, 결단

---

2 다음의 1번과 2번 그림은 신체, 정신, 사회와 창조성이 조화된 건강한 상태를 의미한다. 나를 중심으로 에너지가 균형 있게 각 신체부위와 환경에 분포되어 있는 것을 의미한다. 이 상태가 파괴된 것은 3번 그림에 표시되었다. 이와 같이 Lowen은 균형의 상태가 분열된 정도와 위치를 신체와 관련하여 설명하였다(Hoermann, 1991).

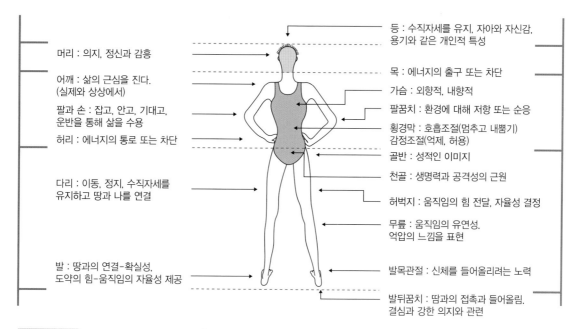

머리 : 의지, 정신과 감흥

어깨 : 삶의 근심을 진다.
(실제와 상상에서)

팔과 손 : 잡고, 안고, 기대고,
운반을 통해 삶을 수용

허리 : 에너지의 통로 또는 차단

다리 : 이동, 정지, 수직자세를
유지하고 땅과 나를 연결

발 : 땅과의 연결-확실성,
도약의 힘-움직임의 자율성 제공

등 : 수직자세를 유지, 자아와 자신감,
용기와 같은 개인적 특성

목 : 에너지의 출구 또는 차단

가슴 : 외향적, 내향적

팔꿈치 : 환경에 대해 저항 또는 순응

횡경막 : 호흡조절(멈추고 내뿜기)
감정조절(억제, 허용)

골반 : 성적인 이미지

천골 : 생명력과 공격성의 근원

허벅지 : 움직임의 힘 전달, 자율성 결정

무릎 : 움직임의 유연성.
억압의 느낌을 표현

발목관절 : 신체를 들어올리려는 노력

발뒤꿈치 : 땅과의 접촉과 들어올림.
결심과 강한 의지와 관련

그림 4-13 '생각하고 느끼는 신체'[3]

하는, 갈등하는, 사색하는 등의 내적 상태가 턱의 각도와 방향을 통해 나타난다. 또한
머리는 목과 어깨와 연결되어 있다. 머리와 다른 신체부위의 표현의 형태가 불일치할
때 목과 어깨는 경직된다.

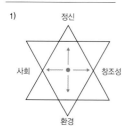

---

3 Espenak, 56. 그림의 원 제목은 Eine Einheit von Geist, Koerper und Gefuehlen. 위 그림은 신체의 각 부위가 정서와 연
관되어 움직여진다는 신체와 정신의 상호작용의 관계를 도식화하였다. 그러나 신체 움직임의 의미는 각 신체부위에 의
미 부여보다는 행동(동작)이란 전체적인 맥락에서 의미를 부여하여야 한다. 위와 같이 신체의 각 부분을 분류하고 의미
를 부여하는 것은 동작을 관찰할 때, 전체적인 행동 (동작)이 부자연스러울 때 위와 같이 신체를 분류하여 그 문제의 지
점을 발견하는데 도움이 된다. 또한 이러한 문제의 부분을 움직임으로 유도할 때 위와 같은 상징적 의미를 통해 움직임
의 패턴의 변화시키고 인지시키는데 도움이 된다.

제 4 장 무용동작치료 ••• 179

가슴부위 좁고 경직된 가슴은 자존감이 낮음을 표현한다. 우울증에서 자주 관찰된다. 이 신체부위는 호흡과 연관관계가 있다. 많은 환자들에게서 가슴부위가 수축되고 긴장된 형태가 관찰된다. 또한 호흡 또한 불안정함이 관찰된다.

허리와 골반 일반적으로 신체 움직임에서 천골과 허리의 움직임에 장애를 많이 보인다. 이 신체부위는 성과 관련된 부분이라는 상징성 때문에 움직이는 것에 거부감을 가지고 있는 사람이 많다. 그러나 이 신체부위가 장시간 긴장상태를 유지했을 경우, 여러 가지 정서적 변화에 따른 신체에너지의 자연스럽고 조화된 흐름을 방해할 수 있다. Espenak의 치료에서는 천골과 대퇴부 부위의 이완을 위한 프로그램을 구성하여 허리를 자유롭게 흔들고 원을 그리는 등의 다양한 움직임을 이끈다.

신체의 분리(위, 아래) 신경증과 분열성 성격에 의해 변형을 가져온다. 상체의 근육은 발달하지 못했고 좁은 횡경막이 수축된 자세를 취한다. 이 자세는 자연스러운 호흡을 방해한다. 또한 요추도 수축되어 있다. 이러한 자세는 신체의 위아래가 분리된 듯한 느낌을 준다. 환자는 자주 무의식적으로 자신의 상체자세에서 자신의 자아를 동일시한다.

Espenak은 이와 같이 각 신체부위와 정서적 특성을 연관하여 설명하고, 이를 통해 신체 행동과 개인의 성격성향의 관계를 치료방법에 적용했다. 그것을 통하여 부정적인 감정상태(두려움, 화남, 슬픔 등)에 익숙하게 구성된 피험자 자신의 신체상을 인지하고 이를 새로이 구성하도록 유도하였다. 이러한 피험자 자신의 신체상에 대한 지속적인 성찰을 통해서, 신체가 변화하고 개인의 성격성향도 긍정적으로 변화할 수 있다고 보았다. 즉, 자유롭고 자연스러운 움직임을 통해 모든 신체부위는 자신의 내면세계를 장애물 없이 외부로 표현할 수 있게 되고, 이는 조화된 건강한 상태라는 관점에서 Espenak의 치료의 과정을 이해할 수 있다. 진단의 측면에 있어서는 신체 각 부위의 움직임과 전체 움직임의 조화의 형태를 통해 동작을 평가하는 방법을 제시하였다.

신체 에너지에 따른 움직임의 진단 Espenak의 움직임 진단은 신체 움직임의 기능을 통해 환자의 인격의 긍정적, 부정적인 구성요소에 대한 정보를 제공해 주는 7개의 기본적인 범주로 구성되었다.

① **Test 1 : Degree of Dynamic Drive(force adjustment) :** 신체적 충동, 동기화된 에너지

- 의자 밀기
- 책상 밀기
- 벽에 기대고 서기, 벽에 등을 대고 벽 밀기
- 바닥을 누르며 무릎 구부리기
- 공중으로 뛰며 무릎 구부리기

Test 1을 해설하면 다음과 같다.

- 위의 간단한 힘을 사용하는 테스트에서 신체 움직임이 주어진 과제의 수행을 위해 어느 정도의 의욕과 동기를 가지고 있는지를 알 수 있다.
- 움직임의 수행에 있어서 에너지가 효율적으로 사용되고 있는지의 여부를 관찰할 수 있다. 이와 같은 간단한 과제에서 신체에너지 사용과 관련된 에너지 소비와 자발성과 결정능력에 대한 다양성을 관찰할 수 있다. 세 번째의 테스트에서 무릎을 구부리며 발바닥으로 바닥과 강하게 접촉하며 누르는 동작을 했을 때 다리근육이 경작되어 있는지, 유연한지, 또는 무릎을 구부리는 데 신체적인 제한이 있는지의 여부를 관찰한다. 또한 수직의 뛰어오를 때는 동작을 수행하기 위한 힘(에너지)이 충분한지를 관찰할 수 있다.
- 비언어적인 움직임을 통해서 이를 하나의 표현형태로 환자의 의지, 의도 등의 내적 에너지를 관찰할 수 있다.

② **Test 2 : Control of Dynamic Drive(rhythm) :** 외부에 주어진 리듬이나 시간 등의 구성에 적응할 수 있는 능력

- 속도에 대한 제어
- 리듬구성형태에 대한 구성
- 호흡리듬

Test 2를 해설하면 다음과 같다.

- 움직임의 에너지와 함께 시간의 변화에 대한 적응과 반응에 관한 행동을 관찰한다.
- 자신의 신체리듬을 상황에 맞게 바꾸고 조절하는 능력이 관찰된다. 리듬의 속

도를 변화시키고, 파트너와 함께 하는 상황에서는 자신의 리듬을 파트너의 리듬에 맞추고 조절하는 과정을 관찰한다.

■ 속도 변화의 조절은 간단한 제자리 뛰기에서 관찰할 수 있다. 강한 다이나믹에서 서서히 천천히, 다시 강하고 빠르게 등으로 음악을 통해 속도와 강도에 반응하도록 한다. 이러한 상황에서 여러 가지 반응을 관찰할 수 있다.

■ 치료사는 이러한 시간 반응의 표현과 함께 호흡 상태를 관찰해야 한다. 호흡 리듬은 정서적인 균형을 관찰할 수 있다. 리듬 조절은 호흡의 긴장과 이완과 연관하여 안정감을 의미한다. 호흡훈련은 동작치료에서 하나의 중요한 기능이다.

③ **Test 3** : Coordination(Body-Awareness and Locomotion) : 동작의 흐름을 진단
■ 손과 발을 사용하여 걷기
■ 다리로 걷기
■ 손과 발로 걸어서 돌아오기
■ 천골의 움직임
■ 움직임의 협응
■ 옆으로 가기
■ 팔 흔들기(스윙)

Test 3을 해설하면 다음과 같다.
■ 심리, 정신, 심리의 협응 구조를 관찰한다.
■ 적절하지 않은 신체적 정신적 경험을 통해 신체기관의 자연스러운 통합을 저지하는 방해요소나 협응력을 알아보기 위해서 신체를 직립자세가 아닌 수평자세를 취하여 이동하는 것을 관찰한다. (네 발 걷기)
■ 이 동작에서 점차적으로 직립자세를 취하면서 자세에 대한 근육의 상태를 파악한다.
■ 수평자세에서 수직자세로 이동할 때 부드럽게 이동이 되는지 만약에 부드러운 이동이 수행되지 않았다면 그 원인이 어디에 있는지의 여부를 파악한다.
■ 이 동작의 결정적인 신체부위는 천골이다. 작은 바퀴가 도는 것 같은 움직임으로 천골의 기능을 관찰한다.

- 많은 환자들이 이러한 원의 움직임을 수행하는 데 어려움을 보인다. 동작과 동작 사이의 부자연스러운 신체부위를 관찰해야 한다.

④ **Test 4 : Endurance(Constancy)** : 되풀이되는 동작을 통하여 집중능력, 좌절이나 스트레스를 견디어 내는 힘 진단
  - 움직임의 반복
  - 시선의 수축과 확장
    - 이 테스트에서는 주의력, 집중력을 관찰한다.
    - 힘든 상황에서의 극복하려는 변화의 수용과 유지 상태를 관찰한다.
    - 환자의 능력을 측정하는 것은 스트레스 상황에서의 경직과 지속되는 활동에 대한 시간 가능성을 평가하기 위함이다.
    - 과제에 대한 집중도는 성격을 파악하는 데 주 요소이다.

⑤ **Test 5 : Physical Courage(anxiety states)** : 불안정한 동작을 수행하는 환자의 능력 진단
  - 뒤로 걷기
    - 벽에서 벽으로 뒤로 걷기
    - 나선형으로 걸으면서 중심을 향해 기대기
  - 바닥에서 구르기
    - 바닥에 앉아서 앞, 뒤로 흔들기
    - 발을 들고 뒤로 구르듯 하기
    - 천골을 세워서 뒤로 구르고 앞으로 구르기
    - 다리를 머리 뒤로 하고 뒤로 구르기
    - 앞, 위로 구르기
  - 떨어지기
    - 두려움은 움직임을 통한 자유로운 감정의 표현을 방해한다. 이 테스트에서는 신체자세에 따른 불안정한 자세에서의 환자의 능력을 관찰한다.
    - 신체자세에서 불안과 두려움을 줄 수 있는 상황을 고려하여 동작 수행 시 환자의 반응을 관찰한다(뒤로 걷기, 뒤로 구르기).
    - 과제 수행에 있어서 치료사는 극대화된 두려움에 직면하지 않도록 주의한

다. 떨어지는 것과 같은 두려움에 대한 동작과 관계된 불안은 일상생활과 연관된다.

⑥ **Test 6 : Body Image** : 뒤꿈치를 들고 걷기. 자세를 통해 자아의 힘과 자아 주장에 대한 정보
- 위를 향해서 발뒤꿈치 들기
- 발뒤꿈치 든 상태에서 서 있기
- 팔을 앞으로 들기
- 팔 벌리기
- 머리 들기
- 팔 벌린 자세에서 발뒤꿈치를 들고 머리를 들고 앞으로 걷기
  - 근육의 지탱능력과 함께 성격성향을 관찰한다.
  - 동작수행의 반응에서 자아가 강함과 자신에 대한 표현을 측정한다.
  - 발끝으로 서고 이동하거나 무게의 지탱능력의 결핍을 관찰할 수 있다.
  - 팔을 올리고 옆으로 펴는 것은 열린 개방된 자신을 의미한다.

⑦ **Test 7 : Emotional Response**(정서적 반응)
- 성남, 기쁨, 만족, 두려움의 정서를 표현하게 하여 환자의 정서 상태를 관찰한다. 이는 움직임 즉흥의 주제로 주어진다. 이 주제는 음악이나 상징적 그림, 또는 설명을 통해서 이루어진다.
- 즉흥의 움직임에서 대상자의 각 신체부위의 움직임의 형태를 파악할 수 있다. 예를 들어 몸통만을 주로 사용하는지, 팔을 주로 사용하는지 등이다. 또한 이 테스트에서는 공간의 사용을 통해 관계를 맺는 성격성향을 관찰할 수 있다. 공간을 크게 또는 작게 사용하는지 또는 높낮이의 영역에 대하여 관찰한다.

3) 무용동작치료 선구자들의 치료과정

무용동작치료의 이론과 실제의 기반을 형성하고, 이를 전 세계적으로 확산하는데 공헌한 Marian Chace, Blanche Evan, Mary Whitehouse의 치료과정을 소개하고자 한다. 이들의 방법론은 현재 무용동작치료사들이 활발하게 활용하고 있고, 개연성 있는 무

용동작치료의 틀을 제공함으로써, 지금도 다양한 대상자들에게 적용되고 있다. 이와 같은 관점을 뒷받침하고자 2000년 이후 논문으로 발표된 무용동작 치료로 프로그램 중 위의 이론가들의 방법론을 중심으로 구성된 프로그램을 조사하여 수록하였다.

(1) Marian Chace(1896~1970)

준비단계에서는 초기접촉, 원의 집단 형태 갖추기와 집단 리듬의 표현과 신체운동으로 이루어진다. 초기접촉단계는 라포르 형성의 의미를 가지며 그룹의 역동에 적합하게 직관적이고 자연스럽게 유도되어야 한다. 이 단계에서 환자가 스스로 음악을 선택하여 가져오는 것을 허용하고 최대한 안정되고 허용적인 분위기를 경험하도록 한다. 치료사는 이러한 과정에서 그룹을 관찰하고 경향성을 찾아내도록 한다. 치료사는 항상 그룹의 구성원이 치료사가 자신들에게 관심을 가지고 있다는 것을 느끼도록 하는 것이 중요하다. 이 단계에서는 직접 대화를 통한 접촉을 갖도록 한다. 초기 접촉에서 Chace는 반영, 동작의 확장 및 명료화와 동작유발 및 동작을 통한 의사소통 방식을 사용한다. 반영기법은 단순하게 운동감각을 모방한다는 것이 아닌 동일한 운동감각을 사용한다는 의미이며 그것은 감정이입 또는 감정의 반영을 의미한다. 반영기법은 환자의 신체활동에서 인지한 것을 반영하여 주는 모방의 형식뿐만이 아니고, 환자가 완전한 동작으로 표현할 수 있도록 동작을 확장하게 하거나 명료화하도록 도와주기도 한다. 이를 통해 환자의 동일시나 그들이 표현하고 전하고자 하는 내용을 증가시키는데 목적이 있다. 동작의 유발 및 동작을 통한 의사소통은 환자로 하여금 감정표현을

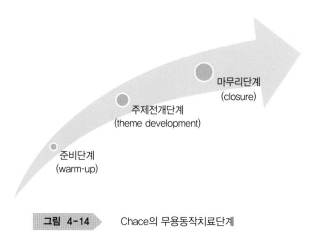

그림 4-14 ▶ Chace의 무용동작치료단계

동작으로 표현할 수 있는 가능성을 높여 동작으로 서로가 대화할 수 있도록 하는 데 그 목적이 있다. 예를 들면 언어적 지시나 비언어로 환자와 접촉하여 자발적으로 반응을 이끌어 내도록 한다. 이와 같은 활동을 위해 준비단계에서는 근육의 과도한 긴장을 풀어주고 적당히 이완된 상태에서 긍정적 정서를 경험하게 한다. 과도한 긴장 상태에서는 기쁨이나 즐거움 등의 정서를 경험하는 데 제한이 있기 때문이다.

그룹을 형성할 때 이러한 그룹 형성에 반감을 보이는 환자가 있는 경우는 그룹 밖에서 참여를 허용할 수 있다. 또한 그룹 안에서 환자들의 느낌을 존중한다. 예를 들면 그룹 안에서 편안함을 느끼는지, 불편하다면 어떤 부분이 불편하게 느껴지는지에 관한 사항을 경험하게 한다. 이 단계의 핵심은 집단 안에서 서로 믿고 존중하는 개인과 그룹관계로의 발전이다.

집단 리듬표현과 신체운동에서는 간단한 리듬동작(예 : 민속음악)을 시행하여, 집단 안에서 기쁨과 즐거움을 통해 긴장을 풀어준다.

주제전개단계는 그룹의 응집능력을 더욱 강화시키는 단계라고 할 수 있다. 치료사

표 4-5	Chace의 단계별 운영내용

1. 준비단계

1) 초기접촉(initial contacts)
   반영(Mirroring), 동작의 확장 및 명료화, 동작유발 및 동작을 통한 의사소통
2) 그룹전개 - 원의 집단형태
3) 집단 리듬 표현과 신체운동

2. 주제전개단계

1) 비언어적 단서 찾기
2) 동작 확대, 연장, 명료화하기
3) 이미지와 언어적 개입
4) 다양한 주제 선정(역할극, 상징적 행동, 그룹테마)

3. 마무리단계

1) 원 형성
2) 집단에서의 공통적인 동작(함께하기)
3) 느낌 나누거나 토론

는 지속적으로 중재자를 역할하며 비언어적 대화로 동작이나 언어, 이미지 등을 제공하여 환자들의 갈등의 표출을 허용하도록 한다. 예를 들면, Chase는 자신이 받은 느낌을 반영하는 말이나 소리를 내었다. 이와 같은 소리나 말을 통한 리드미컬한 동작으로 그룹을 이끌었다. 치료과정에서 변화의 의미를 보다 명료화하기 위해 다음과 같은 질문을 제시하였다.

예를 들면, 심적 갈등상태를 알아보기 위한 질문으로 "당신 뒤에 무엇이 있습니까? 당신은 누구하고 통화하고 있다고 상상하십니까? 만약 등 뒤에 무엇인가 있다면 어떤 느낌을 것 같습니까? 누구라고 생각하습니까?" 등이 있다.

이와 같은 과정에서 질문이나 신체표현을 통해 환자가 느끼지 못했던 무의식의 갈등해소를 통한 내적 이완을 경험하게 한다. Chase는 또한 소리를 내며 동작의 대화를 통해 집단이 하나가 되도록 방향과 의도를 명료히하였다.

마무리단계에서는 환자들에게 만족감과 카타르시스를 줄 수 있는 정리를 중요시했으며, 이러한 상호작용은 원을 이루었을 때가 효과적이라고 하였다. 집단 안에서의 각 개인이 친밀감을 경험하게 하기 위해 함께 공동으로 같은 동작을 반복하게 하였다. 이를 통해 유대감, 협동심, 단결심과 안정감을 경험하도록 하였다.

(2) Blanche Evan(1909~1982)

준비운동단계에서는 긴장 조절을 경험하게 한다. 이를 통해 신체감각, 정서 그리는 표현활동을 할 수 있도록 라포르를 형성하는 단계이다. 환자가 극도의 긴장상태에 있는 경우에는 몸을 자연스럽게 흔들게 하여 긴장의 수위를 조절한다. 이를 통해 심리적 상태 또한 라포르 형성을 할 수 있는 준비를 한다. 이 이외에도 뛰기, 달리기, 오르기, 돌기, 흔들기 등의 다양한 동작을 통해 긴장조절 능력을 경험하게 한다. 또한 빠르고 경쾌한 음악을 사용하는 것 또한 효과적이다.

Evan은 개인적 특성을 고려하여 음악을 사용하기도 하고 사용하지 않기도 한다. 원을 만들어 한 사람이 동작을 하고 그룹 원이 따라하여 리더십을 경험하게도 한다. 준비운동이 끝나기 전, 그룹에서 어떻게 느꼈는지, 신체의 어떤 부위가 움직임이 더 필요한지 등에 대하여 질문을 던지며 감각을 일깨워 준다. Evan은 특히 준비운동단계의 라포르 형성의 중요성을 강조하였다.

기능적 테크닉단계에서는 움직임의 기능적 면을 고려하여 신체의 조화를 경험하게

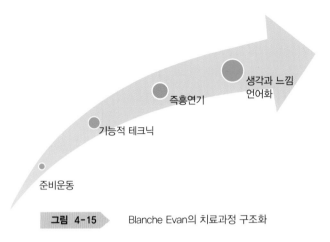

준비운동

기능적 테크닉

즉흥연기

생각과 느낌
언어화

그림 4-15　　Blanche Evan의 치료과정 구조화

하는 훈련을 실시한다. 예를 들면 자세, 신체조정능력 등을 강조하고 특히 척추의 기능을 강조하며 신체의 균형을 안정된 심리상태로 보았다. 또한 척추가 바르지 못하면 힘과 유연성 있는 움직임이 필요로 할 때 발생하는 불안감 및 두려움과 연관관계가 있다고 하였다.

기능적 테크닉의 목적은 다음과 같다.

- 신체 회복
- 공간사용의 자유로움
- 감정표현에 필요한 신체상태를 제공 : 표현 범위의 확장
- 신체제어 능력 향상
- 동작표현을 위해 기능적인 긴장과 이완 기능 증진

즉흥연기는 자유로는 자유로운 나의 표현이다. 즉흥연기를 통해 몰입을 통한 창조적 경험을 할 수 있게 한다. Evan은 즉흥연기를 투사테크닉, 잠재된 신체동작 이끌기와 복합적이고 심층적인 즉흥으로 분류된다. Evan에게 즉흥연기는 창작성과 정서적인 잠재력이 끌어올려져 의식화되는 매개체로 생각했다. 즉흥연기의 단계를 〈표 4-6〉과 같다.

(3) Mary Whitehouse(1911~1979)

Whitehouse의 치료과정 형성에 영향을 끼친 사항들이 있다. 그 첫째는 독일의 드레스

표 4-6 | 즉흥연기 방법분류

투사테크닉	잠재된 신체동작 이끌기	심층적이고 복합적인 즉흥
자연, 동물 등 당신의 느낌을 투사할 수 있는 대상을 선정하여 표현, 단어나 문장을 사용하여 투사를 도울 수 있다.	움직임의 표현 확장을 위해 시간, 공간, 힘, 긴장과 이완의 움직임 원리를 통해 동작으로 이끌어 낸다. 반대의 현상 표현 : 열다/닫다, 강한/부드러운, 화창한/비오는 동적 이미지와 정적 이미지의 만남 : 나무/바람 등 구체적인 이미지 제공 : 공을 차기, 벽을 밀기, 던지기 등	자신의 내적 갈등을 표현하도록 한다. 꿈을 동작에 초점을 두고 표현 감정상태를 신체를 통해 표현, 표현과정에 퇴행과 현실로의 통합을 경험

덴에서 현대무용에 대한 깊이 연구를 하였다는 것이고, 둘째는 Jung의 분석심리학에 영향을 받았다는 것이다. 그녀는 Jung의 분석심리학의 영향으로 무용동작을 상징과 의미의 차원에서 연구하였다. Whitehouse의 주요 방법론 다음과 같다.

- 운동감각인식
- 양극성

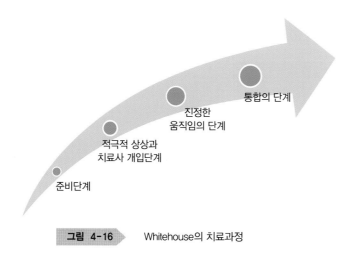

그림 4-16 | Whitehouse의 치료과정

- 적극적 상상에서
- 진정한 움직임
- 치료 관계

운동감각인식 및 양극성과 관련된 치료과정과 관련된 사례를 소개하면 다음과 같다.

한 여성이 스튜디오 한가운데 홀로 서 있었다. (…) 우리는 가장 단순한 움직임으로 스트레칭, 구부리기, 서기, 걷기 동작을 하고 있었다. 그녀의 동작은 대체로 그녀의 머리 위에 있는 구름 속에 존재하는 듯 했다. 얼굴과 눈은 항상 천장을 향해 있었고 팔과 손은 계속적으로 머리 위로 뻗쳤으며, 몸의 무게는 발끝 위로 들어 올려 모든 것이 아래가 아닌 위쪽으로, 그리고 가두는 것 없이 바깥쪽으로 배출되었다. 나는 그녀에게 주먹을 꽉 쥐고서 앞쪽으로 올려보라고 제시했다. 처음으로 그녀의 손이 닫혀 있으나 팔 근육에는 긴장이 없이 여전히 떠돌고 있는 상태였다. 두 번째 시간에는 더 길게 기다리고 더 세게 끌어 당겼다. 팔은 팔꿈치에서 서서히 구부려져, 그녀의 몸 앞쪽에서 위쪽으로 닫히면서 그녀의 주먹들이 그녀의 어굴 쪽으로 가까워졌을 때 그녀의 표정에는 강한 슬픔과 긴장이 나타났고, 주먹이 그녀의 입과 턱에 거의 닿았을 때 그녀의 온몸이 아래 마룻마닥 쪽을 향해 처박히듯이 강하게 떨어졌다. 그리고 한동안 그녀는 흐느껴 울었다. 그녀를 가로막았던 장벽이 뚫리고 하나의 댐이 붕괴되는 것 같이, 그녀의 신체는 감정속으로 빠져들었다(Whitehouse, 1963; 나해숙, 임용자 재인용).

위의 사례와 같은 간단한 양극되는 움직임의 경험, 즉 Whitehouse가 제시한 운동감각인식은 개인의 신체적 자아에 대한 내적인 의식이다. 그것은 결국 움직임에서 느끼는 주관적인 연상을 만드는 개인의 민감성을 의미한다. 자신인 경험하지 못한 대립되는 운동감각의 새로운 인식은 잠재되어 있던 감정을 경험하게 한다는 것이다.

표 4-7 　**단계별 활동내용**

1. 심층작업을 위한 준비단계
   1) 간단한 움직임을 통한 신체 자각
   2) 이미지를 통한 즉흥 움직임
2. 적극적 상상과 치료사 개입단계

3. 진정한 움직임 단계
   내가 움직이는 것이 아닌 움직여지는
4. 전체성의 통합단계

다음 사례는 '적극적 상상 및 진정한 움직임'을 설명하고 있다.

처음으로 내가 의식적으로 '움직이는 것(moving)'이 아니라 '움직여지는 것(being moved)'을 경험한 후, 나는 눈을 감고 마루에 가부좌를 한 채로 조용히 앉아 있었다. Whitehouse는 나에게 과장 없이 가능한 가장 단순하고 직접적인 방법으로 일어나야 한다고 말했다. 내가 그녀의 수업을 받은 것은 6개월에 지나지 않았고, 아무런 근육 통제나 기술적 능력을 가지고 있지 않은 상태였는데도, 마치 나는 코르크 병마개가 움직이는 것처럼 일어설 수 있었다. 만약 신체적으로 의식된 상태에서 그렇게 하라고 요구받았다면 그렇게 할 수 없었을 것이다. 무의식이 나를 그렇게 할 수 있도록 움직였고 정작 내가 한 것은 아무것도 없었다. 이러한 경험은 내가 말로 표현할 수 있는 이상의 강한 인상을 주었다. 회고해 보건대, 내적 이미지의 자율성을 새롭게 이해하는 시발점이 바로 그때였던 것 같다(Whitehouse, 1963; 나해숙, 임용자 재인용).

이와 같이 의식과 무의식의 경험에 있어 Jung의 자유연상방법인 적극적인 상상을 Whitehouse는 신체적으로 활용하였다. 기본 목표는 무의식적인 것을 의식적으로 만드는 것이다. 각 개인에게 적합한 환경, 동작, 어휘 그리고 자극을 줌으로 표현능력을 증진시키는 것이다. 즉, 신체와 정신의 조화를 목표로 한 신체의 움직임을 통해 감정이 표현되도록 한다는 것이다. 신체 움직임을 통한 적극적 상상을 통한 진정한 움직임을 통해 의식과 무의식이 상호작용을 경험하게 된다. 또한 내담자 중심의 치료적 관계를 통해 내담자가 최대한 지지받고 안전한 상황에서 자기 표현의 기회를 제공해야 한다. 치료사는 내담자 스스로 해결책을 찾도록 하고 어떤 상황에서도 내담자가 자유롭게 반응하도록 비판과 판단 없는 관계형성을 한다. 즉, 치료사는 조력자, 안내자, 중재자의 역할을 담당하게 된다.

4) 무용동작치료 프로그램의 실제

(1) Marian Chance 방법론을 중심으로 한 프로그램 예시[4]

신체준비단계		
단계목표 :		개인적인 이탈과 방황의 조절 집단에 대한 의미와 중요성 인식 자연스러운 접촉을 통한 상호작용 증진
1회기	주제	친밀감 형성
	단기목표	움직임 접촉을 통한 친밀감 형성과 원형구조 경험하기
	진행	• 무용동작치료 프로그램과 치료사에 대한 소개 • 손을 잡고 원형구조를 만든 후 원형구조 형성에 대한 개념과 관심, 집중도를 알아본다. • 기본 준비단계를 통해 대상자를 파악한다. • 움직임을 통한 자기소개 시간을 갖는다. • 마무리 – 원형구조 안에서 구성원들과 돌아가며 시선접촉을 하며 호흡정리를 하고 수고와 감사의 인사를 전하며 마무리한다. (마무리는 매 회기 같은 방법으로 진행하였으므로 이후 생략함.)
2회기	주제	신뢰감, 소속감의 형성
	단기목표	집단 안에서 움직임을 통한 신뢰감과 소속감 형성
	진행	• 프로그램 안에서 지켜야 할 기본 약속과 규칙에 따라 협동하여 책상과 의자를 정리하여 함께 치료공간을 만든다(매회 반복되므로 이후 생략한다). • 긴 줄을 이용하여 원형구조를 만들어 개인적 이탈을 방지하고 공을 이용한 이름 부르기 놀이를 통해 집단에서 소속감을 느끼도록 한다. • 줄로 만든 원형 안에서 벗어나지 않도록 하며 다양하게 만나는 구성원들과 움직임 접촉을 통해 신체접촉에 대한 거부감을 줄이도록 한다.
3회기	주제	나의 몸 인식하기
	단기목표	신체부위를 인식하고 다양한 방법의 움직임 경험하기
	진행	• 발 모양의 스티커를 바닥에 부착하여 원형구조를 만들고 기본 준비단계를 진행한다.

---

4 정연진(2006), 무용동작치료가 정신지체아동의 자기 통제력과 사회성기능에 미치는 효과 : Marian Chace의 원형구조 기법을 중심으로, 미출판 석사학위논문, 서울여자대학교 특수치료전문대학원.

진행		• 집게와 비눗방울을 이용하여 머리부터 발끝까지 신체부위를 말하여 인식하고 신체 각각의 부분을 움직여 본다. • 기본 신체 움직임의 경험을 통해 동작의 다양함을 경험해 본다.
4회기	주제	진정한 '나' 바라보기
	단기목표	반영을 통한 자기집중시간 : 나의 주된 특징 찾기
진행		• 낙하산 천을 이용하여 원형구조를 만들고 천 위에서 이탈하지 않도록 지시하여 기본 준비단계를 진행한다. • 집중하는 분위기에서 본인과 파트너에게 집중하고 서로 반영하여 서로 다른 움직임과 호흡, 리듬에 대한 특징을 경험한다. • 가장 편안한 공간과 자세를 유지하며 현재 느껴지는 기분으로 자유롭게 춤을 추는 시간을 갖도록 한다. • 호흡을 정리하며 잠시 동안 명상을 통해 오늘의 세션에 대한 감정을 느껴보도록 한다.

주제준비단계		
단계목표 :		자연스러운 접촉을 통한 상호작용 증진 주의집중의 유지, 발전 균등한 순서와 기회를 통한 리더십의 확립
5회기	주제	나와 너 알아가기
	단기목표	상대방과 나의 움직임을 통한 상호작용 I
진행		• 홀라후프를 이용하여 원형구조를 만든 후 기본 준비단계를 진행하고 개개인의 동작들로 움직임을 연결, 확장한다. • 홀라후프 2개를 연결하여 2명씩 짝을 지어 이탈로 인한 무관심을 막고 반영을 통해 나와 상대에게 집중하여 감정을 공유한다. • 파트너와 신체의 여러 부위로 만나 접촉함으로써 움직임의 대화를 시도하고 다양한 움직임의 가능성을 통해 새로운 움직임을 탐색한다.
6회기	주제	나와 너 알아가기
	단기목표	상대방과 나의 움직임을 통한 상호작용 II
진행		• 색상이 다양한 손바닥 모양의 장갑을 끼고 원형구조로 모여 기본 준비단계를 진행한다. • 원형 안에서의 같은 색상의 장갑끼리 만나보는 시간으로 공간 이동과 움직임의 변화를 시도한다. • 파트너를 정하고 상대의 손바닥 장갑이 이끄는 대로 움직인다. 또한 지시하는 신체부위로 움직이고 반응하여 다양한 신체부위의 인식에 노력하고 공감하는 시간을 갖는다. • 움직임을 하다 상대방과 접촉이 되면 그 부위를 중심으로 움직임의 흐름을 연결하도록 집중한다.

7회기	주제	여러 감정 표현해 보기
	단기목표	나의 감정을 움직임과 표정으로 나타내 보기
진행		• 원형으로 만들어 놓은 의자에 앉아 준비단계를 시작하고 의자를 이용하여 다양한 움직임을 응용하도록 한다. • 특정 동물이나 단어 카드 등을 보여 주고 카드에서 보이는 특징들을 발표하여 자신만의 독특한 움직임을 만든다. • 제시하는 특정 상황에 대하여 느낌이나 감정, 생각을 말해 보고 돌아가며 움직임이나 얼굴 표정으로 표현해 본다.
8회기	주제	정확한 관찰과 동작 표현하기
	단기목표	움직임에 대한 주의집중과 창의적 활동
진행		• 자신이 가장 마음에 드는 신체부위를 정하고 그 부위로 원 모양을 만들며 준비단계를 시작한다. 점차 움직임을 확장하여 구성원 전체가 함께 할 수 있는 원형구조를 형성한다. • 원형의 동작을 한삼을 끼고 응용하여 다양하게 움직여본다. • 한삼에 대한 이미지나 특징을 경험하고 나의 느낌과 생각으로 3박자 동안 가장 멋진 동작을 만든 작품으로 발표회를 연다.
나눔과 정리단계(Closure)		
단계목표 :		집단 활동을 통한 협동심과 책임감의 형성 존중과 평등으로 인한 자신감 형성 그룹 목표달성을 통한 성취감의 부여
9회기	주제	자신감의 회복
	단기목표	충분한 준비단계를 통하여 즉흥적인 움직임 만들기
진행		• 각자 원하는 장소에서 기본 준비단계를 진행하고 대상자들에게 기회를 넘겨 흐름을 연결한다. 충분히 움직임을 끌어내어 원형구조가 형성되도록 한다. • 다양한 천을 선택하여 원형구조의 형태에서 바닥에 펼치고 여러 가지 발 동작의 움직임 활동으로 새로운 느낌과 경험을 기대해 본다. • 원형구조로 펼친 천에서 머무르고 벗어나기를 반복하여 공동 의식과 개인의 이탈에 대한 생각을 새롭게 느껴보도록 한다. • 나를 가장 잘 표현할 수 있는 동작과 이미지를 발표한 후 천을 이용하여 그것을 표현하는 작품을 만들어 본다.

10 회기	주제	협동하여 집단 모두 함께하기
	단기목표	조각상 만들기를 통해 자신감과 협동의 향상을 기대한다.
진행		• 2명씩 파트너를 정하고 원형으로 모여 기본 준비단계를 진행하고 파트너를 바꾸며 움직임 흐름을 이어 다양한 접촉을 함께 나눈다. • 조각상 만들기를 통해 개인의 생각과 느낌을 상대의 신체를 이용하여 표현해 보고 제목을 붙여 발상하여 자신감의 향상을 기대한다. • 각각의 조각상들을 모아 하나의 작품으로 만들어 그룹 전체의 작품으로 완성시킨다.
11 회기	주제	공감하기
	단기목표	함께 공감하며 움직임 활동하기
진행		• 모두 손을 잡고 원형구조를 만든 후 준비단계를 진행한다. • 리더와 구성원 전체의 반영을 통하여 집단과의 공감력 향상을 기대한다. • 집단 반영을 위하여 자석과 쇠가루 놀이를 적용한다. • 간단한 왈츠 스텝을 배운다.
12 회기	주제	나의 내적 힘 경험하기
	단기목표	왈츠를 통한 움직임으로 구성원들과의 나눔의 시간
진행		• 왈츠의 음악에 맞춰 자연스럽게 원형구조를 만들고 왈츠를 추며 준비단계를 시작한다. • 그룹 원 모두와 원형구조 안에서 돌아가며 만나지는 상대와 왈츠를 추며 감사와 수고의 인사를 나누도록 한다. • 충분하게 서로에게 감사와 수고의 인사를 전하고 마음의 풍요로움과 안정감을 느껴보도록 한다.

(2) Marian Chance 방법론을 중심으로 한 프로그램 예시[5]

단계	회기	프로그램		활동내용	비고
I단계 친밀감 형성 및 라포르 형성	1	프로그램에 대해서	신체이완	움직임으로 인사하기	
	2	몸의 긴장과 이완	움직임을 느끼기	신체를 자각하게 하기	
	3	움직임 탐험	즉흥적인 움직임을 제안	걷기, 흔들기, 물의 흐름을 표현하기	물소리 음향
II단계 몸과 마음 통합	4	정서 개발 I	몸의 내부와 외부 사이의 양 극 긴장을 완화시키기	한지를 가지고 딱딱함과 부 드러움 느끼기	색 한지
	5	정서 개발 II	마음의 양극긴장을 이기는 능력 개발	부드러워진 한지를 가지고 몸 에 걸칠 수 있는 것을 느끼기	색 한지
	6	정서 개발 III	집단 간의 협동심을 구축하기	한 사람이 움직이면 구성원들 이 따라하기	소고
		호흡과 미소 짓기	호흡으로 상대방의 느낌을 알아차리기	호흡을 하면서 상대방의 모습을 따라하기	
III단계 자기 표현	7	나를 알아채기 I	나를 인식하기 (심리적 지지)	과거로 가보기	천 1
	8	나를 알아채기 II	힘찬 모습을 알아채기	희, 노, 애, 락 표현하기	꽃
	9	나를 알아채기 III	신체의 통합 (정서 표현)	신체의 불편한 곳을 지각하 면서 움직이기	
IV단계 자신과의 만남	10	바라보기(통찰)	서로 이해하고 포용하기 (공감대 형성)	한 사람씩 자기의 감정을 표 현(조각 세우기)	
	11	타인과의 관계 반 영하고 배려하기	구성원의 일원으로 나의 역할 다하기(창의력)	도화지에 물감을 칠한 구성 원의 마음을 표현하기	도화지, 물감, 자연소품(꽃, 나뭇가지 등)
	12	진정한 나	긍정적인 가치관 회복	호흡으로 자신의 마음을 조 절하고, 서서히 움직여 보기	

---

5 김정희(2008), 무용동작치료가 노인의 자아통합감, 삶의 만족도 및 우울에 미치는 효과, 미출판 석사학위 논문, 원광대학교 동서보완의학대학
원. Marian Chace의 신체활동, 상징적표현, 움직임을 통한 치료적 관계, 율동적 그룹 등의 의미를 중심으로 프로그램 구성.

(3) Mary Whitehouse의 방법론을 중심으로[6]

단계	목적	단계목표
외현적 신체의 양극성	나의 신체 인식	- 신체에 대한 이해 - 신체 감각을 통한 자기 인식
정서적 표현의 양극성	나의 정서 인식	- 움직임을 통한 신체와 마음 개방 - 다양한 움직임과 신체 확장을 통해 자기 감정표현의 향상 - 신체와 정서의 통합을 통한 자기 개성화 - 지지와 존중으로 인한 자신감 형성 - 리더십을 가진 자기표현 활동에 대한 만족감
집단과 나의 양극성	완전한 나의 인식	- 리더와 팔로워의 역할을 통한 상호작용 증진 - 집단 활동을 통한 협동심과 책임감의 형성

---

6 노영주(2008), 무용동작치료가 청각장애아동의 자기표현과 학교생활적응에 미치는 효과, 미출판 석사학위 논문, 서울여자대학교 특수치료전문대학원.

단계	회기	프로그램	내용	비고
외현적 신체의 양극성 단계	1	신뢰감 형성	양극성을 적용한 기본 준비단계를 경험하고 자기 소개를 통한 대상자 파악과 신뢰감 형성	
	2	나의 신체 인식하기	실제 신체를 그리는 작업을 통해 자신의 신체를 볼 수 있고, 신체 각 부위를 움직이면서 신체 인식하기	
	3	나의 공간 인식하기	내가 사용하는 가장 작은 공간과 가장 큰 공간을 만들고 번갈아 경험하며 나의 공간 느끼기	
	4	나의 리듬 인식하기	자기의 리듬에 맞는 자유로운 움직임을 시작으로 짝에서 집단으로 함께하는 서로 다른 움직임과 호흡, 리듬을 느끼기	
정서 표현의 양극성 단계	5	양극성의 움직임	움직임 안에서 나타나는 다양한 에포트(강/약, 빠름/느림)를 중심으로 움직임을 표현하고 서로 반대되는 에포트의 움직임을 경험하기	
	6	그대로 멈춰라!	리더가 지시하는 것을 동작으로 빠르고 정확하게 표현하고 조각상처럼 멈추기	
	7	여러 감정 표현하기	감정카드를 보고 떠오르는 이미지를 동작으로 표현해 보기	
	8	역할을 통해 자기 감정 표현하기	동물이나 단어카드를 보여 주고 카드에서 보이는 특징을 자신만의 움직임으로 만들기	
집단과 나의 양극성 단계	9	신체를 이용해서 연주하기	리더가 악기를 실제로 연주하고 그 소리를 표현할 수 있는 동작을 만들어 다함께 몸으로 연주하기	
	10	동작 표현하며 공감하기	리더와 구성원 전체의 반영을 통해 집단과의 공감력 향상시키기	
	11	협동하여 집단 모두 함께하기	매직도넛을 이용해 리더가 원하는 모양을 다같이 협력하여 만들고 이름 붙여 보기	
	12	서로서로 도와가며 목표달성하기	작은 목표를 여러 개 정해 놓고 1명씩 하나하나 성취해 나가면서 만족감 경험하기	

(4) Blanche Evan 방법론을 중심으로[7]

신체만족도가 낮은 초등학생의 우울

Blanche Evan의 투사테크닉을 이용한 관찰과 라포르 형성단계		
단계목표 :		대상자의 움직임의 특징을 파악하고 라포르 형성으로 대상자 불안과 긴장을 완화하여 자기 탐색과 자기 노출을 할 수 있도록 한다.
1회기	주제	움직임과의 만남 I
	단기목표	프로그램을 소개하고 라포르를 형성한다.
진행		1. 프로그램에 대해 설명하고 앞으로의 규칙을 정한다. 그리고 서약서를 작성한다. 2. 첫 회기의 어색함을 완화하기 위하여 자신의 신체를 마사지하여 신체 이완을 한다. 치료사는 신체를 순차적으로 마사지할 수 있도록 하며 신체에 집중한다. 3. 움직임으로 자기 소개를 한다. 먼저 자신의 이름을 언어로 말한 후 움직임으로 다시 소개하고, 다른 사람의 움직임 소개를 기억하고 있다가 모두 소개가 끝난 후에는 게임으로 소개된 움직임을 주고받게 하였다. 그리고 움직임을 바꾸고 싶은 사람에게 기회를 주어서 더 많은 움직임을 유도하게 하고 치료사는 참여자의 특성을 파악한다.
2회기	주제	움직임과의 만남 II
	단기목표	서로 신뢰감을 형성하고 2인 1조가 되어 움직임을 경험한다.
진행		1. 지난 회기 때 했던 움직임으로 자기 소개를 다시 한다. 2. 원으로 서서 신체의 불편한 곳을 한 사람씩 가볍게 풀어 주어 몸의 긴장을 풀고 자발성을 기르도록 한다. 3. 2인 1조로 파트너가 되어 신체를 이완시키는 마사지를 한다. 이때 상대방의 신체에 귀 기울일 수 있도록 한다. 4. 등을 대고 움직임을 하게 한다. 이때 눈을 감고 서로가 상대방의 등의 느낌을 읽고 말하지 않고 움직인다. 그다음 파트너를 바꾸어 한다. 5. 원으로 앉아서 옆 사람에게 마사지를 해 준다.
3회기	주제	움직임의 즉흥 표현
	단기목표	신뢰감을 형성하고 참여자에게 주어진 대상을 창의적, 즉흥적인 움직임으로 표현해 보게 한 뒤 움직임의 특성을 파악한다.

---

7 김선영(2005). 무용동작치료가 신체만족도가 낮은 초등학생의 우울 증상에 미치는 효과. 미출판 석사학위 논문. 서울여자대학교 특수치료전문대학원. 이반의 기능적 테크닉단계를 본 프로그램에서는 Laban의 에포트 요소 경험단계로 구성하였다.

진행	1. 간단한 신체 체조를 하여 몸과 마음을 이완시킨다. 2. 마음을 날씨로 말하고 동작으로 표현해 보고 자연의 대상으로도 움직임으로 표현해본다. 치료사는 언어과 움직임으로 대상을 준다.

Laban의 에포트 경험단계	
단계목표 :	Laban의 에포트를 경험시켜 줌으로써 자신의 내적 표현을 강화하고 움직임과 하는 데 도움을 준다.

4회기	주제	움직임의 흐름의 경험
	단기목표	흐름의 요소를 경험하고 움직임의 질을 강화시킨다.

진행	1. 자유로운 흐름의 특질을 가진 그림을 준비하고 참여자가 보고 자유로운 흐름의 느낌으로 움직여 보게 한다. 2. 억제된 흐름의 특질을 가진 그림을 준비하고 참여자가 보고 억제된 흐름의 느낌으로 움직여 보게 한다.

5회기	주제	움직임으로 의지 표현의 경험
	단기목표	무게의 요소를 경험하고 움직임의 질을 강화시킨다.

진행	1. 신문지 방망이로 땅을 내려치게 하고, 신체에 힘을 주어 바닥이나 벽을 밀게 하여 강한 에포트를 경험하게 한다. 2. 풍선을 천장에 닿지 않고 위로 띄우며 걷게 하고, 깃털을 표현하게 하여 가벼운 에포트를 경험하게 한다.

6회기	주제	움직임의 시간 간격의 표현 경험
	단기목표	시간의 요소를 경험하고 움직임의 질을 강화시킨다.

진행	1. 음악에 맞춰 주어진 동작을 빨리 하여 신속한 에포트를 경험하게 한다. 2. 지연된 에포트의 느낌을 주는 대상을 찾아보고 움직임으로 표현하게 한다. 3. 음악에 맞춰 주어진 동작을 빨리 하여 순간적인 에포트를 경험하게 한다. 4. 지연된 에포트의 느낌을 주는 대상을 찾아보고 움직임으로 표현하게 한다.

7회기	주제	움직임의 주의집중 표현 경험
	단기목표	공간의 요소를 경험하고 움직임의 질을 강화시킨다.

진행	1. 일직선, 대각선, 원으로 걷기 등 다양한 경로로 2인 1조가 눈을 보고 걷게 하고 치료실 내에 사물을 목표로 정하고 바꾸면서 걷게 하여 직접공간을 경험하게 한다. 2. 회기 전에 미리 치료실에 색지를 붙이고 사물을 가져다 놓는다. 치료실 내에 주위를 보고 붙어 있는 색지가 어떤 색이었는지 맞히고 주위에 있는 사물이 어떤 것이 있었는지 맞혀 보게 하여 간접공간을 경험하게 한다.

Blanche Evan의 투사테크닉을 이용한 표현단계		
단계목표 :		대상자들의 정확한 신체, 마음 인식을 시켜 표현력을 강화하고 억제된 분노나 욕구를 표출할 수 있도록 한다.
8회기	주제	나의 신체 느낌
	단기목표	자신의 신체를 인식한다.
진행		1. 참여자가 바닥에 누워 신체의 각 부분에 힘을 주게 하거나 회전시킨다. 2. 자신이 원하는 신체부위로 자신의 감정을 표현하게 한다. (예 : 좋음, 화남, 싫음, 짜증남, 귀찮음, 슬픔 등)
9회기	주제	나의 신체와 마음의 인식
	단기목표	반영을 통한 자신의 신체와 마음을 인식한다.
진행		2인 1조 또는 3인 1조가 되어서 반영을 한다. 현재 하고 싶은 운동, 되어보고 싶은 것, 앞으로의 꿈 등을 즉흥적으로 표현한다. (예 : 수영, 발레리나, 슈퍼맨 등)
Blanche Evan의 잠재된 신체동작을 이끌어 내기와 표현		
단계목표 :		구체적인 이미지를 사용하여 감정과 생각을 표현하고 신체를 사용하게 하여 동작의 레퍼토리를 확장시킨다.
10회기	주제	움직임과 나의 신체
	단기목표	신체를 제한하여 움직여 봄으로써 신체의 소중함을 깨닫는다.
진행		청테이프를 참여자들에게 한 신체부위에 붙여 제한을 주고 움직임을 하게 한다. 각 신체부위에 모두 해보고 난 후 원으로 서서 뒤돌게 하고 음악에 맞춰 움직일 수 있도록 한다.
Blanche Evan의 깊이 있고 복합적인 즉흥과 마무리		
단계목표 :		자신이 신체에 대해서 갖고 있는 생각이나 감정에 동작의 제시를 구체화시켜 자기 표현을 증진시키고 자신을 다시 바라봄으로써 긍정적인 신체상을 확립시킨다.

11 회기	주제	긍정적 신체 자기 표현
	단기목표	신체의 중요성을 알고 자유로운 움직임을 경험하여 긍정적인 신체 자기를 바라본다.
진행	자신의 가장 매력적인 것에 대해 말하고 움직임으로 표현해 본다. 다른 참여자들은 칭찬의 움직임을 그 참여자에게 표현한다. 그다음 2인 1조로 파트너의 신체 장점을 찾아 움직임으로 표현한다.	
12 회기	주제	긍정적인 신체 자기 강화
	단기목표	프로그램을 마무리하고 긍정적인 신체 자기를 강화시킨다.
진행	11회기 때 했던 신체 장점을 찾아 움직임으로 표현하기를 파트너를 바꾸어 한다. 선물과 감사, 마지막 인사 등을 움직임을 이용하여 즉흥적으로 표현하였다.	

 참고문헌

고승길 역, 중국무용사, 서울: 교보사, 1991.

나해숙·임용자 역, 춤·동작치료와 심층심리학(융 분석심리학적 접근에 의한 동작 상상), 서울: 물병자리, 1993.

임용자, 표현예술치료의 이론과 실제, 서울: 문음사, 2004.

Brandstetter, Gabriele, *Tanz-Lektueren. Körperbilder und Raumfiguren der Avantgarde*, Frankfurt am Main: Fischer, 1995.

Espenack, L., *Tanztherapie*, Dortmund: Sanduhr, 1985.

Hörmann, K., *Durch Tanzen zum eigenen Selbst*, München: Goldmann, 1991.

Hörmann, K., *Tanztherapie*, Stuttgart: Verlag für Angewandte Psychologie, 1993.

Klein, P., Tanztherapie-ein Weg zum Ganzheitlichen sein, München: Pfeiffer, 1993.

Laban, R. v., Die Kunst der Bewegung, Wilhelmshaven: Florian Noetzel Verl, 1988.

Müller, H. & St kemann, P., ...*Jeder Mensch ist ein Täzer*, Giessen: Anabas-Verlag, 1993.

Sorell, W., Kulturgeschichte des Tanzes, Wilhelmshaven: Heinrichshofen, 1995.

Schoop, T., ...Komm und tanz mit mir! Ein Versuch, dem psychotischen Menschen durch die Elemente des Tanzes zu helfen, Zürich: Verlag Musikhaus Pan, 1981.

Willke, E., *Tanztherapie-Theorie und Praxis*, Paderborn: Junfermann, 1999.

찾아보기

| 저자 소개 |

정광조

공주사범대학교 외국어교육(불어) 졸업
서울대학교 대학원 행정학 석사
충남대학교 대학원 행정학 박사
파리 제1대학 법학 박사 수료
중국 흑룡강성 중의약대학교 침구추나 전공 박사 수료

현재   대전대학교 보건의료과학대학 교수
        대전대학교 보건의료대학원 예술치료학과 학과장, 동대학원 대체의학과 학과장
        한국통합심신예술치유학회 학회장, 한국요가전문가협회 회장
        대전대학교 보건의료대학원/교육대학원 대학원장, 한국예술심리치료학회 학회장 역임

주요 저서
아유르베다 임상 테라피, 미술치료개론, 근육근막이완요법

이근매

경남대학교 사범대학 가정교육과 졸업
일본 쓰쿠바대학 대학원 교육학 석사
대구대학교 대학원 문학 박사

현재   평택대학교 재활상담학과 및 상담대학원 미술치료학과 교수
        평택대학교 부설 미술치료상담원 원장
        한국예술심리상담사협회 회장, 한국콜라주심리치료연구회 회장
        한국미술치료학회 학회장, 한국예술심리치료학회 학회장,
          한국학습상담학회 학회장 역임

주요 저서 및 논문
미술치료이론과 실제(저), 미술매체경험을 통한 미술치료의 실제(저),
정서·행동장애아동을 위한 미술치료의 실제(저), 유·아동 발달을 돕는 미술활동 프로그램(저),
가족지원 미술치료프로그램이 장애청소년의 사회성 향상에 미치는 효과,
모-자 가족 미술치료가 Tic 장애아동의 문제행동 및 정서에 미치는 효과 외 다수 논문

최애나

서울대학교 기악과 졸업
이화여자대학교 대학원 음악치료교육 석사
한양대학교 대학원 심리치료학 박사

현재   배재대학교 심리상담철학과 교수
        배재대학교 학생생활상담 센터장
        한국예술심리치료학회 부회장
        한국통합심신예술치유학회 부회장

주요 저서 및 역서
예술 심리치료의 이해(저), 뷰의 테라피(저), 통합적 표현 예술치료(역)

원상화

체코 찰스대학교 교육계열학과 졸업
독일 DSHD대학교 교육학 석사
독일 DSHD대학교 이학 박사

현재   극동대학교 초등특수교육학과 교수
        극동대학교 글로벌대학원 상담심리치료학과 주임교수
        한국통합예술심리치료연구회 대표
        한국예술심리치료학회 학회장

주요 저서 및 논문
Innehalten(정의 본질)(저), Jahrbuch fuer Tranckulturelle Medizin und Psychotherapie,
Tanztherapie: Transkulturelle Perspektiven, 독일예술심리치료의 발전 동향과
한국예술심리치료 발전을 위한 제언 외 다수 논문